Karl Schiller

Der schwierige Weg
in die offene Gesellschaft

Karl Schiller

Der schwierige Weg
in die offene Gesellschaft

Kritische Anmerkungen
zur deutschen Vereinigung

im
Siedler Verlag

Inhalt

	Vorwort	9
I.	Grundfragen der Vereinigung	11
	Die Deutschen und ihre Wirtschaft	11
	Exkurs: Die Klassiker und der schnelle Wiederaufbau eines Landes	18
	Fusion zweier Großunternehmen – ein zu optimistisches Bild	20
	Rahmen und Fundament: die Privatrechtsordnung und die Marktwirtschaft	23
	Der nicht bedachte Übergang aus dem Sozialismus in die Marktwirtschaft	27
II.	Der Sprung ins kalte Wasser	33
	Stufentheoretisches Modell versus Schocktherapie	33
	Schöpferische Zerstörung? Einheitlichkeit der Lebensverhältnisse – Sozialpolitik	40
	Die Rolle der Treuhandanstalt	48
	Aufwertungseffekt und Lohnexpansion – Hemmnisse der Transformation	56
III.	Der Vereinigungsprozeß im Ganzen, empirisch und theoretisch	65
	Versuch einer Zwischenbilanz	65
	Sehr fragwürdige Ansatzpunkte für die Finanzierung der Vereinigung	70

	Kreditfinanzierung des Integrationsprozesses – »Vereinigung auf Pump«	74
	Die gesamtwirtschaftlichen Perspektiven – auf kürzere und mittlere Frist	81
	(1) Expansiver Integrationsprozeß unter Stabilitätsbedingungen	82
	(2) Explosive Ausuferung und Stabilisierungskrise	84
	(3) Implosion des Prozesses zum deutschen Mezzogiorno	85
	Zusammenfassung	88
IV.	Das gesellschaftlich-geistige Umfeld	93
	Kein Ende der Geschichte	93
	Geistige Turbulenzen – Subsidiarität – Föderalismus – Rolle der Intellektuellen	101
	Wirtschaftspolitik unter dem Einfluß der Rezession und im Disput der gesellschaftlichen Kräfte	106
	Exkurs: Eine verbal rigoristische Botschaft ist noch keine Alternative!	112
V.	Abläufe und Ausblicke	117
	Das vereinigungspolitische Grundmuster: Versuch und Irrtum – wechselnde Resultate (nochmaliges Resumee – Solidarpakt)	117
	Dazu ein Kontrastprogramm: die Geldpolitik der Bundesbank	128
	Die deutsche Zahlungsbilanz und die Vereinigungspolitik	133
	Exkurs: Einige Bemerkungen über Autonomien und eine »Konzertierte Aktion«	139

VI. Die zusammenführenden Wege
zur Lösung unseres Problems 147

*(1) Dynamisierung unserer Unternehmerschaft
und unserer Gewerkschaften – angestoßen
durch die Rezession* 147

*(2) Die privaten industriellen West-Ost-
Investitionen müssen an Kraft gewinnen* 154

*(3) Noch einmal stark steigende öffentliche
Kreditaufnahme – Angebotspolitische
Überlegungen – Standort Deutschland –
wiederum: Sozialpolitik und Lohnpolitik* 158

*(4) Klarheit über den Gesamtschuldenstand –
Jäten und Säen in der Finanzpolitik –
Versuch eines Handlungsrahmens* 168

*Exkurs: Einige fiskalische Nebenbemerkungen
zur Überflußgesellschaft* 177

VII. Schlußkapitel: Wohin treiben wir? 181

*Vom Gelingen der Einheit: Max Weber über die
Reichsgründung – Die Bundesrepublik vor und
nach der Wende – Europa und Maastricht –
Stärkung unserer Ordnungsprinzipien*

Anmerkungen 197

»Aber wenn wir Menschen bleiben wollen, dann gibt es nur einen Weg, den Weg in die offene Gesellschaft. Wir müssen ins Unbekannte, ins Ungewisse, ins Unsichere weiterschreiten und die Vernunft, die uns gegeben ist, verwenden, um, so gut wir es eben können, für beides zu planen: nicht nur für Sicherheit, sondern zugleich auch für Freiheit.«

Karl R. Popper: Die offene Gesellschaft und ihre Feinde I,
Der Zauber Platos, Bern und München 1957

Vorwort

Vor etwa einem Jahr schrieb ich meinem Verleger, zuweilen fühlte ich mich wie der bekannte Autor der »Kampagne in Frankreich«, nur eben nicht fast dreißig Jahre nach dem Ereignis, als der Verfasser den Text aufgrund seiner alten Notizen endgültig niederschrieb – sondern mitten im aktuellen Ablauf des Geschehens und dazu noch oft in der Lage, den »Agierenden« öffentlich oder privat, kritisch oder unterstützend zureden zu müssen.

Und vor allem, das Rennen war und ist immer noch offen. Die Jahre seit der deutschen Vereinigung haben noch nicht zu einem Ergebnis geführt, das lediglich ein Gegenstand der politischen und empirischen Analyse oder ein abgeschlossenes Kapitel der Geschichte geworden wäre. So schien es notwendig, den kolossalen Vorgang – wenigstens im Ansatz – in seine historischen und soziologisch-kulturellen Bezüge einzubetten, um die Problematik des Zusammenwachsens in ihrer Gesamtheit anzudeuten. Auch einige theoretische Überlegungen erwiesen sich als notwendig, um etwas mehr Sicherheiten – oder zumindest Wahrscheinlichkeiten – über den zukünftigen Gang der Dinge zu erhalten.

Naturgemäß mußte dieser Beitrag in mancher Beziehung unvollständig bleiben. Am meisten bedauere ich – gerade im Lichte meiner agrarpolitischen Jugendarbeiten –, daß ich die außergewöhnliche Lage der ostdeutschen Landwirtschaft – wegen der Begrenzung meiner Kräfte – ausklammern mußte.

Noch eine persönliche Bemerkung sei mir gestattet: Angesichts der Serie von Denkschriften und Teamarbeiten, die zum Thema der Wiedervereinigung erscheinen, muß ich betonen, daß mein Beitrag der Versuch eines Einzelarbeiters ist, der nach längerer, relativ intensiver politischer Tätigkeit und einigen beratenden Aktivitäten im Ausland sich nun, gemäß der strengen Bundesordnung, ganz auf sich gestellt sah – entgegen manchen Vorstellungen und Beispielen in der Öffentlichkeit über die arbeitsmäßige Ausstattung von emeritierten Politikern und Wissenschaftlern. Die Situation hatte natürlich auch ihre großen Vorteile. So schloß ich mich sehr gerne der rarer gewordenen Species der Privatgelehrten an, ohne »Apparat«, ohne »Zuarbeiter« und ohne den schützenden Arbeitsmantel eines Instituts. Damit war ich grundsätzlich auf die allgemein zugänglichen Statistiken und amtlichen Veröffentlichungen angewiesen.

Dankbar bin ich dafür, daß die Beamten des Bundesfinanzministeriums und des Bundeswirtschaftsministeriums bereit waren, mir mit Auskünften und Material zu helfen – obgleich sie alle wußten, daß ich ein kritischer Gesprächspartner bin und ein kritischer Autor sein würde.

Besonders verpflichtet bin ich meinen alten Freunden Alfred Bosch und Reinhold Veit vom Walter Eucken Institut in Freiburg, die das Manuskript vor der Drucklegung gegenlasen und mir zu mancher Korrektur verhalfen.

Natürlich trage ich allein die Verantwortung für alle Fehler.

Hamburg, im Dezember 1993　　　　　　　　　　*Karl Schiller*

I. Grundfragen der Vereinigung

Die Deutschen und ihre Wirtschaft

»Ah c'est nous qui l'avons faite«, »Ach, wir haben das gemacht«, sagte der französische Präsident Adolphe Thiers zu Bismarck, als sie 1871 von der deutschen Einheit sprachen. So ähnlich, wenn auch unter friedvolleren und freundschaftlicheren Umständen, hätte im Jahre 1990 Gorbatschow zu Kohl sprechen können.

Aber es ist offenkundig, daß die Einigungsprozesse von 1871 und 1990 sich allgemein-politisch und im Detail fundamental voneinander unterscheiden. Der erste war mit militärischen Mitteln eingeleitet worden und wurde mit durchkalkulierter, vor allem innerdeutscher, aber auch europäischer Diplomatie vollendet. Der zweite entstand aus einer friedlichen demokratischen Revolution in der DDR, die ein Teil der tiefgreifenden Umwälzungen in Mittel- und Osteuropa war. Die Einheit wurde in perfekter Zusammenarbeit mit den Siegermächten des Zweiten Weltkrieges und den Nachbarn Deutschlands verwirklicht.

Bei beiden Vorgängen spielte auch das ökonomische Element eine bedeutsame Rolle. Die Deutschen haben es manches Mal so gehalten, daß sie der politischen Veränderung wichtige wirtschaftspolitische Entscheidungen vorausschickten. Der Deutsche Zollverein von 1834, der Durchbruch des handelspolitischen Liberalismus in den fünfziger und sechziger Jahren, die endgültige Regelung der Gewerbefreiheit für den Norddeutschen Bund 1869 bereiteten den großen Aufbauprozeß vor, der der Gründung des Bismarckschen Reiches folgte. Die Vereinheitlichung des Währungswesens wurde allerdings erst geraume Zeit nach der politischen Einigung vollendet. »Schließlich emittierten 1871 noch 33 Notenbanken ihre ›Zettel‹«[1]. Es setzte der gleitende Übergang von der Silber- zur Goldwährung ein. 1876 nahm die neugegründete Reichsbank ihre Arbeit auf. Die Deutschen schufen sich unter diesen

Rahmenbedingungen hinfort einen bedeutenden Industriestaat.

Mit seinem verspäteten Jugendstreich der Reichsgründung, wie Max Weber es nannte, wurde Deutschland im internationalen Wettbewerb der industrielle Nachholer, und zwar mit großem Erfolg. »Daß das Wirtschaftliche mehr zählt als das Militärische – man stelle sich vor, wir Deutschen hätten es schon zu Beginn dieses Jahrhunderts gewußt, des Jahrhunderts, in das das Deutsche Reich neben den Vereinigten Staaten mit den besten Chancen ging: Großbritannien hatte nach langer imperialer Anstrengung den Zenith schon durchschritten.«[2] Aber Deutschland und viele seiner Nachbarstaaten wählten den Weg zugleich der militärischen Stärke. Mit dem Ersten Weltkrieg stürzte die vollentwickelte kapitalistische Weltwirtschaftsordnung von ihrem Höhepunkt (mit Goldwährung, das heißt mit festen Wechselkursen, mit Paßfreiheit und mit unbeschränkter Verfügbarkeit der Eigentumsrechte usw.) in die Tiefe, und es begann wirtschaftspolitisch die dreißigjährige Periode einer »Wirtschaftspolitik der Experimente«[3], an deren Anfang und Ausklang Kriegswirtschaften standen. Man könnte sie auch eine Zeit des pathologischen Lernens bei uns und allen anderen international Beteiligten nennen; es entstanden in diesem Zeitraum aber auch Versuche und Ideen, die bis heute wirksam geblieben sind. Die zwanziger Jahre (1922-1928) brachten dabei ein Zwischenspiel mit der Einführung des Golddevisenstandards in den meisten Ländern, mit einiger Prosperität und entsprechender Zunahme von Weltproduktion und Welthandel. Es endete mit dem Emporkommen des allgemeinen Protektionismus und dem Ausbruch der Weltwirtschaftskrise. Es ist hier nicht der Platz, jene drei Jahrzehnte im einzelnen darzustellen. Zwei Beispiele, die zugleich Schnittstellen der bestürzenden Entwicklung in dieser Zeit andeuten, mögen genügen:

(1) Im Jahre 1920 veröffentlichte John Maynard Keynes seine Streitschrift »The Economic Consequences of the Peace«[4]. Keynes hatte als Mitglied der britischen Delegation an den Versailler Friedensverhandlungen teilgenommen und unter Protest seine Funktion aufgegeben, als er erkennen mußte, daß der Versailler Vertrag zu einer weiteren Zerstörung des

europäischen Wirtschaftssystems führen würde. Mit der »Feder eines Künstlers« (M. Bonn) beschrieb Keynes das empfindliche und verwickelte System, »auf dem wir alle lebten und bauten« und in dessen Mittelpunkt auf dem Kontinent Deutschland stand, das nun durch einen »Karthago-Frieden« zugrunde gerichtet werden würde. Zur Lage der Deutschen bei den Vertragsverhandlungen schrieb er: »Man weist auf den Fortbestand jener beschränkten Kräfte der Ordnung hin, die einigermaßen zur Überraschung der Welt sich noch immer auf dem Felsen des deutschen Charakters haben halten können. Aber die gegenwärtige deutsche Regierung vertritt wohl vor allem anderen die Erhaltung der deutschen Einheit. Die Unterzeichnung des Friedens war in erster Linie der Preis, den manche Deutsche für die Einheit zu zahlen gewillt waren, denn diese Einheit war alles, was ihnen von 1870 geblieben war.«[5]

Und über Europa nach dem Friedensvertrag urteilte Keynes: »Der Friedensvertrag enthält keine Bestimmungen zur wirtschaftlichen Wiederherstellung Europas, nichts, um die geschlagenen Mittelmächte wieder zu guten Nachbarn zu machen, nichts, um die neuen Staaten Europas zu festigen, nichts, um Rußland zu retten. (...) Wiedergutmachung war ihr [der Siegermächte] Hauptinteresse auf wirtschaftlichem Gebiet, und sie behandelten sie als eine Frage der Theologie, der Politik, der Wahltaktik, kurz, von jedem anderen Gesichtspunkt als dem der wirtschaftlichen Zukunft der Staaten, deren Schicksal in ihrer Hand lag.«[6]

Dies waren deutliche Worte eines Fachmanns, die auf eine Änderung des Vertragssystems abzielten und zugleich eine wesentliche Ursache für das spätere Schicksal der Weimarer Republik vorausahnten.

(Bei den leidenschaftlichen Ausführungen von Keynes wird uns erneut klar, in welchem Ausmaß *nach dem Zweiten Weltkriege* die westlichen Siegermächte – allen voran die USA – ihre Lehren aus den Fehlern des Versailler Vertrages gezogen haben: mit dem Marshall-Plan für Europa, mit ihrer Mitarbeit an der Wiederaufrichtung Westdeutschlands, seiner Aufnahme in das westliche Wirtschafts- und Sicherheitssystem usw.)

Die Weimarer Republik erlitt ein schweres Schicksal. Die deutsche Hyperinflation bis 1923 erschütterte die ersten Jahre des jungen Staates. »Versailles« wurde zum ständigen, schrillen Schlachtruf aller innenpolitischen Gegner der Republik.

Die anschließende Zwischenphase ist hier von besonderem Interesse, weil sie doch der Neubesinnung der deutschen Wirtschaftspolitik und der gründlichen Erholung der Wirtschaft hätte dienen können. Sie war durch wechselnde Konjunkturen (Rezession 1926) und steigende Arbeitslosigkeit in den letzten Jahren des Aufschwungs (1928/29) gekennzeichnet. Der Golddevisenstandard operierte, allerdings mit falschen Paritäten, zwischen wichtigen Währungen und nur unter Inkaufnahme der Verletzung seiner Spielregeln durch einige Länder. Auch die Reparationen und Kriegsschulden waren ein Faktor, »der das reibungslose Funktionieren des Goldstandards in den zwanziger Jahren behinderte«[7]. Der Ausgleich der deutschen Zahlungsbilanz ließ sich nur durch beträchtliche Auslandskredite herstellen, von denen ein großer Teil kurzfristige Laufzeiten hatte. Die Lohnpolitik (mit Hilfe von Schlichtungssprüchen und Verbindlichkeitserklärungen) führte »zu einem Lohnkostenniveau..., das zu einem Schuldnerstaat ganz und gar nicht paßte«[8]. Kostensteigernd wirkten auch die Finanz- und Sozialversicherungspolitik. Deutschland erreichte in diesen Jahren eine Besserung des Lebensstandards für die Masse der Bevölkerung und einen verhaltenen Ausbau des Produktionsapparates. Angesichts der sich stärker durchkartellierenden Wirtschaft war von strenger Ordnungspolitik noch keine Rede. Es war ein »wachsender Wohlstand auf schwankendem Grund«[8]. Zugleich entstanden der moderne Steuerstaat und der Sozialstaat. Der letztgenannte versagte allerdings in der Krise vollständig. Beide wurden begleitet von immer heftiger werdenden innenpolitischen Turbulenzen.

In der Weltwirtschaftskrise erhielt die Republik ihren Todesstoß, als der Ungeist des Nationalsozialismus 1933 zur Macht gelangte.

(2) Von einer freiheitlichen, marktwirtschaftlichen Politik hatten die Regierungen sich schon seit langem entfernt. Im Herbst 1932 hielt der Verein für Socialpolitik seine Jahresversammlung in Dresden ab, sozusagen an der zweiten Schnittstelle der Periode des pathologischen Lernens in den drei Jahr-

zehnten. Es sollte sich bald herausstellen, daß dies für viele Jahre die letzte freie Tagung des Vereins gewesen war. Der Kongreß war beherrscht von dem Thema »Weltwirtschaftskrise und Massenarbeitslosigkeit«.

Der liberale Ökonom Alexander Rüstow geißelte in herben Worten den damaligen Kriseninterventionismus.[9] Er stellte lapidar fest, »daß die gegenwärtige deutsche Krise zu einem erheblichen Teil durch Interventionismus und Subventionismus der öffentlichen Hand verursacht« sei. Schonungslos prangerte er die damalige Wirtschaftspolitik an: »Es ist ein Zeichen jämmerlichster Schwäche des Staates, einer Schwäche, die sich des vereinten Ansturms der Interessenhaufen nicht erwehren kann. Jeder Interessent reißt sich ein Stück Staatsmacht heraus und schlachtet es für seine Zwecke aus.« Und er fuhr fort: »Was sich hier abspielt, steht unter dem Motto ›Der Staat als Beute‹.« Rüstow befürwortete demgegenüber leidenschaftlich eine neue, liberale Wirtschaftspolitik, »nicht entgegen den Marktgesetzen, sondern in Richtung der Marktgesetze«, nach dem Motto: »fata volentem ducunt, nolentum trahunt«.

Diese Rede Alexander Rüstows ist später von manchen als Geburtsstunde der neoliberalen Erneuerung der Wirtschaftspolitik bezeichnet worden. Aber wie wir wissen, blieb sein Appell, trotz lebhaften, langdauernden Beifalls im Saal, in der Praxis ungehört. Dennoch machte seine Anklage deutlich: Die Wirtschaftspolitik hatte schon in den Jahren der Weltwirtschaftskrise, ja schon vorher, den marktwirtschaftlich-liberalen Akzent vermissen lassen. Devisenkontrollen, Handelsprotektionismus und Subventionen beherrschten die Szene. Es läßt sich heute sagen: Die Bewährungsprobe der Marktwirtschaft, die Probe wenigstens auf eine partielle Erneuerung der marktwirtschaftlichen Ordnung zwischen den Kriegen, wurde nicht bestanden.

Viele Jahre sollten noch vergehen im Zeichen einer regulierten, das heißt mehr und mehr mit Interventionen durchsetzten und tatsächlich zutiefst deformierten Marktwirtschaft. Dann lastete auf ihr die schwere Hand der Rüstungs- und Kriegswirtschaft (nach 1936 mit zentraler Leitung des Wirtschaftsprozesses) und dann der Nachkriegsbewirtschaftung – für Westdeutschland bis zum Jahre 1948.

Nach der durch die westlichen Alliierten eingeführten Währungsreform ebnete Ludwig Erhard durch seine couragierte Tat den Weg in die befreite Marktwirtschaft. Damit wurde die ökonomische Basis für die im Jahr darauf gegründete Bundesrepublik geschaffen. So ging wieder einmal einer wichtigen Änderung im staatlichen Leben der Deutschen eine wirtschaftliche Grundsatzentscheidung voran. Ich werde sie weiter unten genauer darstellen.

Mit dem Konflikt zwischen den Alliierten um die deutsche Währungsreform 1948, mit der Blockade Berlins und ihrer Überwindung wurde zugleich die seit 1945 sich anbahnende Teilung unseres Vaterlandes politisch institutionalisiert. In der DDR wurde die Planwirtschaft mit umfassender zentraler Lenkung von Produktion, Investition und Verteilung installiert – mit allen bekannten verheerenden Folgen. Das Privateigentum an Produktionsmitteln wurde bis auf einen Restbestand abgeschafft. Vierzig Jahre wurden den Menschen östlich der Elbe gestohlen.

In der Zeit ihrer Trennung wurden West- und Ostdeutschland in einer gespaltenen, »bipolaren« Welt jeweils zum Modell einer gänzlich entgegengesetzten Wirtschaftsverfassung, und beides in besonders »reiner« Weise – man könnte auch sagen, in sehr deutscher Konsequenz. Die Bundesrepublik entwickelte sich im Laufe der Jahre zum Schrittmacher marktwirtschaftlicher und freihändlerischer Politik mit dem zweithöchsten Exportanteil am freien Welthandel. Die DDR wurde dagegen, auf weitaus niedrigerem Niveau, ein wichtiger Eckpfeiler in einem von der Zentralverwaltungswirtschaft beherrschten Imperium.

Dabei enthielt das ostdeutsche Wirtschaftsgebiet, das nun, seit dem 3. Oktober 1990, dem Geltungsbereich des Grundgesetzes beigetreten ist, von Haus aus ein beachtliches Produktionspotential. Wenn wir den industriellen Produktionszensus von 1936 betrachten (den letzten vor dem Kriege), so stellen wir im damaligen Deutschen Reich *zwei* große Industriezentren fest, eines im Westen mit der Rheinprovinz und Westfalen (zusammen 24,9 Prozent des gesamten Nettoproduktionswertes), das andere östlich der Elbe: das Land Sachsen (10,2 Prozent), die Provinz Sachsen (6,3 Prozent) und Berlin (8,7 Prozent), also zusammen 25,2 Prozent!

Nach dem Kriege hat sich die Bundesrepublik – nunmehr bei weiterer Ausstreuung ihrer wichtigen Industriestandorte auch nach Bayern, Baden-Württemberg und Hessen – zu einem tief in den internationalen Austausch eingeflochtenen Land der industriellen Verarbeitung und des hochentwickelten Dienstleistungsbereichs entfaltet, während die DDR trotz einiger hart erarbeiteter Fortschritte in ihrer Entwicklung demgegenüber weit zurückfiel. Dies vor allem deshalb, weil das Land sich stets unter strangulierender zentraler Wirtschaftsplanung befand, in seinem regulierten Außenhandel stark auf die »internationale sozialistische Arbeitsteilung« (das heißt administrativ befohlen) im RGW-Raum orientiert und im übrigen mehr oder weniger auf Autarkie gerichtet war – in eigenartiger Zuspitzung der ökonomischen Ideologie des »Dritten Reiches«. Außerdem blieben der Dienstleistungsbereich und die Kommunikationssysteme völlig unterentwickelt – beide wurden in der Wirtschaftsrechnung des real existierenden Sozialismus ohnehin als letztlich unproduktiv angesehen. Unfreiheit, Verzicht auf den Impuls des individuellen Erwerbstriebes und Verkümmerung der gewerblichen Arbeitsteilung führen eben unweigerlich zur Armut. Diese Einsichten eines Adam Smith – von seinem bescheidenen Beispiel der arbeitsteiligen Stecknadelproduktion bis hin zur »unsichtbaren Hand«[10], die den Unternehmer in seinem Gewinnstreben leitet – hatte Karl Marx bei seinen emsigen Fischzügen durch die Gewässer der Klassiker der ökonomischen Theorie schlicht übersehen – oder er hatte sie nicht übernehmen wollen.

Für jeden Einsichtigen war es mit der Wirtschafts- und Währungsunion zum 1. Juli 1990 klar, daß die Einführung der konvertiblen D-Mark, der Marktwirtschaft und des völlig liberalisierten Außenhandels in der ehemaligen DDR zu tiefgreifenden und schmerzvollen Strukturwandlungen führen mußte. Jedes »handelbare« Produkt, das etwa in Chemnitz hergestellt wurde, stand nun mit einem Schlage im Wettbewerb zu einem Erzeugnis aus Oberfranken oder aus Japan. Ein wesentlicher Unterschied zur Wirtschaftsreform in Westdeutschland 1948 bestand darin, daß es damals Zölle und Kontingente sowie eine gegenüber dem Dollar stark unterbewertete, noch nicht konvertible D-Mark gab.

Die gewaltigen Anpassungs- und Umstrukturierungsprobleme, die sich aus der Vereinigung wirtschaftlich und politisch ergeben, werden uns in den folgenden Abschnitten beschäftigen.

Was die Bundesrepublik betrifft, so wurde sie in früheren Jahren gern ironisch als »Wirtschaftsgesellschaft auf der Suche nach ihrem Staat« bezeichnet. Schon ihr Vorläufer 1947/49, also zur Zeit von Erhards Jahrhunderttat, nannte sich bezeichnenderweise »Vereinigtes Wirtschaftsgebiet«. Tatsächlich haben die Westdeutschen in jenen Jahren das Wirtschaftliche als ihr eigentliches, gemeinsames Fundament entdeckt, auf dem sie sich bewähren und ihre Kräfte entfalten konnten. Es war für sie Bestimmung und Erfüllung. Die D-Mark wurde zum Symbol. Bald fanden die Bundesbürger, etwa über den redlichen »Verfassungspatriotismus« eines Dolf Sternberger, auch ihren Staat. Und das Grundgesetz hat sich mit seiner Stabilität und Offenheit sowohl in den Jahren des Aufbaus und der ökonomischen Expansion als auch in dem heutigen schwierigen Vereinigungsprozeß voll bewährt. In seinem Zeichen sollten am Ende Gesamtstaat und Gesamtwirtschaft der Deutschen miteinander ins reine kommen.

Exkurs: Die Klassiker und der schnelle Wiederaufbau eines Landes

Gottfried Haberler hat auf zwei Literaturstellen verwiesen, in denen Vertreter der klassischen Ökonomie sich mit dem Wiederaufbau eines Landes befassen[11]. Die eine findet sich bei *John Stuart Mill* (1806-1873): »Die Fähigkeit, schwere Zerstörungen schnell zu überwinden, hängt wesentlich davon ab, ob ein Land sich entvölkert hatte. Wenn seine tätige Bevölkerung nicht ausgerottet wurde und nicht verhungert ist, dann werden die Menschen, mit der gleichen Tüchtigkeit und dem Wissen, das sie vorher besaßen, mit ihrem Land und seiner unbeschädigten Kultivation nahezu alle Mittel in der Hand haben, um das frühere Quantum an Produktion zu erzeugen.«[12]

Die andere Passage stammt von *Alfred Marshall* (1842–1924): »Die Ideen, ob solche der Kunst und der Wissenschaft oder solche, die sich in praktischer Anwendung niederschlagen, sind das eigentlich ›Reale‹ in den Gaben, die jede Generation von ihren Vorgängern erhält. Der materielle Wohlstand der Welt, wäre er vorher zerstört, würde sehr schnell wiederhergestellt werden, wenn die Ideen, die ihn einst geschaffen haben, noch lebendig sind. Wenn jedoch die Ideen verlorengegangen sind, aber der materielle Wohlstand geblieben ist, dann würde dieser dahinschwinden, und die Welt würde in Armut zurückfallen.«[13]

Beide, John Stuart Mill und Alfred Marshall, gehen von der Zerstörung eines Landes bzw. seines Wohlstands aus. Beide sind davon überzeugt, daß dieser Zustand schnell überwunden wird. Die Menschen werden sich mit »Tüchtigkeit und Wissen« und ihren »Ideen« sogleich daranmachen, die frühere Produktion zu erreichen und den Wohlstand wiederherzustellen. Beider Auffassungen wurden nach zwei Weltkriegen jedesmal eindrucksvoll bestätigt. Ob in den Jahren nach dem Ersten Weltkrieg eine heftige Inflation sich entfaltete, wie in Deutschland, oder monetär stabilere Verhältnisse wie in anderen Ländern Europas herrschten, stets wurde der Wiederaufbau rascher vorangetrieben, als man es vorher für möglich gehalten hatte. Nach dem Zweiten Weltkrieg, der ungeheure Zerstörungen angerichtet hatte, geschah das erneut. Besonders in Westdeutschland, wo die Botschaft der marktwirtschaftlichen Ordnung mit Elan verkündet, aufgenommen und in die Tat umgesetzt wurde. Wir brauchen hier nicht weiter darzulegen, daß sich der Wiederaufbau in Ostdeutschland unter den Verhältnissen der sowjetischen Besatzung und der sich aufrichtenden Zentralverwaltungswirtschaft sehr viel langsamer vollzog und ein weit niedrigeres Niveau erreichte. Die Vertreter der klassischen Lehre setzten für ihren Optimismus mit Sicherheit marktwirtschaftliche oder marktwirtschaftsähnliche Rahmenbedingungen voraus.

Sehr viel schwieriger ist es, die hoffnungsvollen Thesen von Mill und Marshall auf den Wiederaufbau in Ostdeutschland nach dem Jahre 1990 bestätigt zu sehen. Es hatte ja vorher im wesentlichen keine Zerstörung im physischen Sinne stattgefunden, sondern eine allgemeine Entwertung des Kapitalstocks durch Verzehr der Abschreibungen und Unterlassung von Innovationen. Sicherlich war der psychische Impetus der selbst neu errungenen Freiheit sehr groß. Aber es stellte sich bald heraus: »Die Verhältnisse waren nicht so.«

Bedenkenswert für die ostdeutsche Situation ist dagegen mehr der letzte, pessimistische Satz in dem Zitat von Alfred Marshall: »Wenn jedoch die Ideen verlorengegangen sind ...« Den Menschen waren seit vielen Jahrzehnten die Ideen der offenen Gesellschaft und der marktwirtschaftlichen Freiheit ausgetrieben worden, oder sie hatten sie von Generation zu Generation eingebüßt. Dann ist heute das Problem eines der Ausbreitung von Ideen und des geistigen Dialogs zwischen West und Ost. Ich komme später noch darauf zu sprechen.

Fusion zweier Großunternehmen – ein zu optimistisches Bild

Nachdem die Währungs-, Wirtschafts- und Sozialunion in Kraft getreten und die politische Einigung Deutschlands vollzogen ist, befinden wir uns in einem langwierigen, tiefgreifenden, oft Hoffnung spendenden, oft sehr schmerzhaften Prozeß des Zusammenwachsens beider Teile des Landes. Wir sind noch auf dem Wege zur wirtschaftlichen, gesellschaftlichen und geistigen Einheit. Schon allein in ökonomischer Hinsicht wurden viele Beschreibungen dieses Weges und seiner Stationen angeboten. So sprach der Sachverständigenrat zur Begutachtung der gesamtwirtschaftlichen Entwicklung von einer zwischen Ost und West gespaltenen Konjunktur; die fünf Forschungsinstitute beschrieben die Lage in Ostdeutschland mit den Worten, die Entwicklung von Einkommen und Konsum habe sich dort »von der Produktion weitgehend entkoppelt«. Da könnte man schon meinen, die neuen Bundesländer befänden sich auf dem Marsch in einen wirtschaftsstrukturell schwachen Zustand, ähnlich dem des italienischen Mezzogiorno.

Ich möchte zuerst einmal einen etwas konstruktiveren Ansatz zur Analyse der Situation versuchen: Mit der wirtschaftlichen und politischen Vereinigung Deutschlands befinden wir uns in einer chancenreichen Lage, vergleichbar einer riesigen Fusion zwischen zwei sehr großen Firmen. Bei jedem

Firmenzusammenschluß, der im Bereich der Großunternehmungen stattfindet, wird uns bekanntlich immer von den Managern gesagt: Wir werden gewaltige Fusionsgewinne und große Synergieeffekte haben. Meistens, in der Realität, sind diese Effekte dann nicht ganz so groß. In unserem Falle aber, in der Vereinigung Deutschlands, können sie in Zukunft beträchtlich sein, und zwar dauerhaft. Nachdem die Mauer gefallen ist, gibt es keine Aufwendungen mehr für die Grenzpolizei, wir haben nicht mehr zwei Auswärtige Ämter, sondern *ein* Auswärtiges Amt, nicht zwei diplomatische Apparate, sondern *einen* diplomatischen Apparat, unsere militärische Maschine wird um mehr als ein Drittel reduziert und so fort und so fort. Wir können die Summe der Fusionsgewinne noch gar nicht aufzählen. Und es wird sich eine neue interregionale Arbeitsteilung im Wirtschaftsraum des vereinigten Deutschland herausbilden, zwischen West und Ost und Ost und West. Mehr interregionale Arbeitsteilung bedeutet höhere optimale Betriebsgrößen, höhere Skalenerträge (das heißt steigende Stückgewinne mit zunehmender Unternehmensgröße) – das wären die sonst etwas geheimnisvollen, hier nun tatsächlich zu greifenden Synergieeffekte. Das alles wachse uns in die Hand.

Aber diese Gewinne sind nur in der langfristigen Perspektive zu erkennen! Denn wie bei jeder großunternehmerischen Fusion treten, erst recht im gesamtdeutschen Fusionsfall, gewaltige Übergangsprobleme auf, zumal die größere Firma, die Bundesrepublik, sich voll im freien internationalen Wettbewerb zu großer Prosperität entfaltet hat, während die andere, die DDR, sich vierzig Jahre lang eingemauert sah in einen sozialistischen Großkonzern, der sich vom freien Weltmarkt fast vollständig abgeschottet hatte und mehr oder weniger auf Autarkie eingestellt war – mit Ausnahme eines staatlich regulierten Außenhandels. Ein Zusammenschluß zweier derart auseinanderentwickelter Volkswirtschaften muß einen tiefgreifenden Strukturwandel in dem bisher vom Weltmarkt ausgeschlossenen Teil hervorrufen; diese Phase erfordert große Unterstützungszahlungen von West nach Ost. Und wie bei einem unternehmerischen Zusammenschluß die Banken für den Übergang Hilfestellung leisten müssen, so müssen heute die riesigen staatlichen Transferzahlungen erst einmal im wesentlichen durch Kreditaufnahme auf dem Kapitalmarkt aufgebracht werden – das ist der Sinn der gegenwärtigen öffentlichen Verschuldung. Sie stellt unter diesem Aspekt die Vorfinanzierung im Hinblick auf die künftigen Fusionsgewinne dar.

Aus dieser Sicht der Dinge müßten wir also mit den steil auflaufenden Defiziten Anschluß gewinnen an die langsam anfallenden, aber dauerhaften Fusions- und Synergieeffekte, das heißt die Wachstumsgewinne in West und Ost. Aus diesen würden wir in Zukunft die Zinsen für die jetzt aufgenommenen Kredite bezahlen. Dieser vorwiegend kreditäre Anschluß in der Finanzierung der Fusion konnte aber aus später darzulegenden Gründen nicht gelingen: Seit 1991 mußten fühlbare Steuererhöhungen hinzutreten, weil die öffentliche Verschuldung sonst jegliches erträgliche Ausmaß überschritten hätte.

Schon die Notwendigkeit erheblicher Steuererhöhungen zeigt uns deutlich, daß wir mit dem Bild von der Fusion zweier Großunternehmen den Vorgang zwar recht anschaulich, aber eben nur sehr partiell und als Konterfei eines weit in die Zukunft verschobenen Ergebnisses erfassen. Es handelt sich heute und hier nicht um eine große und eine kleinere Aktiengesellschaft, die sich miteinander verbinden, sondern um »Firmen«, die sich jeweils in einer gänzlich anderen Rechtsverfassung befanden. Die größere als Unternehmung, die dem Markt gehorcht, die kleinere als sozialisierte Betriebseinheit, die vorher dem zentralen Kommando zu folgen hatte. Die Einbindung der kleineren Wirtschaft in die rechtliche Ordnung der größeren ist auch nicht mit der Liquidation der Institutionen der einen erledigt, sie erfordert darüber hinaus einen umfassenden und tiefgreifenden Prozeß im gesamten gesellschaftlichen Dasein, der über die Setzung neuer Normen hinaus weit in das zwischenmenschliche Leben und in die Mentalitäten, in das Fühlen und die Erwartungen der einzelnen Wirtschaftssubjekte hineinwirkt.

Rahmen und Fundament:
die Privatrechtsordnung und die Marktwirtschaft

Die Frage, wie die neue Wirtschafts- und Gesellschaftsverfassung im Beitrittsgebiet zu erreichen sei, gab, besonders am Anfang des Einigungsprozesses, vielfach Anlaß zu einem Vergleich mit der Währungs- und Wirtschaftsreform des Jahres 1948 in Westdeutschland. Sehr bald stellten sich allerdings fundamentale Unterschiede zwischen beiden Vorgängen heraus. Zuvor ist eine kurze, sozusagen geistesgeschichtliche Bemerkung nötig.

Der große Ökonom Joseph Schumpeter hatte – übrigens genau wie Keynes – die verheerenden Wirkungen des Ersten Weltkrieges auf die bürgerliche Welt, ihren Wirtschaftsgeist und ihr Wirtschaftssystem sehr genau beobachtet und beschrieben. Mit dem Zweiten Weltkrieg befürchtete er noch Schlimmeres. Er war zutiefst bedrückt von der inneren Zersetzung des »gefesselten Kapitalismus«, wie man damals sagte, durch Interventionismus, Bürokratisierung und Reglementierung, und er war nicht frei von einer deterministischen Geschichtsauffassung. Schumpeter hatte allerdings nicht deutlich genug gesehen, daß Gelehrte wie Friedrich A. von Hayek, Wilhelm Röpke, Walter Eucken, Franz Böhm, Alexander Rüstow während des Krieges und in der ersten Zeit danach sich intensiv mit den zwingenden gesellschaftlichen und rechtlichen Voraussetzungen der marktwirtschaftlichen Ordnung befaßten und zur grundlegenden Erneuerung aufriefen, und – was Schumpeter und Keynes wesentlich nicht mehr erfahren konnten – unerwartet großen Erfolg damit hatten. Gerade die genannten Ökonomen und Juristen, die sich Gedanken darüber gemacht hatten, welche Fehlentwicklungen vor und in dem Krieg eingetreten waren, sahen nun eine Chance, aus der unvermeidlichen Niederlage Deutschlands einen Weg in eine erneuerte Marktwirtschaft (zum Beispiel mit einem Gesetz gegen Wettbewerbsbeschränkungen) und in eine voll entwickelte Privatrechtsordnung zu finden. Ihr Anliegen wurde aufgenommen in der sich entfaltenden politischen Debatte unter neubegründeten demokratischen Bedingungen.

Vor dem Hintergrund dieser geistigen Bewegung einer liberalen Renaissance ist auch die Figur Ludwig Erhards zu sehen.

Seine erste politische Leistung bestand darin, daß er das »Gesetz über Leitsätze für die Bewirtschaftung und Preispolitik nach der Geldreform«, also das Leitsätzegesetz vom 24. Juni 1948, im Wirtschaftsrat durchbrachte. Interessant ist heute noch die Begründung, die inzwischen fast unbekannt ist – man muß sie zitieren. Da heißt es: »Aus dem Zusammenbruch der Kriegswirtschaft hat sich ein Zustand ergeben, der die wirtschaftlichen Energien gelähmt, sie in eine dem Gemeinwohl schädliche Wirkung gelenkt und zu großen sozialen Ungerechtigkeiten geführt hat. Die Geldreform soll diese unheilvolle Entwicklung überwinden helfen, indem sie die natürliche Beziehung zwischen Leistung und Gegenleistung wiederherstellt, damit den Bezieher von Arbeitseinkommen zum bevorzugten Käufer macht und so die Voraussetzung für eine Steigerung der Arbeitsleistung und der Produktion schafft.«

Man könnte sagen: Das war die Soziale Marktwirtschaft in der Nußschale und im Erhardschen Stile. Setzt man in dem Text der damaligen Begründung an die Stelle des Wortes »Kriegswirtschaft« die Bezeichnung »sozialistische Planwirtschaft«, so hätte man den gleichen Text 1990 zur Begründung der Währungs- und Wirtschaftsunion mit der DDR Wort für Wort verwenden können.

Anders verhielt es sich mit dem weiteren Inhalt und dem Umfang des Leitsätzegesetzes im Verhältnis zu der Gesetzgebung des Jahres 1990 als Parallelmaßnahme zur Währungsumstellung. Damals, 1948, ging es im wesentlichen darum, »der Freigabe aus der Bewirtschaftung« und »der Freigabe der Preise vor der behördlichen Festsetzung den Vorrang zu geben«, wie es im üblichen Amtsdeutsch hieß. 1990 ging es um sehr viel mehr. Damals war die bürgerliche Rechtsordnung, überdeckt zwar durch Preisfixierungen und Rationierungen, gleichsam in das Souterrain gedrückt und in ihrer Relevanz äußerst geschwächt, aber nicht in ihrem Kern zerstört. Jetzt, 1990, mußte das gesamte wirtschaftliche Rechtssystem der ehemaligen DDR auf die Marktwirtschaft hin umgebaut werden. Das zeigte schon der ausführliche, umfassende erste Staatsvertrag mit Anlagen und Begleitgesetzen. Die Wiederbelebung der Marktwirtschaft, die einstmals so glänzend gelang, erwies sich diesmal als Neubegründung sehr viel komplexer, weitaus schwieriger und langwieriger. Nun ging es nicht nur um die Abschaffung zahlreicher marktwidriger Regulierungen, also letztlich um eine konsequente Deregulierung, sondern um einen umfassenden Katalog notwendiger gesellschaftlicher Rahmenbedingungen: um die Wiedereinführung einer Privateigentumsordnung, um die Freisetzung der Eigentumsrechte schlechthin, um Gewerbefreiheit, um ein gegliedertes Bankensystem, in dem der Kredit durch den Zinsmechanismus gesteuert wird, um Investitionsfreiheit, im Ganzen also – und deswegen spielen die Juristen dabei eine so wichtige Rolle – um die volle Wiedereinrichtung der bürgerlichen Rechtsordnung, die auf Vertragsfreiheit basiert. Nicht umsonst hat Franz Böhm die Privatrechtsgesellschaft als Kernstück der freiheitlichen Ordnung bezeichnet. Wieder einmal wird in diesen Zeiten deutlich, wie sehr wir in der großen zivilrechtlichen Tradition stehen, vom Römischen Recht über den Code Napoléon bis zu unserem Bürgerlichen Gesetzbuch[14].

Die großartige Aufgabe, die hier zu erfüllen war, wurde natürlich erleichtert oder gar erst möglich gemacht, weil die alte Bundesrepublik sozusagen das ganze Sortiment der Normen und Institutionen einer freiheitlichen Ordnung zur Verfügung stellen konnte, von einem voll entfalteten System allgemeiner Verhaltensregeln bis hin zu den technischen Requisiten einer konvertiblen Währung, von der Privatrechtsgesellschaft bis zu den elementaren wirtschaftlichen Grundfreiheiten, wie Freiheit der Konsumwahl, der Berufswahl, der Arbeitsplatzwahl, die alle zugleich der Freisetzung der produktiven Kräfte, kurzum der Entfesselung der ökonomischen Dynamik dienen sollten. Mit all diesen Vorgängen wurde notabene die D-Mark nicht, wie Habermas meint, »libidinös besetzt«, sondern sie wurde einfach ein Transporteur von Freiheit. Allerdings wird sich der »Transportvorgang« über Jahre erstrecken.

Die Marktwirtschaft ist nach Hayek eine in langer Entwicklung geschaffene spontane Ordnung. Der Widerspruch, der darin bestehen könnte, daß eine solche Ordnung in der ehemaligen DDR durch staatliche Akte eingeführt wurde, läßt sich dadurch auflösen, daß wir nicht künstlich oktroyierte, sondern gewachsene Systeme anbieten konnten. Vor allem bestand das Hauptelement der Offerte in der Schaffung neuer Freiheitsräume, in denen sich neue Initiativen entfalten sollten.

Der angebotene Handlungsrahmen sollte also ausgefüllt werden.

Nicht alle diese Erkenntnisse wurden bei der Aushandlung des ersten Staatsvertrages schon berücksichtigt. Zwar wurden wesentliche Teile des Wirtschaftsrechts der Bundesrepublik in die ehemalige DDR eingeführt. Aber das genügte nicht. Norbert Horn beschrieb den damit geschaffenen Zwischenzustand wie folgt:

»Es besteht schon seit dem März Gewerbe- und Gründungsfreiheit und für auswärtige Investoren seit Juli Niederlassungsfreiheit. Das Gesellschaftsrecht der Bundesrepublik ist übernommen. Im Vertragsrecht herrscht freilich noch ein mißliches Durcheinander, weil man ein getrenntes Vertragsrecht für den Bürger und für die Unternehmen – ein sozialistisches Erbe – beibehielt. Für die Unternehmen wurde nur das alte planwirtschaftliche Vertragsgesetz durch das moderne Gesetz über internationale Verträge ersetzt, das für den Außenhandel 1976 geschaffen worden war und nun im Binnenverkehr gilt. Hinzu kommt in beiden Bereichen das Handelsgesetzbuch, und zwar in der westlichen Fassung. Dieser Zustand ruft förmlich nach Rechtseinheit durch Einführung des Bürgerlichen Gesetzbuches über den Einigungsvertrag.«[15]

Viele Hindernisse, die der Integration der bisherigen DDR in die marktwirtschaftliche Ordnung der Bundesrepublik noch entgegenstanden, wurden dann mit dem 3. Oktober beseitigt: denn nun herrschte ein *gleiches Rechtssystem*. So wurde (an ziemlich versteckter Stelle)[16] verkündet, daß das Bürgerliche Gesetzbuch und das Einführungsgesetz »am Tag des Wirksamwerdens des Beitritts« auf dem Gebiet der ehemaligen DDR in Kraft traten. Viele erkannten erst in den folgenden Monaten: Der große Erfolg bundesrepublikanischer Marktwirtschaft beruht nicht allein auf dem unaufhörlichen technischen Fortschritt und dem dynamischen Wettbewerb der Unternehmungen nach innen und außen, sondern ebenso auf der Privatrechtsordnung, die alles dieses letztlich erst ermöglicht. Die Privatrechtsordnung ist eine Offerte, die der Annahme durch die Wirtschaftssubjekte bedarf; sie ist damit auch ein wesentliches öffentliches Gut, ja, ein oft übersehener »Produktionsfaktor«.

Die tatsächliche Ausgestaltung der neuen Bundesländer mit einer der Marktwirtschaft adäquaten Privatrechtsordnung weist allerdings bis heute eine gravierende Lücke auf: Solange das von 1949 bis 1990 sozialisierte Eigentum unter die Richtlinie »Rückgabe geht vor Entschädigung« fiel, wurde die freie Ausübung von »property rights«, die in der modernen Theorie der Marktwirtschaft eine so große Rolle spielt, schwer behindert. Auch das Beschleunigungsgesetz vom März 1991 mit dem Versuch einer »Vorfahrtsregelung« für neue Investoren brachte keine wesentliche Erleichterung. Man muß es leider sagen: Schon bei der ersten Lektüre erwies sich dieses Gesetz als viel zu kompliziert. Einen Mittelweg zu finden zwischen dem oben genannten Grundsatz und seiner vollständigen Umkehrung stellte sich als unmöglich heraus. Auch die zweite Novelle brachte keine voll befriedigende Lösung.

Es handelt sich um ein wirkliches Dilemma: Wenn man die Naturalrestitution des (Alt-)Eigentums in den Vordergrund stellt, muß die Möglichkeit der Mobilisierung des (neuen) Eigentums für neue Zwecke unweigerlich stark eingeengt sein.

Es besteht also kein Zweifel, daß man mit der Anwendung dieses Grundsatzes viel Zeit für den angestrebten Investitionsprozeß verloren hat.

Der nicht bedachte Übergang aus dem Sozialismus in die Marktwirtschaft

Mit der Währungs- und Wirtschaftsunion und noch stärker mit der politischen Einigung Deutschlands war der Übergang von der Planwirtschaft in die Marktwirtschaft von der Politik vorgeschrieben. Der Sieg der marktwirtschaftlichen Ordnung als Idee war schließlich unübersehbar. In Mittel- und Osteuropa brachen Zentralverwaltungswirtschaften wie Kartenhäuser zusammen. Dennoch ist ihr Übergang zur Marktwirtschaft noch in keinem der betroffenen Länder voll gelungen: Sie befinden sich alle auf dem Wege, einige noch in einer unvollkommenen Marktwirtschaft, andere gleichsam im Niemandsland zwischen beiden Systemen oder gar in einem längeren krisenhaften Siechtum. Naheliegenderweise sind die neuen Bundesländer mit der Hilfe und dem Beistand des Bundes und der alten Länder sicherlich auf dem Pfad und zu den neuen Ufern eines höheren Lebensstandards weiter vorangekommen. Dennoch lauern auch hier viele Hindernisse am Wege – ganz abgesehen von dem eben betrachteten Problem der Mobilisierung des ursprünglich einmal freien und dann behördlicherseits verfügten Eigentums.

Tatsächlich wurde die Marktwirtschaft mit dem Zusammenbruch der sozialistischen Systeme in ihre große Bewährungsprobe geworfen. Ihr eigenes Funktionieren ist an bestimmte politische, juristische, geistige, ja, auch religiöse Voraussetzungen – sehr verkürzt, aber ganz à la mode: an Rahmenbedingungen – geknüpft, und diese sind mit dem bloßen Zusammenfall des Apparates der Zentralverwaltungswirtschaft keineswegs sofort zur Stelle.

Es gibt in der ökonomischen Literatur viele Untersuchungen über den Übergang aus dem Kapitalismus in den Sozialismus. Aber der umgekehrte Vorgang, der uns von der Geschichte beschert wird, ja, nur die Frage nach dem möglichen (oder ketzerischerweise gar notwendigen) Umstieg aus dem Sozialismus in die Marktwirtschaft, alles das war bislang – wir müssen es erstaunt und ernüchtert zugeben – ein ziemlich weißer Fleck auf unserer dogmenhistorischen Landkarte. Denken wir beispielsweise nur an Joseph Schumpeters berühmtes Werk »Kapitalismus, Sozialismus und Demokratie«[17]. Ein besonderes Kapitel ist unter dem Titel »Übergang« allein dem Schritt vom Kapitalismus zur sozialistischen Ordnung gewidmet.

Aus der weitschweifigen Beweisführung brauchen wir nur einen Satz hervorzuheben: »Der kapitalistische Prozeß bringt Dinge und Seelen für den Sozialismus in Form. Im Grenzfall kann er dies so weit erreichen, daß der letzte Schritt nur noch eine Formalität ist«[18]. Wenn wir uns die dramatischen Bilder von den Demonstrationen in Leipzig und dem Exodus Tausender aus der zusammenbrechenden DDR wieder vor Augen halten, können wir mit Fug und Recht den Schumpeterschen Satz umdrehen, »vom Kopf auf die Füße stellen« und also konstatieren: »Der sozialistische Prozeß bringt Dinge und Seelen für den Kapitalismus in Form. Im Grenzfall kann er dies so weit erreichen, daß der letzte Schritt nur noch eine Formalität ist« – von der Anmeldung als Übersiedler in der bundesrepublikanischen Botschaft in Budapest oder Prag bis hin zum mit verfassungsändernder Mehrheit gefaßten Beschluß der Volkskammer über den Beitritt der DDR zum Geltungsbereich des Grundgesetzes nach Artikel 23 GG.

Wie kamen Schumpeter und viele andere zu ihrer einseitigen, fast manisch fixierten Betrachtung des »Übergangs« als einer Einbahnstraße, aus der es kaum ein Entrinnen gab? Nun, auf ihnen lastete das übermächtige Erbe der Überväter Hegel und Marx.

In diesem Erbe waltete die Vorstellung vom gesetzmäßigen historischen Ablauf, von der Geschichte als »Schicksalsmythos« (Popper), vom »absoluten, allgemeinen Gesetz der kapitalistischen Akkumulation« (Marx), das schließlich zum determinierten »Umschlag« führen mußte. Dem Einfluß dieser gedanklichen Konstruktionen hatte auch Schumpeter sich nicht entziehen können. Wie wir wissen, ist der Geschichtsverlauf diesen Prognosen nicht gefolgt, sondern hat seine Entwicklung in spontaner Vielfalt fortgesetzt. Um nur zwei Beispiel zu nennen: Im Schoße des Kapitalismus hat sich der moderne Wohlfahrtsstaat aufgerichtet (auch unter dem Rubrum der sozialen Marktwirtschaft), und aus dem real existierenden Sozialismus, der in Mittel- und Osteuropa keineswegs aus dem Marxschen Entwicklungsgesetz, sondern vor allem durch Krieg und blanke Okkupation entstanden war, brachen Perestroika und Glasnost hervor und führten zu einem vollständigen Zusammenbruch, letztlich mit dem ursprünglich von Gorbatschow kaum erwarteten Ergebnis, das Tor zur Marktwirtschaft aufzustoßen.

Auch Schumpeter sind nach dem ursprünglichen Erscheinen seines Werkes (1942) und nach dem Ende des Zweiten Weltkrieges wohl einige Zweifel an seinem Determinismus gekommen. In einem Nachwort von 1946 wendet er sich gegen den Vorwurf des Defaitismus in bezug auf das Schicksal des Kapitalismus: »Die Nachricht, daß ein bestimmtes Schiff im Sinken ist, ist nicht defaitistisch. Aber die Gesinnung, in der diese Nachricht aufgenommen wird, kann defaitistisch sein:

die Mannschaft kann sich hinsetzen und sich betrinken. Jedoch sie kann auch zu den Pumpen stürzen«[19]. Schumpeter übersah dabei, daß einige kluge und beherzte Leute tatsächlich schon »zu den Pumpen gestürzt« waren und das Schiff in der folgenden Zeit wieder flottmachten und schließlich von Grund auf erneuerten. Es waren die schon erwähnten Männer der liberalen Renaissance.

Aber auch die Altliberalen in Westeuropa und den Vereinigten Staaten im 19. und 20. Jahrhundert hatten sich freigehalten vom hegelianisch-marxistischen Geschichtsmythos und ihm heftig opponiert. Ihnen kam es in unserem Zusammenhang vor allem darauf an, die Möglichkeit der rationalen Wirtschaftsrechnung im Sozialismus fundamental in Frage zu stellen, aber die Art und Weise des Übergangs vom Sozialismus in das System der freien Marktwirtschaft stand auch hier expressis verbis nicht auf der Tagesordnung.

Friedrich A. von Hayek, der in seinem riesigen Gesamtwerk die ganze Spannweite der liberalen Ökonomie und Philosophie umfaßt, hat seine volle Lebenskraft darauf verwandt, nachzuweisen, daß der Sozialismus ein »fatales Konzept« und ein historischer Irrtum sei[20]. In seinem letzten Buch (1988), im Angesicht des »klaren wirtschaftlichen Fehlschlags des osteuropäischen Sozialismus«, bringt Hayek seine Auffassung dieses Problems sozusagen auf den Punkt. In den beiden Abschnitten »Die Ordnung des Unbekannten« und »Was nicht gewußt werden kann, kann nicht geplant werden«[21] leitet er in aller Konsequenz ab: Nur eine offene, dezentral organisierte Ordnung ist in der Lage, die Pläne der Individuen über das Informationsmittel der Marktpreise mit Millionen anderer, ihnen unbekannter Wirtschaftssubjekte in Übereinstimmung zu bringen. Ein System zentraler Ordnung kann mit noch so vielen Planungskomitees und modernen Informationstechniken diesen Prozeß nicht simulieren, zumal es in Gebiete des Unbekannten hineinragen muß, mit denen eben nur in einer offenen Ordnung durch Preise, die in Wettbewerbsmärkten gebildet werden, kommuniziert werden kann. Mit der Feststellung, daß die »rationale« Allokation der Ressourcen ohne das Informationsmittel der dezentral entstehenden Marktpreise eine Unmöglichkeit ist, hat Hayek das Urteil über den Sozialismus gefällt. Aber der Weg aus dieser »Unmöglichkeit«, wenn diese einmal fatalerweise versucht wurde, wird auch nicht aufgezeigt.

Jedoch erkennen wir leicht die ungeheuren Schäden, die eine Zentralverwaltungswirtschaft in einer ehemals hochentwickelten Wirtschaftsregion angerichtet hat: die Herrschaft eines mit zentraler Planung notwendigerweise verbundenen wuchernden Systems von Informations- und Überwachungsgremien, die zugleich eine brutale Klassenherrschaft erzeugen und ausüben; das beklagenswerte Nachhinken hinter einer sich im Markt immer weiter entfaltenden ökonomischen Arbeitsteilung zwischen verschiedenen Betrieben und Standorten; das sträfliche Verkümmernlassen von »Abschreibungen« zugunsten der Erhaltung des Kapitalstocks (durch den Verfall der Funktion der Preise, in diesem Fall des Kapitalzinses); der permanente Rückstand in der technologischen Entwicklung infolge des mangelhaften Wettbewerbs, das Absinken also der Arbeitsproduktivität wie der Arbeitslöhne, und nicht zuletzt der Verlust von Motivation und Freiheit für den Einzelnen, kurzum das Abgleiten in eine verkrustete, stagnierende und deformierte Gesellschaft und die Flucht der letzten Reste der menschlichen Glückseligkeit in die Nischen des privaten Monadendaseins.

Dies ist der Befund einer geschlossenen Gesellschaft. Aber die Frage nach dem Ausbruch *und* dem Übergang aus diesem Zustand in die offene Gesellschaft ist damit noch nicht beantwortet.

II. Der Sprung ins kalte Wasser

Stufentheoretisches Modell versus Schocktherapie

Die friedliche Revolution in der DDR im Herbst 1989 wurde begleitet von einer zuerst recht vorsichtigen, dann aber prononcierter werdenden Diskussion in der alten Bundesrepublik über das künftige Verhältnis der beiden Teile Deutschlands.

Es ist nicht immer erfreulich, sich heute der Irrtümer mancher Beteiligter zu dieser Debatte zu erinnern. Tatsächlich war es erschreckend zu erkennen, daß die vierzigjährige Zweistaatlichkeit bei vielen westlichen Intellektuellen – angesichts der bewegenden Ereignisse vor und in den Botschaften in Budapest, Prag und Warschau – ein fast unbegreifliches »cultural lag« offenbart hatte. Am 6. und 7. September 1989 empfahl Theo Sommer, »angesichts der säkulären Prozesse (in West- und Osteuropa) ... sollten wir nicht zur Unzeit die deutsche Frage aufs Tapet bringen«, und er sah »eine Möglichkeit, die deutsche Frage fürs erste aus dem Wege zu schaffen, damit sie nicht die anderen historischen Prozesse belastet«. Diese Möglichkeit erkannte er in der gleichzeitigen Überlegung Egon Bahrs[22], »in der deutschen Frage für 15 Jahre (!) einen Burgfrieden« (natürlich mit der DDR und ihrer Status-quo-Garantie) »zu schließen«. Das wurde in einer Zeit gesagt, in der bereits die Frage einer deutschen Konföderation auf dem Markte hin und her gewendet wurde[23].

Die Zeit der Projekte und Prognosen hatte eingesetzt und damit die Gelegenheit zu zahlreichen Fehlurteilen. Ich will da niemanden ausnehmen.

Das Stichwort der Konföderation hatte die Ökonomen auf den Plan gerufen: Ein loser politischer Verbund wäre doch mit einer vollen wirtschaftlichen Integration beider Teile der Konföderation vereinbar gewesen. In der noch zaghaften und tastenden Debatte wurde dann auch für eine spätere Stufe eine Währungsunion ins Auge gefaßt. Zuerst die realwirtschaftliche, dann die monetäre Integration, beides als Vorstufe zur politischen Union – das war wohl zu Anfang in nuce die vorherrschende und auch naheliegende Meinung. Wir alle wissen, daß mit dem Fall der Mauer am 9. November 1989 und dem couragierten Zehn-Punkte-Programm des Bundeskanzlers vom 28. November das Tempo und die Motorik der politischen Veränderungen sich rasant steigerten.

Unter dem Eindruck dieser Vorgänge legte der Sachverständigenrat zur Begutachtung der gesamtwirtschaftlichen Entwicklung sein Sondergutachten vom 20. Januar 1990 »Zur Unterstützung der Wirtschaftsreform in der DDR«[24] vor. Das Memorandum ging von der weiteren Existenz zweier separater Staaten aus und war de facto eine marktwirtschaftliche Rezeptur für »die politische Führung in der DDR«. (Dieses Teilzitat aus dem Vorwort nennt den eigentlichen Adressaten des Gutachtens.)

»Die politische Autonomie der beiden deutschen Staaten« war die Arbeitshypothese des ganzen Szenarios. Man kann – entsprechend dem Schlußwort[25] – die Philosophie des Gutachtens folgendermaßen interpretieren: Letztlich sollte mit den Reformvorschlägen aus der DDR mit Unterstützung der Bundesrepublik eine Art zweite BRD gemacht werden, es sollten also am Ende zwei offene Gesellschaften nebeneinanderstehen. Dann erst würde sich die »Aufgabe der wirtschaftlichen Integration der beiden Staaten zu einem Gesamtstaat« stellen.

Eine Währungsunion war in diesem Konzept nicht vorgesehen. Wohl aber wurde ein fester (!) Wechselkurs der Mark der DDR gegenüber der DM vorgeschlagen, obgleich einige Zeilen vorher mit Recht festgestellt worden war: »Ein ›richtiger‹ Wechselkurs läßt sich nicht genau berechnen«[26]. Das war nicht nur ein Widerspruch, sondern zudem ein etwas dubioser Vorschlag, denn es hätte sich doch in diesem Modell um einen anpassungsfähigen Wechselkurs handeln müssen. Es lag in der Logik des Sondergutachtens, daß, nachdem die Bundesregierung mit ihrer Kabinettsentscheidung vom 7. Februar 1990, der DDR-Regierung eine Wirtschafts- und Währungsunion anzubieten, ein neues politisches Datum gesetzt hatte, der Sachverständigenrat am 9. Februar 1990 einen Brief an den Bundeskanzler richtete, in dem er seine »Besorgnis« und »Vorbehalte« ausdrückte[27]. Das Kernargument lautete: »Die Konsumenten, die mit der D-Mark eine konvertible Währung erhalten, werden verstärkt Nachfrage nach Konsumgütern in der Bundesrepublik oder im westlichen Ausland ausüben... Die Unternehmen der DDR werden schlagartig einer internationalen Konkurrenz ausgeliefert, der sie gegenwärtig nicht gewachsen sind«. Welcher Ökonom würde dem widersprechen und hätte das nicht auch schon gewußt und gesagt? Doch dies war eben nur die eine Seite der Medaille. Die andere beinhaltete aber: Auf welch andere Weise wäre denn der realwirtschaftliche Anpassungsprozeß einzuleiten gewesen?

Die meisten Ökonomen waren bis dahin wohl Anhänger eines Stufenmodells für die wirtschaftliche Entwicklung der DDR, das allerdings im allgemeinen weitergriff als die Vorstellungen des Sachverständigenrates, nämlich schon die Etappen des Integrationsprozesses umfaßte und nicht nur bis an seine Schwelle reichte. Am Tage der Einheit konnte Bundesbankpräsident Helmut Schlesinger sagen[28]: »Recht bald ist ... die Modellvorstellung vom gleitenden oder stufenweisen Übergang gescheitert, zu recht gescheitert, wie man meines Erachtens heute ohne Einschränkung feststellen kann.« Aber nicht alle konnten sich von ihren ursprünglichen Annahmen trennen.

Vermag man es sich wirklich auszumalen, daß eine schwache Obrigkeit in einer turbulenten, von Stasi-Enthüllungen geschüttelten DDR für mehrere Jahre einen ökonomischen Schutzzaun um das Gebiet hätte halten können, daß sie also Devisenkontrollen durchsetzen, eine solide Finanzpolitik betreiben und eine moderne Geldpolitik bei einem anpassungsfähigen Wechselkurs hätte handhaben können? Wäre nicht in einem solchen Modell einer aus der DDR entstehenden »zweiten Bundesrepublik« die lebenswichtige Aufgabe des Kapitalimports auf privatem Wege fast unlösbar gewesen, wäre nicht alles auf einen gewaltigen, aber in der Verwendung letztlich schwer kontrollierbaren staatlichen Transfer von West nach Ost hinausgelaufen? Oder, wie wäre es wohl gegangen, wenn man nach politischer Einigung ein »Sonderwirtschaftsgebiet ehemalige DDR« geschaffen hätte, umgeben von entsprechenden Barrieren und Regulierungen, wären da nicht alle noch mehr Sturm gelaufen gegen die »neue Mauer«, vor allem diejenigen, die später so vehement für die »Einheitlichkeit der Lebensverhältnisse« eintraten?

Noch ein politisches Wort: Angesichts der atemberaubenden, tektonischen Umbrüche, die sich heute im früheren Sowjetimperium vollziehen, sollten wir dankbar und glücklich sein, daß es Gorbatschow und seinen westlichen Partnern gelungen ist, den Beitritt der DDR zum Geltungsbereich des Grundgesetzes rasch und reibungslos, in einem freundschaftlichen Vertragsrahmen passieren zu lassen. Wer weiß, in welch schwere Wetter und unruhige Fahrwasser wir bei einem längeren Übergang geraten wären.

Nein, der zeitlich gestreckte, gleitende oder stufenweise Übergang wäre politisch und ökonomisch keine realisierbare Alternative gewesen. Es blieb nur der schnelle Übertritt der DDR in die offene Gesellschaft der Bundesrepublik, mit allen Konsequenzen und Risiken, auch denen, die als Kernargument im Brief des Sachverständigenrates an den Bundeskanzler angeführt waren.

In seinem Jahresgutachten 1990/91 – 15. November 1990, also über neun Monate nach der letzten offiziellen Äußerung –, nachdem Währungs- und Wirtschaftsunion und politische Vereinigung bereits vollzogen waren, nahm der Rat das zu Anfang des Jahres behandelte Thema wieder auf und stellte fest:

»Wohl aber hatte und hat der Rat die Pflicht, auf die volkswirtschaftlichen Kosten einer Währungsunion hinzuweisen, die nicht von bereits wirkenden Wirtschaftsreformen begleitet wird. Und zu diesen Kosten ist es, wie vorauszusehen war, gekommen.«[29] Jedoch schränkt er seine Aussage wieder weitgehend ein:

»Ob die gesamtwirtschaftlichen Kosten des gewählten Weges zur deutschen Einheit höher oder letzten Endes sogar niedriger als die eines zeitlich gestreckten Weges ausfallen werden, läßt sich nicht objektiv entscheiden.« Dann folgt noch der Hinweis auf die unumkehrbare Entscheidung für die Marktwirtschaft und auf die mit der staatlichen Vereinigung gewonnene sichere Rechtsordnung: »Das sind auch ökonomisch ins Gewicht fallende Vorteile.« Wenn die Sachverständigen zudem noch Zweifel hegen, »ob die politische Führung in der DDR also in der Lage gewesen wäre, ... die für eine zügige und umfassende Erneuerung der DDR-Wirtschaft erforderlichen Reformen ... durchzusetzen«, so könnte man annehmen, der Rat habe sich auf den Boden der Tatsachen gestellt und das Modell der Stufenlösung aufgegeben.

Leider bleibt es aber nicht dabei, denn der Rat fährt fort: »Dabei läßt sich freilich schwer auseinanderrechnen, was (in der DDR) Führungsschwäche und was Reflex von Erwartungshaltungen war, die keine Zeit für die Lösung der Reformaufgaben ließen«. Als Ursache für das Entstehen dieser Erwartungshaltungen wird nun auf »Äußerungen aus der Bundesrepublik« verwiesen. »So hatte sich in der DDR ...schon im Frühjahr die Überzeugung verfestigt, die baldige Einführung der D-Mark genüge, die wirtschaftliche Misere zu beheben. Dieser Illusion ist nicht mit Nachdruck begegnet worden. Um so deutlicher treten nun die unvermeidlichen Kosten der Anpassung ins Bewußtsein«[30]. Jetzt geht es also um die Bewußtseinslage. Aber wie hätte sich wohl das Bewußtsein der Menschen bei einem »zeitlich gestreckten Weg« gestaltet? Der Phantasie sind keine Grenzen gesetzt.

Sicherlich hat es Äußerungen aus der Bundesrepublik gegeben, die in Anbetracht der zu vermutenden Entwicklung viel zu optimistisch waren. Aber es gab auch genügend Stellungnahmen in Westdeutschland, die mit aller Deutlichkeit darlegten, daß der Weg der raschen Währungsunion die »harte Lösung« sein werde, daß er aber – wegen der Ablehnung des eigenen Systems und der eigenen Währung (Repudiation) durch die ostdeutsche Bevölkerung – unausweichlich sei.[31] Zudem fehlt der Beweis dafür, daß eine längere politische Selbständigkeit der DDR – in demokratischer Verfassung – auch nur die geringste Möglichkeit zu einer erfolgreichen »realwirtschaftlichen Anpassung« geboten hätte. Nach allem, was der Zusammenbruch jenes Systems inzwischen offenbart hat, muß man leider annehmen, daß unter einer solchen Hypothese nicht eine einzige Unternehmung schneller wettbewerbsfähig und nicht eine einzige Telefonleitung eher gelegt worden wäre. Ich zitiere noch einmal Olaf Sievert: »Allmählicher Übergang von der Kommandowirtschaft zur Marktwirtschaft – eine Schimäre. Allmähliches Sterben nicht wettbewerbsfähiger Produktion – noch eine Schimäre. Reißbrettgedanken aus planerischen Hirnen«.[32]

Mit ihrem vereinigungspolitischen Ansatz blieben die offiziellen Äußerungen des Sachverständigenrates zu Anfang des Jahres 1990 hinter den aussagekräftigen und politisch vorwärtsdrängenden Gemeinschaftsdiagnosen der Forschungsinstitute vom Frühjahr und Herbst des gleichen Jahres zurück[33]. Dabei ist nichts einzuwenden gegen die empirischen Analysen der späteren Lage in West- und Ostdeutschland im Hauptteil des Jahresgutachtens 1990/91 des Sachverständigenrates. Das gleiche gilt für die dort aufgezeigten Notwendigkeiten und Linien der künftigen Wirtschafts- und Finanzpolitik für Gesamtdeutschland. Bedauerlich war nur, daß das hochangesetzte Modell eines »zeitlich gestreckten Weges« neben der Entwicklung lag. Muß man nicht auch daran erinnern, welch vorwärtstreibende Rolle der Rat in den wirtschaftspolitischen Debatten früherer Jahre gespielt hatte? Seine Kontrastprogramme liefen damals nicht ins Abseits, sondern gaben einer für wissenschaftliche Anregungen offenen Wirtschaftspolitik viele Impulse und natürlich auch Gelegenheit zur Antikritik.

Die Wirtschaftswissenschaft muß sich naturgemäß davor hüten, gelegentlich in ein »political lag« zu geraten. Hin und wieder sollten wir uns darauf besinnen, daß die Ökonomie einst als »Political Economy« aufwuchs und beherrschend wurde.

Natürlich soll keineswegs einer Vorherrschaft der Politik über die Wirtschaftswissenschaft das Wort geredet werden. Da gibt es schon zwischen beiden Bereichen deutliche Probleme und auch Autonomien. Aber die Ökonomie muß begreifen, daß politische Daten oft überraschend, ja, erratisch gesetzt werden; schon ein unerwarteter Ausgang von Parlamentswahlen kann dafür die Ursache sein. Ökonomische Modelle sind für die Schärfung unseres theoretischen Verstandes und unserer Einsichten unentbehrlich. Aber Modellökonomen oder gar Modellschreiner, wie Edgar Salin sie gerne nannte, neigen häufig und gerade in neuerer Zeit dazu, ihre Modelle zu hypostasieren. So sehen sie ihre Ableitungen oft nur dann unter optimalen Bedingungen, wenn die Politik sich in »gleitenden Übergängen« ändert bzw. dem Prinzip der Allmählichkeit gehorcht. Die politische Vereinigung Deutschlands konnte sich allerdings nicht allmählich einstellen, sie mußte aus vielen Gründen außerordentlich rasch geschehen.

Den Befürwortern der Allmählichkeit und der »zeitlich gestreckten Prozesse« möchte ich noch ein anderes Beispiel vor Augen halten. Das Kriegsende 1945 war für die Menschheit damals das höchste Glück, für die Ökonomen der sanften Veränderungen bedeutete es einen Schock, einen totalen Bruch in den politischen Rahmenbedingungen. Millionen von Soldaten wurden mit einem Schlag demobilisiert, Millionen Arbeiter der Rüstungsindustrie von heute auf morgen entlassen. Die praktische Wirtschaftspolitik wurde dann mit allen diesen Problemen fertig. Hätte vom Standpunkt der Ökonomen des gleitenden Übergangs der große Krieg nicht im »zeitlich gestreckten Prozeß« auslaufen sollen?

Dieses Beispiel ist nicht ganz so überzogen, wie man vermuten mag. Das ökonomische System der DDR war faktisch eine Kalte-Kriegswirtschaft, mit Kommandozentralen, mit administrativer Zuteilung der Ressourcen, mit Arbeitsbrigaden, mit verbarrikadierten Grenzen und Todesstreifen, mit Autarkiepolitik samt regulierten Ausnahmen, mit sicherheitspolitischer Überwachung und Bespitzelung bis in die letzten Winkel des Lebens. Der mit der politischen Vereinigung mit voller Wucht einsetzende Strukturwandel stellt sich von diesem Standpunkt als eine plötzliche Demobilisierung dar, mit allen Konsequenzen für den Arbeitsmarkt und überhaupt für die Neuverteilung und Revitalisierung der produktiven Kräfte. Das Prinzip der Allmählichkeit kommt damit erst nach dem »Schock« zur Geltung; die Friedensdividende fällt nicht sofort an, sie wird schließlich nach und nach »in Raten« ausgezahlt.

Die realwirtschaftliche Umstellung nach dem Schock kann auch das erledigen, was bei einer »zeitlich gestreckten Lösung« angestrebt wird. Allerdings mit dem Unterschied, daß bei der Anwendung einer Schocktherapie die spontanen Kräfte unverfälscht und sofort wirksam werden können, während sie bei einer Stufenlösung erst nach und nach, gemäß den politischen und institutionellen Zwischenentscheidungen virulent werden, wobei durchaus eine Behinderung und Verzerrung der Marktkräfte eintreten kann. Zwar ist die realwirtschaftliche Anpassung, die – nach dem Schock – sofort auch Transformations- und Integrationsprozeß wird, mit dem Risiko behaftet, daß der ganze Vorgang durch falsche Datensetzung (zum Beispiel Lohnpolitik) an Tiefe und Länge die

Grenzen des Zumutbaren überschreitet. Aber auch bei dem stufentheoretischen Modell können entlang des Weges viele falsche Rahmendaten gesetzt werden. Es ist eben »planerischer«.

Schöpferische Zerstörung?
Einheitlichkeit der Lebensverhältnisse –
Sozialpolitik

Auch im dritten Jahr nach der Währungsunion und politischer Einigung machen die neuen Bundesländer eine harte Anpassungskrise durch, die schwerste und längste, die das moderne Deutschland bisher erlebt hat. Die »nachholende Revolution«, wie Jürgen Habermas die Frühphase genannt hat, sehr herablassend gemeint, aber in einem liebevolleren Sinne doch wohl richtig, weil unsere Landsleute den liberalen Aufbruch, der uns im Westen nach 1945 vergönnt war, nun nachvollziehen konnten – dieser ganze Vorgang wird jetzt mehr und mehr verdeckt von der Mühsal und Plage des ökonomischen Alltags. Machen wir es da richtig, oder gilt für uns alle das Xenion von Schiller und Goethe (1796) unter der Überschrift »Der Zeitpunkt«?

»Eine große Epoche hat das Jahrhundert geboren;
Aber der große Moment findet ein kleines Geschlecht.«

Sicherlich hilft der Westen mit gewaltigen Transferleistungen. Aber der Ökonom kann darüber nicht sehr glücklich sein. Im Osten wandern die Zahlungen vorwiegend in den Konsum und das Konsumvermögen, im Westen wirkten sie im Rückfluß für etwa zwei Jahre als ein riesiges Konjunkturprogramm in einer kaum als keynesianisch zu bezeichnenden Situation. Außerdem ist – wie der Sachverständigenrat sagt – das System durch die Vielzahl der Maßnahmen undurchsichtig geworden. Kurzum, es fehlt der Aufschwung der gewerblichen Investitionen auf breiter Front, es bleiben die deutlichen Anzeichen dafür aus, daß die Menschen dort ihr Einkommen in steigendem Maße selbst erwirtschaften können. Im Gegenteil, bis vor einiger Zeit wurden Tag für Tag neue Palliativmittel empfohlen und verabreicht. Sicherlich sind schmerzstillende Medikamente (»Arbeitsbeschaffungsmaßnahmen«, Kurzarbeit auf Null, erweiterter Vorruhestand) als begleitende Hilfsmaßnahmen nützlich. Übungen am Phantom – worunter ich viele Beschäftigungsgesellschaften verstehe – können für den Übergang manchmal sogar kontraproduktiv sein, das heißt gegen das freie Handwerk, das Mittelstandsgewerbe schlechthin gerichtet, im günstigen Fall wirken sie in einer vielgelobten »Brückenfunktion« hilfreich. Aber solange nicht neue marktwirtschaftlich rentable Arbeitsplätze entstehen, können sie alle den Kern des Übels, die fortschreitende De-Industrialisierung des Beitrittsgebietes, nicht kurieren. Nimmt man die rasante Lohnbewegung in den neuen Ländern hinzu, in der nach dem vernichtenden Urteil der Forschungsinstitute »alle Dämme gebrochen zu sein scheinen«, so wird das Gesamtbild noch unerfreulicher. Wenn wir weiter im »Warten auf Godot« (gemäß Samuel Beckett) verharren, an dem anscheinend auch die Industrieverbände eine Zeitlang Geschmack fanden, so erreichen wir so bald keine Lösung. Wir gerieten höchstens in eine Diskussion über Lohnsubventionen hinein, bei der allen Hören und Sehen vergehen würde (s. u. Seite 58).

Mit dem Einbruch der internationalen und westdeutschen Konkurrenz in die ostdeutschen Märkte hatten wir den zwangsläufigen Niedergang des dortigen Produktionsapparates und den damit verbundenen oder ihm folgenden Neuaufbau von Produktionskapazitäten gerne mit dem Schumpeterschen Wort von der *»schöpferischen Zerstörung«* bezeichnet. Schumpeter hatte damit den kapitalistischen Aufschwungprozeß als solchen beschrieben. Aber sein Bild war mehr mikroökonomisch konstruiert: Der Pionierunternehmer setzt seine »neuen Kombinationen« auf den Märkten durch, das Neue tritt damit *eo ipso* an die Stelle des Alten. Der Produktionsapparat erneuert sich mit der Verdrängung des Alten automatisch. Ganz so einfach entfaltet sich dieser Vorgang jedoch nicht in dem Fall, daß die besseren und billigeren Produkte in der Westregion erzeugt werden und ihren Absatz in der Ostregion in Konkurrenz zu der schwächeren Produktion dort finden. Ein spontanes Aufblühen von Neuanlagen im Osten ist damit noch nicht gegeben. Der Mehrabsatz der Westprodukte wird durch höhere Kapazitätsausnutzung oder Kapazitätserweiterung ermöglicht. Wenn zudem durch riesige Transferzahlungen die Nachfrage der Ostgebiete unaufhörlich alimentiert wird, könnte der Vorgang sein Mezzogiorno-Gleichgewicht finden: Im Westen wird mehr produziert und finanziert, im Osten wird bei gewaltig steigender Arbeitslosigkeit verteilt und konsumiert. Der Handel und alle Dienstleistungsbereiche können prosperieren, aber die eigene industrielle Produktion schrumpft. Sicherlich – und die Anzeichen sprechen dafür – wird ein solcher Vorgang bei fortgesetzten Transferzahlungen dennoch die Bauindustrie und das Handwerk befruchten, aber der neue industrielle Kern, insbesondere für die Produktion handelbarer, das heißt über den lokalen Bedarf hinausgehender Güter, bleibt unterentwickelt – von einigen Ausnahmen abgesehen. Erst wenn diese Ausnahmen sich zu einer kritischen Masse vermehren, wenn also neue, bessere und billigere Produkte aus ostdeutscher Erzeugung in größerer Anzahl, auch in Konkurrenz zu den bisher aus dem Westen bezogenen Produkten, auf den Markt treten, kann von einem Aufschwung gesprochen werden. Dies erfordert einen langen Umstellungsprozeß, der dabei zu einem erheblichen Teil aus völligen Neugründungen besteht. Dann erst ist die Zerstörung »schöpferisch«.

Was dem ernsthaften Betrachter Sorge macht, ist die Tiefe und Länge des Umstellungsprozesses. Sie kann sich verheerend auf die Gesellschaftsstruktur in den neuen Ländern auswirken. Enttäuschung und Frustration können um sich greifen. In der modernen westlichen Ökonomie ist der Begriff der *Hysteresis* gängig geworden. Er bezeichnet den Tatbestand, daß Dauerarbeitslosigkeit durch Verfall der handwerklichen Fertigkeiten, durch Verblassen der beruflichen Disziplinierung und ähnliche Veränderungen der Persönlichkeitsstruktur zu einer Entwertung des Humankapitals führt. Es sollte alles getan werden, um ein solches Abgleiten in einen Mezzogiorno-Zustand zu vermeiden.

Aber Tiefe und Länge des Umstellungsprozesses wirken sich auf Staat und Gesellschaft der alten Bundesländer aus. Die Transferzahlungen, die sich als Nachfrage nach westlichen Gütern und Leistungen niederschlagen, haben auch zu wesentlichen Gewinnen in den öffentlichen Haushalten der alten Länder und Gemeinden geführt; ein voller Finanzausgleich zugunsten der neuen Länder wird vor 1995 nicht installiert werden. Man hat nicht den Eindruck, daß öffentliche Investitionen im Westen merklich zugunsten derer im Osten reduziert werden. Das Bild zum Beispiel der westdeutschen Gemeinden zeigt immer wieder verschönernde Straßen- und Brückenbauinvestitionen, verkehrsberuhigende Straßenrückbauten und ähnlichen »Luxus«. Ein besonders krasses Beispiel für den ungestörten Fortgang öffentlicher Investitionen in Westdeutschland liefern die Neubauten des Deutschen Bundestages (Sitzungssaal und Abgeordnetenhaus), die auch nach dem Beschluß zum Umzug gen Berlin ungerührt fortgeführt bzw. im Anschluß an eine frühere Planung begonnen wurden.

Ähnliches gilt für die Privatwirtschaft: Business as usual im Westen, dazu noch mit beträchtlichen Bonifikationen für *beide* Tarifvertragsparteien, die aus dem neu gewonnenen Absatzmarkt im Osten resultieren – der seinerseits zu rund 50 Prozent vom Staat alimentiert wird ... Das kann nicht die Dauerlösung sein.

Sicherlich soll hier nicht dem mechanistischen Slogan: »Beendigung der Teilung durch Teilen« das Wort geredet werden. Hinter dieser Lösung verbirgt sich meist die sehr naive Auffassung, daß durch staatliche (steuerliche) Beschneidung der Einkommen im Westen in gleichem Maße die Einkommen im Osten durch Subventionen einfach aufgestockt werden könnten, so daß uno actu die »*Einheitlichkeit der Lebensverhältnisse*« hergestellt wäre. Eine solche Operation würde die Leistungs-/Ertragsverhältnisse (oder die Kosten-Nutzen-Relationen) in beiden Regionen fundamental verändern, ohne Rücksicht auf die jeweiligen komplizierten wirtschaftlichen Zusammenhänge, insbesondere die bisher großen Produktivitätsunterschiede. Die Transferzahlungen könnten sich dann verewigen. Die tatsächlich erfolgenden Transferleistungen sollten ihren Sinn jedoch nicht durch eine sofortige Gleichstellung der Lebensniveaus erhalten, sondern dadurch, daß sie Entwicklungsprozesse einleiten oder fördern, die schließlich zu einem marktwirtschaftlich honorierten Ergebnis in Richtung auf die Einheitlichkeit der Lebensverhältnisse hinleiten.

Das Prinzip der Einheitlichkeit der Lebensverhältnisse ist im Grundgesetz aus wohlerwogenen Gründen nicht zum allgemeinen Staatsziel erklärt worden, wie eine emotional aufgeladene öffentliche Diskussion es heute hin und wieder vermuten läßt. Es wird dort zweimal erwähnt. Einmal in Art. 72, wo im Bereich der »konkurrierenden Gesetzgebung« geregelt ist, daß »der Bund ... das Gesetzgebungsrecht [hat], soweit ein Bedürfnis nach bundesgesetzlicher Regelung besteht, weil ... die Wahrung der Einheitlichkeit der Lebensverhältnisse über das Gebiet eines Landes hinaus sie erfordert«. In Art. 106 III GG wird für die Aufteilung der Umsatzsteuer zwischen Bund und Ländern gefordert, daß dabei »die Einheitlichkeit der Lebensverhältnisse im Bundesgebiet gewahrt« bleibt.

Aus beiden Formulierungen läßt sich aber nicht ableiten, daß es sich um eine schematische Gleichheit der Lebensverhältnisse handeln muß. In vielen Teilen der alten Bundesrepublik gab es immer recht differenzierte Lebensverhältnisse, wobei die Unterschiede in den Nominaleinkommen größer waren als in den Realeinkommen. Diese Differenzen wechselten mit den verschiedenen Wachstumsphasen von Region zu Region. Entscheidend ist doch wohl, daß dieses Prinzip sich letztlich mehr auf die Einheitlichkeit der Entwicklungs*chancen* im Bundesgebiet beziehen sollte.

Nicht umsonst hatten die *Militärgouverneure* in ihrem Genehmigungsschreiben (Letter of Approval) vom 12. Mai 1949 zum Entwurf des Grundgesetzes bemerkt, daß sie den letzten Satzteil von Art. 72 (2) 3 folgendermaßen interpretieren würden: »um eine vernünftige Gleichheit der wirtschaftlichen Chancen für alle Menschen (reasonable equality of economic opportunity to all persons) sicherzustellen«. Damit war doch deutlich gesagt, daß keine schematische Gleichheit der Lebensniveaus gemeint war. Die Gouverneure hatten offensichtlich Verständnis für die natürlichen räumlichen Differenzierungen und Schwankungen in der marktwirtschaftlichen Dynamik.

Um die Länge und Tiefe des Umstellungsprozesses abzukürzen, habe ich vor geraumer Zeit mehrfach (zum Beispiel im März 1991) vorgeschlagen, die zuständigen Gremien möchten sich auf unkonventionelle *und* zugleich marktwirtschaftliche Mittel besinnen, die dem gewerblichen Investitions- und Produktionsprozeß in den neuen Ländern einen kraftvollen Schub verleihen sollten. Also: zeitlich befristete Aussetzung der

Mehrwertsteuer für alle in den neuen Ländern erzeugten Produkte, die Gewährung eines fiktiven Vorsteuerabzugs für den Bezug dieser Waren im Westen und die steuerliche Vollabschreibung aller Investitionen in den neuen Ländern. Von Anfang an war doch einzusehen: Um das gewerbliche Wachstum im Osten in Gang zu setzen, mußten private Ressourcen in kräftig zunehmendem Maße in die neuen Länder fließen. Unter diesem Aspekt hätten die bestehenden Methoden der Sanierung Ostdeutschlands substantiell ergänzt und auf die Entfachung wirtschaftlicher Eigendynamik konzentriert werden müssen.

Es besteht für mich kein Zweifel, daß mit diesen Maßnahmen der Aufschwung hätte beschleunigt werden können. Angebotspolitik ist im allgemeinen eine langfristige Angelegenheit. Dies wäre jedoch der Versuch gewesen, eine zeitraffende Angebotspolitik einzuleiten. Die Vorschläge wurden entweder mit dem Hinweis auf EG-rechtliche Vorschriften oder auf verwaltungsmäßige Schwierigkeiten beantwortet oder nur stillschweigend zur Kenntnis genommen. Besonders absurd war der Einwand, mit der Umsatzsteuerpräferenz würde eine billige Konkurrenz in den Ostgebieten entstehen, und es würden Produktionsverlagerungen in den Osten einsetzen. Dies sollte doch gerade eintreten und hätte die »Zerstörung« schneller »schöpferisch« gemacht. Wahrscheinlich liegt der Grund für die Abweisung durch die politischen Instanzen auch darin, daß man zusätzliche finanzielle Anforderungen fürchtete oder aber die – sicherlich unpopuläre – Kürzung der Transferzahlungen für konsumtive Zwecke vermeiden wollte.

Nun muß man zugleich zur Kenntnis nehmen, daß viele schon bestehende, präferenzierende Regelungen im Prinzip seit Beginn der Währungsunion in Kraft sind und daß das Beharrungsvermögen, trotzdem so weiterzumachen wie bisher, erheblich gewachsen ist. Offensichtlich nehmen die Kräfte zu, die darauf abzielen, das so gewachsene System der Transferzahlungen einschließlich der Investitionsförderungen tel quel weiterlaufen zu lassen, sowohl im Sinne des allseits gepriesenen Vertrauensschutzes wie auch, um einen bei tiefgreifenden Änderungen befürchteten Attentismus der Investoren zu vermeiden. So stehen wir in diesem großen Fusionsprozeß unter der normativen Kraft der einmal oder nach und nach geschaffenen Fakten. Außerdem muß man konstatieren, daß die Mehrwertsteuer inzwischen ein wichtiger Bestandteil der Haushalte der neuen Länder geworden ist. Eine Verminderung dieser Einnahmen durch Präferenzen würde kaum noch akzeptiert werden. Der Vorschlag ist leider wohl durch den Zeitablauf überholt.

Ganz erheblich dehnte sich aber die Aktivität der *Sozialpolitik* aus. Schon mit der am Anfang versprochenen und sofort gestarteten »Anschubfinanzierung« waren die Weichen gestellt für den Marsch des westdeutschen Wohlfahrtsstaates gen Osten. Die Segnungen der Sozialpolitik wurden viel rascher ausgestreut, als die Wirtschaftspolitik greifen konnte. Wie schwierig es für die Wirtschaftspolitik ist, sich neben der Sozialpolitik zu behaupten und den Marktkräften in den neuen Bundesländern mehr Raum zu geben, zeigt das Beispiel der sich ausdehnenden *Beschäftigungsgesellschaften*. Unter ihrer Obhut sollen unbeschäftigte Arbeitskräfte in produktiver Aktivität gehalten werden. Sie werden finanziert durch öffentliche Haushalte (Bundesanstalt für Arbeit, Treuhandanstalt). Zwar soll ihre Tätigkeit befristet sein, aber alle Erfahrung spricht für eine weitere Prolongation. Das wäre gleichbedeutend mit einer Resignation vor dem fälligen, aber sich weiter hinausziehenden Strukturwandel. Bezeichnend ist auch, daß ziemlich frühzeitig von verschiedenen Seiten – Arbeitgeberverband wie auch Gewerkschaften – ihre flächendeckende Verbreitung propagiert wurde. Sehr bald wurde ihre erwähnte soziale Brückenfunktion im Hinblick auf den späteren ökonomischen Aufschwung entdeckt. Es wäre in der Tat ein wenig erfreuliches Ergebnis, wenn Arbeitsbeschaffungsmaßnahmen und Beschäftigungsgesellschaften dahin führten, daß sich in Ostdeutschland ein kräftiger und zäher *Arbeitsamtsozialismus*, auch zweiter Arbeitsmarkt genannt, ausbreiten würde. Dabei darf nicht vergessen werden, daß diese Entwicklungen auch eine Folge zu hoher Tariflöhne sind.[34]

Aber gegenüber diesen problematischen Aspekten der Arbeitsbeschaffungsmaßnahmen und Beschäftigungsgesellschaften muß der Ökonom auch die positiven Seiten solcher sozialpolitischen Aktivitäten herausstellen: Sie dienen in erster Linie der Zurückdrängung der Hysteresis bei langdauernder

Arbeitslosigkeit, sie sind ein Instrumentarium zur Erhaltung des Humankapitals. Natürlich kann der sogenannte zweite Arbeitsmarkt keine Hilfe auf Dauer sein. Aber wie könnte man sonst die Lücke füllen? Sicherlich bringen es solche Maßnahmen auch mit sich, daß die Anreize für den einzelnen Beschäftigten, einen nicht so attraktiven Job im ersten Arbeitsmarkt zu übernehmen, geschwächt werden. Die arbeitsmarktpolitischen Auffangmethoden können damit – gegen die Absicht ihrer Initiatoren – zur Verlängerung des gesamten industriellen Umstellungsprozesses beitragen. Sie sollten aber in erster Linie seine Schwere verringern. Auf jeden Fall sind sie in ihrer hartnäckigen Beständigkeit ein Symbol für die großen Hemmnisse, die dem Aufschwung Ost noch entgegenstehen. Auszunehmen von der Kritik sind naturgemäß die Maßnahmen, die der beruflichen Fortbildung und der Umschulung dienen. Hierbei muß allerdings auch bedacht werden, daß – solange noch kein marktwirtschaftlicher Aufschwung sich deutlich bemerkbar macht – die Antwort auf die Frage der Betroffenen, worauf oder wohin denn umzuschulen sei, oft sehr schwer zu geben ist. Erst nach und nach stellt sich mehr Klarheit über zukunftsträchtige Berufe ein.

Das schnelle Vordringen der Sozialpolitik mit ihren weiter entwickelten Mitteln in Ostdeutschland ist ein Ausdruck des raschen Zusammenschlusses von zwei Gebieten recht verschiedenen Lebensstandards, wobei es nur langsam gelingt, die ökonomische Basis des ärmeren Teils in gleichem Tempo zu verstärken. Hier wird abermals deutlich, wie stark sich die Entwicklung in den neuen Bundesländern heute von dem Aufschwung unterscheidet, der 1948 nach der Währungs- und Wirtschaftsreform – natürlich auch mit manchen Schwierigkeiten – in Westdeutschland einsetzte. Damals konnte von einem voll entfalteten Wohlfahrtsstaat noch keine Rede sein (die dynamische Rente wurde zum Beispiel erst 1957 geschaffen), die Sozialpolitik setzte sich noch sehr bescheidene Ziele, Handelssinn und Gewerbefleiß standen im Vordergrund, und die Lohnpolitik folgte dem Produktivitätsfortschritt nach und eilte ihm nicht – wie heute – weit voraus.

Die Rolle der Treuhandanstalt

Auf der Suche nach Instrumenten, die der Beschleunigung des heutigen Investitions- und Umstellungsprozesses in den neuen Ländern dienen können, stoßen wir sogleich auf die zentrale Rolle der *Treuhandanstalt*. Sie ist der finanziell expansivste Parafiskus (Nebenhaushalt) des Vereinigungsprozesses geworden. Die Anstalt agiert in einer kritischen Umwelt. Dem einen gilt sie als überzentralisiert und überhaupt zu schwerfällig, dem anderen als zu rücksichtslos in der Privatisierung und vor allem bei der Stillegung von Betrieben. Ich halte es, wieder einmal unter der normativen Kraft des Faktischen, nicht für angebracht – jetzt, wo die Beendigung bzw. Umgründung dieser Institution bevorsteht –, nach einer Neuorganisation des ganzen Gebildes zu rufen. Vielmehr gilt es, die Hauptproblematik des Unternehmens zu erkennen und die notwendige Richtung der Politik der Treuhandanstalt in dem Gesamtprozeß der wirtschaftlichen Vereinigung zu beschreiben. Schließlich müssen wir die Aufgaben herausarbeiten, die sich mit dem Ende und dem Auslaufen der Anstalt ergeben.

Gegründet noch unter der Modrow-Regierung[35], erhielt die Treuhandanstalt ihre gesamtdeutsche Aufgabenstellung durch den Einigungsvertrag zugewiesen[36], nämlich »die früheren volkseigenen Betriebe wettbewerblich zu strukturieren und zu privatisieren«. Aus dieser Formulierung ergibt sich eindeutig. Das eigentliche Tätigkeitsfeld der Treuhandanstalt ist die Privatisierung, die wettbewerbliche Strukturierung liegt doch auf dem Wege zu diesem Ziel. Nur mit einigen Schwierigkeiten kann man die Sanierung durch die Anstalt zu einer Art von gleichberechtigter Zweitaufgabe erheben. Nach dem Sinn des gesetzlichen Textes müßte man die eigentliche Sanierung dem privaten Unternehmer überantworten; nur der Übernahmepreis (Kaufpreis) müßte, nach marktwirtschaftlichen Regeln gebildet, je nach der Größe der Sanierungsaufgabe kleiner oder größer ausfallen, er könnte unter besonderen Umständen auch negativ sein (aber mit entsprechenden Investitions- und Arbeitsplatzauflagen).

So konnte man noch im Februar 1991 hoffnungsvoll erwarten: »Die Treuhandanstalt kann in ihrem Streben nach Sanierung durch Privatisierung am wirkungsvollsten unterstützt werden, wenn Regierung und Öffentlichkeit auf eine schnelle Privatisierung dringen und in dieser Hinsicht ständig Ungeduld zeigen.«[37] Aber mit der Verlängerung des gesamtwirtschaftlichen Umstellungsprozesses in den neuen Ländern waren die Stimmen derer lauter und häufiger geworden, die sich für eine langdauernde Sanierung aussprachen, ja, sogar danach trachteten, die Treuhandanstalt zu einer permanenten Industrieholding zu machen. (Die oben beschriebenen Tendenzen der Verlängerung des Transformationsprozesses setzen weitere Kräfte der Prolongation des Ganzen frei – eine quasi lineare Kettenreaktion.) So gewann die Aufgabe der Sanierung durch die Treuhand immer mehr an Bedeutung.

Gern wird in diesem Zusammenhang darauf verwiesen, daß es nach dem Kriege in Westdeutschland auch einige wichtige Industriefirmen, wie das Volkswagenwerk oder die Salzgitter AG, im öffentlichen oder gemischtwirtschaftlichen Eigentum gab, die sozusagen als Basis der sich neu entwickelnden Industriestruktur gedient hätten. Dieser Vergleich ist nicht zu akzeptieren. Damals handelte es sich bei den Industrieunternehmen im öffentlichen oder gemischtwirtschaftlichen Eigentum um einige »Inseln« in einer im übrigen privatwirtschaftlich organisierten Welt; außerdem lieferte zum Beispiel das Volkswagenwerk ein Produkt, das »lief und lief...«. Bei der Umwandlung der Treuhandanstalt in eine Industrieholding oder in mehrere (Länder-)Institute dieser Art ginge es jetzt weit mehr um Unternehmen, die noch ihre Produktionsverfahren, ihre Produkte oder ihren Markt suchen. Die Treuhand als permanente Industrieholding wäre nichts anderes als Staatssozialismus in anderen Kleidern; es wäre bloße formale »Entstaatlichung«, aber keine reale Privatisierung. Es fehlte damit die Probe auf die marktwirtschaftliche Bewährung der Betriebseinheiten.

Einheiten im öffentlichen Eigentum reagieren in der Marktklemme des Umstellungsprozesses im allgemeinen mit scharfer Produktionsreduktion, mit Entlassungen und Kurzarbeit und auch mit erheblichem Substanzverzehr durch Immobilienverkauf usw. Man veranstaltet höchstens eine »passive Sanierung«, nicht aber eine Durchsetzung neuer Kombinationen. Charakteristisch für eine solche Lösung ist die Statisierung der wirtschaftlichen Aktivitäten im Ganzen.

Die Treuhandanstalt beschritt mit immer weiter gewährten oder prolongierten Liquiditätskrediten, Verlustausgleichen und Bürgschaften einen nicht ungefährlichen Weg, der kaum in die Dynamik führte. Soweit hier erste Erleichterungen im Markt fühlbar wurden, bezogen sie sich vornehmlich auf »Großaufträge..., die weniger eine erhöhte Wettbewerbsfähigkeit widerspiegeln als vielmehr massive staatliche Hilfen«[37], etwa durch öffentliche Exportgarantien.

Daß erst mit der Privatisierung der Wettbewerb als Entdeckungsverfahren und als Motor eines Aufschwungs sich belebt, bewies schon die frühe Erfahrung: Es »zeigt sich ... ein deutlicher Unterschied zwischen den bereits privatisierten und den noch im Besitz der Treuhandanstalt befindlichen Industrieunternehmen. Bei letzteren ist die Sanierung bislang nur langsam in Gang gekommen; auch müssen hier weitere nicht mehr wettbewerbsfähige Betriebsteile stillgelegt und zusätzliche Arbeitskräfte entlassen werden. Bei den privatisierten Unternehmen dagegen greifen die Sanierungskonzepte bereits vielfach.«[38]

Sicherlich ist dieses Gesamtbild durch die ökonomische Rezession etwa seit Sommer 1992 verdunkelt worden. Offensichtlich steht die Treuhandanstalt schon längere Zeit unter erheblichem politischen Druck, der auf Sanierung im öffentlichen Bereich, also Erhaltung vieler unrentabler Arbeitsplätze, kurzum auf Protektion nicht-wettbewerbsfähiger Produktionseinheiten gerichtet ist.

Daß mit den Methoden der staatlichen Industrielenkung am Ende dennoch eine wirtschaftliche Dynamik zu erreichen sei, diese Idee hätte in Deutschland vielleicht eine geheime Tradition: Könnte man sich nicht vorstellen, daß an der Spitze der »Industrieholding Treuhand« ein Albert Speer stünde, der als Rüstungsminister im Kriege unter schwierigsten Umständen und zum Erstaunen der Alliierten mit allen Mitteln eines hochgetriebenen Interventionismus und mit der Versammlung bester technokratischer Köpfe seine Produktion steigerte? Doch Albert Speer kann hier nicht als Leitbild dienen. Zum einen stand ihm in erster Linie nicht eine in einem Staatskonzern zusammengefaßte, stark heruntergekommene Industrie gegenüber, sondern ein vornehmlich auf Privateigentum gegründetes hochentwickeltes Potential, dessen Manager ziemlich willig den staatlich gesetzten (gewinnbringenden) Preisen und auch Produktionsauflagen folgten; zum anderen gab es für ihn keine offene Lohnflanke – es herrschte Lohnstopp, und es gab keine Gewerkschaften, sondern nur als kärgliches Substitut eine »Arbeitsfront«; und zum dritten standen die politischen Mittel des totalitären Staates zur Verfügung.

Das alles zeigt, zu welchen Methoden eine staatliche Industrielenkung greifen kann – unter nicht-rechtsstaatlichen Bedingungen und mit dem einzigen Ziel, die industrielle Produktion um jeden Preis hochzubringen.

Heute ist die Treuhandanstalt ex lege und aus der historischen Situation einem liberalen Leitbild verpflichtet mit der primären Aufgabe, die Industrieunternehmen so schnell und so gut wie möglich als wettbewerbsfähige Einheiten an den Markt heranzuführen. Schon das – mit verständlichem Widerstand seitens der Leitung erfolgte – lose Engagement der Treuhandanstalt an Beschäftigungsgesellschaften war ein ordnungspolitischer Sündenfall, eine Abweichung von dem geplanten Prozeß der Privatisierung, verursacht durch tagespolitischen Druck und mit Text und Geist des Artikels 25 im Einigungsvertrag kaum zu vereinbaren. Liberale kritische Freunde der Treuhand müssen immer wieder an die klassischen Instrumente der Auktionierung, der Ausschreibung oder Auslobung erinnern; auch die Inanspruchnahme von Investment Banks, um an den Weltkapitalmarkt Anschluß zu finden, stand von Anfang an auf dem marktwirtschaftlichen Mahnzettel. Er wurde recht spät befolgt.

Im übrigen muß darauf hingewiesen werden, daß die Einführung der voll konvertiblen D-Mark am 1. Juli 1990 zwar die ganze Wucht der internationalen Waren- und Dienstleistungskonkurrenz in die neuen Länder gebracht und damit die große Anpassungskrise entfacht hat, aber zugleich auch den Zugang zum Weltkapitalmarkt geöffnet hat. Dies im Unterschied zu den mittel- und osteuropäischen Ländern, die schon von Haus aus nicht über eine Klasse von Geldkapitalbesitzern verfügten und also beispielsweise zu einem Voucher- oder Coupon-System der Distribution von Fondsanteilen greifen mußten; vor allem müssen sie für den Rückgriff auf den Weltkapitalmarkt erst die monetäre Hürde der noch nicht konvertiblen

Währung überwinden oder durch Bilateralismus ausklammern.

In Anbetracht der Stärke der Kapitalbildung in Deutschland und der Offenheit aller seiner Märkte sollten die Chancen für eine beschleunigte Privatisierung durch die Treuhandanstalt also günstig sein. Denn vornehmlich auf diesem Weg würde privates Kapital von West nach Ost gebracht werden. Damit würde zugleich die Gelegenheit geboten, daß die Transferzahlungen der westdeutschen öffentlichen Hände, die überwiegend in den Konsum oder das Konsumvermögen fließen, Schritt für Schritt abgebaut würden und das Einkommen in den neuen Ländern in steigendem Maße durch die Bevölkerung dort selbst verdient würde.

Wie schon angedeutet, haben sich diese Erwartungen nicht wie erhofft bestätigt; vornehmlich haben hier die Verlängerung des gesamten Transformationsprozesses und die Rezession für erhebliche Abweichungen gesorgt. Sicherlich hat die Treuhandanstalt beachtliche Privatisierungserfolge vorzuweisen. Von den ursprünglich genannten über vier Millionen Beschäftigten sind heute (Juni 1993) noch 296 300 Arbeitnehmer »im Bestand«. Aber das Ganze ist ein überaus teures Unternehmen geworden, sowohl betriebswirtschaftlich wie finanzwirtschaftlich.

Noch im ersten Staatsvertrag über die Währungs-, Wirtschafts- und Sozialunion vom 18. Mai 1990 (Art. 10, Abs. 6) wurde in Aussicht gestellt, »daß den (ostdeutschen) Sparern zu einem späteren Zeitpunkt für den bei der Umstellung 2 zu 1 reduzierten Betrag ein verbrieftes Anteilsrecht am volkseigenen Vermögen eingeräumt werden kann«. Dasselbe wiederholte sich fast wörtlich in der Präambel des Treuhandgesetzes (vom 17. Juni 1990). Ich erinnere mich noch sehr deutlich: Als wir im Januar 1991 im Wissenschaftlichen Beirat des Bundeswirtschaftsministeriums an dem Gutachten über die »Privatisierung in den neuen Bundesländern« arbeiteten, erklärte uns der Chef der Treuhandanstalt, der wenige Monate später heimtückisch ermordete Detlev Carsten Rohwedder, wenn wir etwas über die im Gesetz erwähnten »Anteilsrechte« der ostdeutschen Bevölkerung aussagen wollten, *so könnten wir uns da sehr kurz fassen*, es würde nämlich kein zu verteilender Überschuß entstehen. Er hatte wohl schon in den ersten

Monaten seiner Arbeit erkannt, daß die Privatisierung ein eher verlustreiches Geschäft sein würde. Heute wird geschätzt, daß die Treuhand bis Ende 1994 ein Defizit von 275 Mrd. DM hinterlassen wird, das dann vom Bund übernommen wird. Nun sind das natürlich gesamtwirtschaftlich nicht alles Verluste.

Allein bisher (Stand: Juni 1993) veranschlagt die Treuhandanstalt »Investitionszusagen« in Höhe von insgesamt 180,1 Mrd. DM. Leider vermißt man bei diesen Angaben stets einen genaueren zeitlichen Horizont; man erkennt also nicht, in welchem Rhythmus das in Aussicht gestellte private Kapital den privatisierten Unternehmen zufließen wird – dasselbe gilt auch für die bei der Privatisierung gegebenen Arbeitsplatzzusagen. Weit über ihre Privatisierungserlöse (bis Juni 1993 insgesamt 43,5 Mrd. DM) hinaus hat die Treuhandanstalt also Schulden aufnehmen (vgl. die eben genannten Endverbindlichkeiten) müssen, um Verlustausgleiche zu zahlen, Altschulden zu übernehmen, Investitionen im Rahmen der Sanierung zu tätigen, Kapital zuzuführen, Sozialpläne zu finanzieren usw.; sie hat sich unter dem Druck der Verhältnisse zu einer großen Subventionsmaschine entwickelt. Wenn es längere Zeit eine Debatte über das Für und Wider von Lohnkostensubventionen gegeben hat, so muß man ernüchtert feststellen, bei der Treuhandanstalt gibt es das schon alles. Bei jedem Tarif gilt es als selbstverständlich, daß für die Treuhandbetriebe keine Öffnungsklausel, keine Härteklausel angewendet wird. Ganz ähnlich, wie ein – ehemaliger – Gewerkschaftsführer es uns allen bei gegebenem Streikanlaß unverblümt erklärt hat: Die Wiedervereinigung sei von der Mehrheit des Volkes gewünscht, also müßten die Lohnerhöhungen von der Allgemeinheit, das heißt den Steuerzahlern, getragen werden. Bei solch markigen Worten blieb auch den Treuhandbetrieben nichts übrig, als die Beschäftigung kräftig herabzusetzen.

Wenn man die Gesamtausgaben der Treuhandanstalt – also neben den Löhnen auch die Kapitalkosten, Verlustzuweisungen usw. – je Beschäftigten berechnet, so kommt man zu erstaunlichen Ergebnissen[39]. Je Arbeitsplatz in Treuhandbetrieben und in den Betrieben, die privatisiert wurden, wird 1993 ein Vielfaches der Summe ausgegeben, die 1991 aufgewendet wurde: 1991: 11.400 DM, 1992: 34.126 DM, 1993: 93.423 DM. »Das ist in der Logik der gewählten Konstruktion begründet ... Die Institute haben immer wieder darauf hingewiesen, daß die Vorgabe eines Kreditvolumens bei der Treuhandanstalt dazu führt, daß dieser Rahmen ausgeschöpft wird« (für 1993 durch den Solidarpakt auf 38 Mrd. DM erhöht). Man kann nur zu dem Schluß kommen, daß die Privatisierung zu einem weit höheren Maße ein Gegenstand des fiskalischen Transfers von Mitteln geworden ist, die durch die steigende Verschuldung eines Nebenhaushalts aufgebracht worden sind, während die private Kapitalzufuhr gegenüber den anfänglichen Hoffnungen weit zurückgeblieben ist.

Ein eklatantes Beispiel für die überaus teure und auch dem Wettbewerbsgedanken sehr ferne Privatisierungspolitik der Treuhandanstalt zeigt der recht bekannt gewordene, geplante Fusionsvertrag zwischen der westdeutschen Kali und Salz AG und der Mitteldeutschen Kali AG: Die Treuhandanstalt »bringt in das Gemeinschaftsunternehmen eine Bareinlage von einer Milliarde DM ein und trägt in den ersten drei Jahren 90 Prozent der Verluste, obwohl sie am Kapital nur zu 49 Prozent beteiligt ist«[40]. Daß die Treuhandanstalt subventionierender Minderheitsteilhaber einer monopolistischen Einheitsgesellschaft, eines West-Ost-»Gemeinschaftsunternehmens«, werden soll, kann man kaum als ein Ergebnis ansehen, das im Geiste der sozialen Marktwirtschaft erreicht wird. Man wird vielmehr erinnert an die Debatte der zwanziger und dreißiger Jahre über Vorzüge und Nachteile gemischtwirtschaftlicher Industrieunternehmen: Der Staat als Minderheitsteilhaber ist in schwierigen Zeiten immer der Aktionär mit unbegrenzter Nachschußpflicht.

Es hat allgemein den Anschein, daß die Anstalt 1992/93 mehr und mehr in eine dritte Phase ihrer Aktivität eingetreten ist, die der »aktiven Sanierung«. »Sie übernahm damit endgültig die Rolle eines Unternehmens und leitete strategisch ausgerichtete Investitions- und Umstrukturierungsvorhaben ein«[41] – im vollen Gegensatz zu dem Prinzip des Anfangs, daß die Privatisierung der beste Weg zur Sanierung sei.

Wie soll das alles weitergehen?

Die Anstalt »wird ihr operatives Geschäft, das heißt den Verkauf von Betrieben, bald einstellen können. Damit werden viele noch bestehende Betriebe in andere staatliche Obhut übergehen.«[42]

Im Unterschied zu der Praxis, die die Treuhandanstalt entwickelt hat, wird nun von den Forschungsinstituten vorgeschlagen, »die Summe, die für die Erhaltung eines Arbeitsplatzes aufgewendet werden soll, von vornherein zu fixieren«[43].

Von anderer Seite wird noch deutlicher verlangt, daß das operative Geschäft sich vom Grundsatz der Einzelfallentscheidung lösen und zu einer »regelgebundenen Sanierung« übergehen sollte. Ein fester Zuschlag zum branchenüblichen Eigenkapital oder zur betrieblichen Wertschöpfung sollte gewährt werden. Die Hilfen sollten zeitlich degressiv gestaltet sein und zu einem festen Zeitpunkt – genannt wird 1996 – auslaufen[44].

Eine Übersicht der industriellen Treuhandunternehmen zeigt mit aller Deutlichkeit, daß hier die Umsatzrenditen (Betriebsergebnis zu Umsatz) in allen Branchen 1992 noch ausgesprochen *negativ* waren[44]. Wir befinden uns also noch tief im Umstellungsprozeß, der durch die Rezession zusätzlich erschwert wurde.

Die erwähnten Vorschläge zielen alle in ähnliche Richtung und sind im Prinzip zu begrüßen. Der Grundsatz der Erhaltung der industriellen Kerne darf nicht zu einer permanenten (das heißt endlosen) Subventionierung führen. Der Umstellungsprozeß muß sich im Gegenteil unter dem *harten Druck der Knappheit der öffentlichen Mittel* vollziehen. Die »allgemeine Förderung des Entstehens neuer Unternehmen und Arbeitsplätze«[45] müßte die Oberhand gewinnen.

Wenn man die eben erwähnten negativen Umsatzrenditen der bestehenden Treuhandunternehmen betrachtet sowie die in Zukunft zu leistenden Zahlungen der Anstalt bedenkt, die aus inzwischen vollzogenen Privatisierungen entstanden sind, so muß man vermuten, daß die für den Übergang zu erwartenden öffentlichen Verpflichtungen noch einen beträchtlichen Umfang erreichen werden. Es scheint daher nicht ausgeschlossen, daß die geschätzten gesamten Abschluß-Verbindlichkeiten der Anstalt noch überschritten werden.

Aus finanziellen Gründen und aus gesamtwirtschaftlicher Sicht – zur Förderung der allgemeinen Dynamik – ist es dringend erforderlich, daß mit den Übergangs- und Auslaufregelungen für die Treuhandanstalt und ihre Nachfolger ein verbindlicher Endtermin und ein hart degressives Ausgabenlimit gesetzt wird.

Aufwertungseffekt und Lohnexpansion –
Hemmnisse der Transformation

Wenn von einem Tag auf den anderen das zentrale Lenkungssystem außer Kraft gesetzt wird, wenn die »Strömungsgrößen« wie Löhne und Gehälter in die neue Währung 1:1 umgerechnet werden, dann erhebt sich die Frage, in welchem Preiszusammenhang diese Größen bisher standen und mit welchen Kräften sie nunmehr in Wechselwirkung stehen. (Die Bundesbank hatte sich bei der Diskussion um die Umtauschsätze viel zu sehr auf die »Bestandsgrößen« wie Sparguthaben und Geldbestände kapriziert und dabei die für den weiteren Prozeß viel wichtigeren Strömungsgrößen leider sehr vernachlässigt.)

Wir müssen davon ausgehen, daß in dem System der Zentralverwaltungswirtschaft in der ehemaligen DDR die Exportpreisbildung der heimischen Produkte grundsätzlich getrennt war von der Inlandspreis- und Kostenbildung. Die Relation zwischen den Kosten in Mark, die aufgebracht werden mußten, um eine Valuta-Mark (DM) im Handel mit nicht-sozialistischen Ländern zu erwerben, wurde durch den »Richtungskoeffizienten« abgedeckt. Diese, wie man sagen könnte, Abwertungsrate war je nach Branchen, ja, auch Produkten, differenziert. Der Richtungskoeffizient durfte bezeichnenderweise nicht veröffentlicht werden. Erst in den Monaten des politischen Umbruchs wurde er in Zahlen bekannt. Während der durchschnittliche Richtungskoeffizient im Jahre 1980 2,40 betrug, stieg er von 1985 bis 1989 von 2,90 auf 4,40[46]. Die Ausfuhrpreise in ausländischer Währung mußten also ständig gesenkt werden, die terms of trade verschlechterten sich.

Der Außenhandel der DDR mit den sozialistischen Staaten wurde weitgehend im »barter trade«, in Form von bilateralen Kompensationsgeschäften, betrieben; auch hier wurden vielfach Exportprämien bezahlt. Der gesamte Außenhandel der DDR war demnach, gesamtwirtschaftlich gesehen, ein horrendes Verlustgeschäft.

Angesichts dieser Lage kann kein Zweifel darüber bestehen, daß mit dem Inkrafttreten der Währungsunion und dem Umtauschsatz von 1:1 für alle Stromgrößen ein gewaltiger *Aufwertungseffekt* von etwa 80 Prozent für die Wirtschaft des Beitrittsgebietes verbunden war[47]. Dieser Tatbestand war zu

Anfang für viele Ökonomen ein wirklicher Schock. Eine Aufwertung solchen Ausmaßes hätte nach oft geäußerter Meinung selbst blühende Volkswirtschaften zur Strecke gebracht. Man wurde auch an das Lehrbuchbeispiel erinnert, daß nämlich England durch die Rückkehr zum Goldstandard 1925 (gegen den heftigen Widerstand von Keynes – »The Consequences of Mr. Churchill«) zu einer erheblichen Überbewertung des Pfundes gelangt und damit in eine strukturelle Schwäche seiner industriellen Position geraten war, die erst 1931 durch die Abwertung des Pfundes und die Abkehr vom Goldstandard in eine neue Phase einmündete. Von solchen Überlegungen beeinflußt, war der zu erwartende Aufwertungseffekt schon Anfang 1990 in Deutschland ein Anlaß für den Entwurf von stufentheoretischen Anpassungsmodellen gewesen, die dann aus vielen anderen Gründen nicht verwirklicht wurden. Da mit Vollzug der Währungsunion eine separate währungspolitische Maßnahme (Devalvation) für die ehemalige DDR ausgeschlossen war, wurden auch Ideen laut, die auf eine steuerliche (simulierte) Abwertung hinausliefen, zum Beispiel durch befristete Senkung der Mehrwertsteuer für Osterzeugnisse auf Null, kombiniert mit einem fiktiven Vorsteuerabzug für alle westdeutschen Bezüge von Produkten aus dem Beitrittsgebiet. Die bisherigen Abnehmerpräferenzen für Produkte aus Westberlin und die Vorsteuerabzugsbegünstigungen für die westdeutsche Landwirtschaft waren dafür ein Vorbild[48]. Doch davon sah man aus mehreren Gründen ab (s.o. S. 44 f.).

Der starke Aufwertungsdruck im Beitrittsgebiet wirkte sich sofort aus: Das Preisniveau in Ostdeutschland erwies sich entgegen manchen Voraussagen als relativ stabil, eine inflatorische Bewegung war hier von vornherein ausgeschlossen (daß die Preise bisher staatlich subventionierter Konsumgüter und die Wohnungsmieten sich nunmehr nach oben bewegten und den westdeutschen anpaßten, war zugleich unvermeidlich und hatte nichts mit einem inflatorischen Prozeß zu tun), jedoch die Erzeugerpreise der industriellen Produkte aus dem Osten erlitten einen deutlichen Absturz. Zudem verdrängten die qualitativ überlegenen westlichen Produkte das ostdeutsche Angebot im Nu fast überall, teilweise aber auch wegen übermächtiger Vorurteile seitens der ostdeutschen Konsumenten.

Und absolut entgegen dem Aufwertungsdruck, der eine Senkung der internen Kosten in Ostdeutschland verlangt hätte, stiegen die Löhne in dem Beitrittsgebiet stark an und lösten sich vollkommen von der Produktivitätsentwicklung. Die ostdeutschen Löhne betrugen vor der Währungsunion im Durchschnitt etwa ein Drittel der westlichen, die Arbeitsproduktivität lag bei ca. 30 Prozent. Mit Aufwertungseffekt und Lohnexpansion geriet die ostdeutsche Industrie in eine fast ausweglose Preis-Kosten-Klemme, die bis heute nicht überwunden ist. Während ein Aufwertungseffekt im allgemeinen durch Senkung der Löhne und anderer Kosten in einer gewissen Zeitspanne von der betroffenen Volkswirtschaft verdaut werden kann, wurde dieser Vorgang in Ostdeutschland durch Stufenpläne und andere Formen der Aufholjagd der Löhne immer wieder inhibiert. Die industrielle Produktion in Ostdeutschland sank mit der Währungsunion in einem Jahr auf etwa 30 Prozent ihres Standes von 1989. Die Arbeitslosigkeit stieg entsprechend gewaltig an.

Es war naheliegend, daß in einer solchen Zwangslage sich eine Diskussion über *Lohnkostensubventionen* entfaltete[49]. Der Vorschlag stieß auf erheblichen Widerstand[50] – meines Erachtens zu Recht. Sicherlich hätte man die Produktion von einfachen Industriewaren hiermit verbilligen und damit erhalten können. Aber die Produktion hochentwickelter Industrieerzeugnisse mit moderner Technologie mußte (und muß) von Grund auf neu in Gang gesetzt werden. Hierfür ist Kapital erforderlich. Es kann aber nicht angenommen werden, daß bei Lohnsubventionen die Investitionsneigung der Kapitalgeber sich verstärken würde, denn die Investoren denken langfristig; und alle Modelle für Lohnsubventionen sind entweder zeitlich befristet oder degressiv konstruiert. Mit anderen Worten, die Investoren, besonders diejenigen, die auf der grünen Wiese beginnen, werden eine Lohnhöhe einkalkulieren müssen, die letztlich dem von den Gewerkschaften mittelfristig angestrebten westdeutschen Niveau entspricht. Eine permanente Lohnsubvention, die die Region tatsächlich zum dauerhaften Niedriglohnland stempeln würde, war wohl aus vielerlei Gründen kaum zu empfehlen. Um das moralische Risiko auszuschließen, daß Lohnsubventionen ihrerseits zum Anlaß von zusätzlichen Lohnsteigerungen werden, wurden die besagten

Modelle oft mit der Empfehlung eines Lohnpakts (oder einer real wirkenden Konzertierten Aktion) verbunden. Wie lange sollte eine solche Lohnbindung gelten? Auch damit war also das Problem der zeitlichen Befristung oder der zeitlichen Degression der Subventionen nicht gelöst.

Ohne Zweifel haben die unverhältnismäßigen Lohnsteigerungen und die damit verbundenen Perspektiven für die kommenden Jahre in den neuen Ländern den Umstellungsprozeß entscheidend erschwert. Für die einfachen Industriewaren wurde der Aufwertungseffekt nicht kompensiert, sondern im Endeffekt noch verstärkt, und für die höher entwickelten Industrieerzeugnisse ist der Druck auf eine Erneuerung der Produktion »von Grund auf« und also die Tendenz zur kapitalintensiven Erzeugung noch verstärkt worden. Nicht zufällig ist bei den Pionierobjekten dieser Art die Zahl der freigesetzten Arbeitskräfte überdurchschnittlich hoch. Die marktwirtschaftlich üblichen Folgen einer solchen Lohnexpansion werden hier besonders deutlich.

Aufwertungseffekt und aggressive Lohnpolitik haben also die wirtschaftlichen und sozialen Umschichtungen in der Beitrittsregion gebremst, ja, angehalten, aufgestaut und dadurch ungemein verschärft, und sie haben damit zugleich das Vordringen der Sozialpolitik, die Ausbreitung der Arbeitsbeschaffungsmaßnahmen und der Beschäftigungsgesellschaften gefördert, ja, auch das Durchhalten unrentabler Betriebe (angesichts der steil ansteigenden Erwerbslosenzahlen) mittels ausgedehnter Subventionierung durch die Treuhandanstalt politisch begünstigt. Insofern bildet der derzeitige sozial-ökonomische Prozeß im Beitrittsgebiet ein Ganzes.

Man könnte einwenden, die zeitliche Verlängerung des ganzen Vorgangs habe auch einen Vorteil gehabt: Letztlich bringe die Verzögerung des Aufschwungs durch vorschnelle Lohnsteigerungen für die Region im Ganzen die Konzentration der industriellen Produktion auf eine, wenngleich beschränkte, Zahl hochmoderner Betriebe mit sich – ein Prozeß, der aber im großen Umfang mit der Freisetzung von bislang industriell beschäftigten Arbeitskräften unweigerlich verbunden ist. In rein industrieller Hinsicht kann die Region in der Tat auf längere Sicht einige japanische Züge, allerdings begrenzt auf bestimmte Inseln, annehmen, umgeben aber von einer riesig angeschwollenen industriellen Reservearmee. Ich weiß nicht, ob die Befürworter einer raschen Lohnerhöhung in Richtung auf das westliche Niveau sich unter dem Motto »Einheitlichkeit der Lebensverhältnisse« eine solche Entwicklung vorgestellt haben.

Man könnte auch sagen: Die Verlängerung des Umstellungsprozesses hätte den Menschen, die sich unter der Herrschaft des Sozialismus ganz andere, auf starre oder träge Rahmenbedingungen eingestimmte Verhaltensweisen zulegen mußten, nun mehr Zeit gegeben, sich auf die neuen industriellen und oft schnell veränderlichen marktwirtschaftlichen Bedingungen und Anforderungen einzustellen. Es gäbe im sozialen Gefüge einschließlich der Politik gewissermaßen eingebaute Bremsvorrichtungen, die den Gang des Transformationsprozesses verlangsamten und damit möglicherweise die Zeit der Eingewöhnung verlängerten. Nach dem Zweiten Weltkrieg hätten uns die Alliierten in Westdeutschland auch nicht sogleich an den ökonomischen und staatlichen Aufbauprozeß herangehen lassen. Wie Helmut Schelsky es frühzeitig bemerkt hat: »Sie gaben uns drei Jahre Zeit«, über uns nachzudenken und zu uns zu kommen. Ähnliches geschähe nun in den neuen Ländern, wo die Menschen sich neu zurechtfinden müßten (zum Beispiel in einer noch nicht funktionierenden eigenständigen Tarifautonomie), wobei der Westen allerdings durch politische Fehler und Uneinigkeiten zu den Verzögerungen beigetragen hätte. Aus dieser Sicht wäre es dann allerdings sehr sinnvoll, daß wir in dieser so lang gewordenen Übergangszeit mit gewaltigen Transferzahlungen für den Aufbau der neuen staatlichen Organisation und Infrastruktur und durch Subventionen für die Erhaltung und Stärkung des dortigen Humankapitals sorgten. Die Natur mache eben keine Sprünge. So könnte man der großen Prolongation des Umstellungsprozesses eine erfreulichere Seite abgewinnen.

Dieser Schlußfolgerung widersprechen jedoch viele Realitäten in Ostdeutschland: Sicherlich ist der Prozeß als solcher ein klarer Gegenbeweis gegen die kindliche Auffassung vom Übergang aus der Plan- in die Marktwirtschaft sozusagen in einer juristischen Sekunde, als wenn man einen dunklen Raum beträte und den Lichtschalter bediente, im Nu sei mit der Helligkeit das strahlende und komplette Tableau der marktwirtschaftlichen Wohlfahrt dargeboten, also ein modernes Tischlein-Deck-Dich. Davon kann naturgemäß keine Rede sein. Investitionen, Produktionsumstellungen und Beschäftigungsverschiebungen, Übergangsarbeitslosigkeit und auch Wanderungen sind auf jeden Fall unumgänglich.

Jedoch stellt der sich in die Länge ziehende Transformationsprozeß eine schwere Belastung für die Gesamtgesellschaft dar, vor allem wenn das Ziel noch vage und schemenhaft erscheint, die heiß ersehnten Anzeichen für den Aufschwung immer wieder ausbleiben, wenn die intellektuellen Schwarzseher immer neue geistige Gräben und Mauern zwischen West und Ost entdecken, wenn immer penetranter behauptet wird, daß der Abstand zwischen Reich und Arm immer größer werde. Wir haben gesehen, daß es unter den Bedingungen des bislang geltenden Förderungssystems und der aggressiven Lohnpolitik im Osten einige lebensfähige industrielle Betriebseinheiten geben kann, entweder hochtechnisiert oder für den lokalen Bedarf arbeitend. Letztlich könnte eine Zweiklassengesellschaft entstehen, geteilt in jene, die Beschäftigung haben, und jene, die im Abseits stehen.

Die Zahl der Erwerbstätigen sank auf sechs Millionen, das sind über dreieinhalb Millionen weniger als vor drei Jahren; davon sind 1,25 Millionen als arbeitslos registriert, die übrigen sind in Arbeitsbeschaffungsmaßnahmen und in Programmen zur beruflichen Weiterbildung aktiv, in Kurzarbeit registriert, in den vorzeitigen Ruhestand gegangen oder haben in Westdeutschland als Pendler oder als – früher so genannte – Übersiedler einen Arbeitsplatz gefunden.[51]

Der Aufschwung in den Dienstleistungsbereichen und der Bauwirtschaft kann diese Verluste nicht kompensieren. Die »Multiplikatorwirkung«, das heißt der Einkommen schaffende Effekt, einer sich rasch belebenden Bautätigkeit schlägt zu einem erheblichen Teil auf die westdeutschen Länder durch: Das ist die »konjunkturbelebende« Funktion einer expandierenden Bauwirtschaft. Das Produkt der Wohnungsbautätigkeit erhöht die Lebensqualität der Menschen, sie ist ein begehrter Wohlfahrtsgewinn; die Bautätigkeit schafft jedoch direkt neue, beständige Arbeitsplätze nur in dem Maße, wie es sich um gewerbliche Bauten handelt. Da stellt man immer wieder fest: Die industrielle Basis in den neuen Ländern ist zusammengebrochen. Erst wenn im gewerblichen Bereich (nicht nur im bauwirtschaftlichen) Investition und Produktion sich nicht nur aufwärts bewegen, sondern die industrielle Investition größer ist als die Desinvestition im gleichen Bereich, kann von einer Trendwende gesprochen werden. Solange der Prozeß so läuft wie gegenwärtig, läuft er schief[52].

Wenn die derzeitige Linie der industriellen Entwicklung vor allem auf einige »Inseln hoher Produktivität«[53] zuläuft (daneben eine prosperierende Bauwirtschaft samt Dienstleistungsbereichen sowie Handwerk), umgeben von einer großen Reservearmee von Arbeitslosen, dann bewegen wir uns auf »eine extrem strukturschwache Region«[54] hin. »Endlich haben die Deutschen ein Mezzogiorno-Problem«, meinte vor einiger Zeit ein französischer Intellektueller, fügte jedoch hinzu: »Aber die Leute dort kommen alle aus Turin«. Damit spielte er auf die große industrielle Tradition des ostdeutschen Gebietes an, jedoch konnte er noch nicht wissen, daß ein nicht kleiner Teil der Menschen heute nach dem eigentlichen »Turin«, das heißt dem Westen, auspendelt (ca. 450 000 im Jahre 1992) oder in kleinerem Maße nach Westen »übersiedelt«.

Wenn von dem italienischen Ursprungsmodell einer lange Zeit stagnierenden Region mit mangelnder Wirtschaftsgesinnung und Leistungsbereitschaft, beruhend auf früherer Fremdherrschaft, Ausbeutung und Feudalstruktur, gesprochen wird, so kann dies natürlich nur mit gewisser Einschränkung auf die ostdeutschen Länder übertragen werden. Sie waren im Gegenteil bis zum Ende des Zweiten Weltkrieges eines der beiden Industriezentren Deutschlands. Erst danach kam für mehr als vierzig Jahre die sozialistische »Feudalstruktur« über sie.

Sicherlich haben sich die verheerenden Effekte des real existierenden Sozialismus auch in einer veränderten Wirtschaftsgesinnung der Bevölkerung niedergeschlagen. Die Ethik der Menschen in einer Diktatur-Gesellschaft nach sozialistischem Modell ist weit entfernt vom Geist des Kapitalismus. Profit oder Gewinn als Bestimmungsgrößen des persönlichen Einkommens oder einer persönlichen Investitionstätigkeit waren verschwunden oder verpönt; ihre Reste waren im übrigen einer konfiskatorischen Besteuerung unterworfen. Mittelständische und handwerkliche Betriebe hatten nur noch marginalen oder, wie ein Handwerkspräsident es ausdrückte, nur noch musealen Charakter. Die Lenkung des Produktions- und Verteilungsprozesses erfolgte zentral mit den Mitteln der Planung, der Norm und der Prämie. Die einzelnen Menschen betätigten sich als Wirtschaftssubjekte gemäß den vorgeschriebenen Möglichkeiten. Dezentrale Entscheidungen spielten nur am Rande eine Rolle. Aber Fertigkeiten der Improvisation, auch im Umgehen behördlicher Anordnungen, können sich dabei hoch entwickeln, ebenso die Fähigkeiten, sich eine gesellschaftliche Nische zu suchen. Dabei fehlte die Verpflichtung auf ein allgemeines, umfassendes Ethos, das sich eben in der für alle gleichermaßen gültigen Privatrechtsordnung manifestiert. Das Ganze wurde vielmehr durch ein polizeistaatliches Kontrollsystem zusammengehalten. In einem solchen System waren Eigeninitiative und unternehmerische Aktivitäten, die mit hohem Risiko verbunden sind und zugleich allgemein gültige Verhaltensregeln bei den Marktpartnern voraussetzen können, wenig vorzufinden.

Diesem Erbe setzen wir entgegen die Ausbreitung unserer Rechtsordnung, die Unternehmungslust derjenigen, die sich als Pioniere gen Osten aufgemacht haben, die Einbeziehung der gesamten Bevölkerung in den neuen Ländern in unser System der demokratischen Willensbildung, den Ausbau eines föderalen und kommunalen Verwaltungsapparats, die Herausbildung einer gemeinsamen öffentlichen Meinung in allen ihren pluralistischen Schattierungen. Dies alles führt zur gegenseitigen geistigen und sozialen Integration. Aber zur wirtschaftlichen Integration gelangen wir nur, wenn der ökonomische Unterbau, besonders der industrielle, in den neuen Ländern sich sichtbar entfaltet. Die 1992 erreichte kräftige Zunahme des ostdeutschen Bruttosozialprodukts um 7,4 Prozent bedeutet noch keineswegs, daß dort ein sich selbst tragender Aufschwung in Gang gekommen ist. Sie bedeutet nur, daß die Transferzahlungen sich in abgeleitetes Einkommen und abgeleitete Produktion umgesetzt haben, nicht aber, daß die »autonome« Produktion und Einkommensbildung in erforderlichem Maße gewachsen sind. Erst wenn dieser Punkt erreicht ist, wenn also der sich selbst tragende Aufschwung tatsächlich begonnen hat, haben wir das Gröbste hinter uns. Dann wird auch die ängstliche Frage: wann erreichen wir die

Einheitlichkeit der Lebensverhältnisse, nicht mehr so drängend gestellt werden. Dann hat man das Ziel der Entwicklung für alle sichtbar vor Augen. Dann können unsere Landsleute sich sagen: Nun füllen wir die uns angebotene Privatrechtsordnung voll aus.

III. Der Vereinigungsprozeß im Ganzen, empirisch und theoretisch

Versuch einer Zwischenbilanz

Währungsunion und politische Vereinigung bedeuteten erstmal auch einen Sprung in die statistische Undurchsichtigkeit. Zwangsbewirtschaftete Preise und Produktionen ließen sich nicht mit den Größen der westdeutschen Marktwirtschaft im rekurrenten Anschluß verbinden. Es brauchte rund anderthalb Jahre, um ein einigermaßen verläßliches Tableau économique für Gesamtdeutschland herzustellen.

Seit Januar 1992 liegt die erste volkswirtschaftliche Gesamtrechnung für Ostdeutschland für die Jahre 1990 und 1991 vor; sie ist seitdem laufend verbessert worden[55]. So können wir darangehen, uns ein Bild von den makro-ökonomischen Veränderungen zu machen, die mit dem Vereinigungsprozeß verbunden sind.

Mit dem 1. Juli 1990 begann das ostdeutsche Bruttosozialprodukt (real, das heißt preisbereinigt) seine Talfahrt (immer in Prozent gegenüber dem Vorjahresstand): im 3. Quartal −27,7, im 4. Quartal −33,1, im Jahre 1991 −28,4, und dann erfolgte 1992 der Aufstieg mit +7,4[56]; das erste Quartal 1993 zeigt mit +4,9 einen schwächeren Zuwachs als Folge der rezessiven Entwicklung in Westdeutschland. Die Schätzung für das ganze Jahr 1993 beläuft sich auf 5,5 Prozent. Ausschlaggebend für diese Abschwächung war auch, daß die Zahl der Ost-West-Pendler seit Herbst 1992 sank und wahrscheinlich nur noch knapp 400 000 Personen erreichte. Der Absturz 1990/91 kommt dem Effekt einer heftigen Weltwirtschaftskrise gleich, der Aufstieg 1992 ist das von den Transferzahlungen abgeleitete Wachstum, die Verlangsamung 1993 zeigt, daß Deutschland auch konjunkturell mehr und mehr zu *einer* Volkswirtschaft wird.

Als gänzlich ungewöhnlich, prinzipiell atypisch tritt aber in der Struktur der volkswirtschaftlichen Gesamtrechnung Ostdeutschlands die Tatsache hervor, daß die »Inlandsnachfrage« dieses Gebietes nahezu doppelt so groß ist wie das entsprechende Bruttoinlandsprodukt (das heißt ohne Pendler). 1991 belief sich hier die gesamtwirtschaftliche Nachfrage auf 192,5 Prozent und 1992 auf 196,5 Prozent des realen Bruttoinlandsprodukts. Die gewaltigen Transferleistungen von West nach Ost haben den Abfall der eigenen Produktion deutlich kompensiert. Auch haben sie die Inlandsnachfrage über den Stand des Bruttosozialprodukts des Jahres 1989 (vom DIW geschätzt auf rund 280 Mrd. DM), also vor der Wende, hinaufgehoben. Von einer Verschlechterung der Versorgung der Bevölkerung im Ganzen in den neuen Bundesländern kann keine Rede sein. Die Bundesbank bemerkt zu dem ganzen Phänomen des Auseinanderklaffens von Inlandsnachfrage und Produktion: »Die weitgehend von westdeutschen Transferleistungen ›finanzierte‹ Lücke zwischen Binnennachfrage und Erzeugung hat sich ... weiter vergrößert. Im zweiten Halbjahr 1990 hatte [die Inlandsnachfrage] die Erzeugung um knapp die Hälfte überschritten.«

Die Größe und Veränderung dieser Lücke veranschaulicht quantitativ und sehr konkret die Hauptaufgabe der Politik der ökonomischen Vereinigung, aber auch die Tatsache, daß wir noch lange nicht über den Berg sind. Die »Lücke« mußte sich von Jahr zu Jahr verkleinern, das heißt die Erzeugung sollte stetig anwachsen und schließlich die Inlandsnachfrage überschreiten!

Die öffentlichen Transferleistungen sind von der Bundesbank für 1991 auf 140 Mrd. DM (netto) und 1992 auf 180 Mrd. DM (netto) berechnet bzw. geschätzt worden[57]. Diese Summen sind etwas kleiner als die Differenz zwischen »Inlandsnachfrage« und Brutto*sozial*produkt bei jeweiligen Preisen (1991: 163,1 Mrd. DM und 1992: 184,4 Mrd. DM). Praktisch wurde demnach die Lücke 1992 durch die öffentlichen Zahlungen »finanziert«.

Die ostdeutschen Anlageinvestitionen haben sich innerhalb der kräftigen Zunahme der Inlandsnachfrage 1992 nicht ganz so stark wie im Vorjahr ausgeweitet (+24 Prozent, preisbereinigt, gegenüber 27,7 Prozent im Jahre 1991). An der Spitze der Expansion standen 1992 die Bauinvestitionen, während die

Ausrüstungsinvestitionen in ihrer Zunahme (+13,3 Prozent) demgegenüber zurückfielen. Zu den Bruttoanlageinvestitionen in Ostdeutschland stellt die Bundesbank fest: »Insgesamt war der investive Anteil an der letzten inländischen Güterverwendung erstmals größer als in Westdeutschland.« Sie fährt aber lakonisch fort: »Gemessen an dem Erfordernis, insbesondere mit Blick auf die Probleme am Arbeitsmarkt, den gesamten Kapitalstock weitgehend neu aufzubauen, war dies aber nicht genug.«

Der geschätzte westdeutsche Anteil an allen *Unternehmensinvestitionen* in den neuen Ländern beläuft sich auf 55 Prozent (das sind 1992 rund 42 Mrd. DM, davon verarbeitendes Gewerbe rund 15 Mrd. DM).[58] Dieses Investitionsvolumen ist bei weitem nicht als *private* Transferleistung den oben genannten öffentlichen Transferzahlungen gegenüberzustellen, denn in ihnen sind auch erhebliche öffentliche Mittel enthalten, etwa für Verkehr, Energie, allgemeine Investitionszulagen.

Die privaten Investitionen waren in frühen Plänen und Prognosen für den »Übergang« erheblich größer geschätzt worden. Es gehört zu den Überraschungen und Irrtümern bei der Betrachtung des ganzen Prozesses, daß man das private Engagement als die führende Größe und die Sozialausgaben nur als flankierende Hilfsmaßnahme oder (etwas höher) als Anschubfinanzierung gedacht hatte. Die Realität bietet ein umgekehrtes Szenario. Infrastrukturinvestitionen waren allerdings wohl in jedem Fall vorgesehen. So führt das Ergebnis dieser versuchten Zwischenbilanz des Transformationsprozesses zu der Feststellung, daß der Abbau der enormen Größe der gesamtwirtschaftlichen Lücke zwischen Eigenproduktion und Einkommen noch viele Jahre in Anspruch nehmen wird. Diese Erkenntnis scheint sich in der öffentlichen Meinung niedergeschlagen zu haben – mit allen Nebenfolgen in bezug auf die breitere Akzeptanz oder die unwillige Abweisung einer solchen Perspektive.

Ähnlich zwiespältige Empfindungen haben schon die zahlreichen hypothetischen, globalen Berechnungen in den Jahren seit der Währungsunion und Einigung erweckt, in denen man eine vorläufige Antwort suchte auf die Frage: Wie lange wird der ganze Prozeß dauern?

In dieser Zwischenbilanz ist es wohl angebracht, einen Blick auf die vielfach versuchten Wachstumsmodelle zu werfen, in denen verschiedene Zuwachsraten und ein zugeordneter Zeitbedarf einander gegenübergestellt werden.

Einmal kann man zum Beispiel annehmen, daß für Ostdeutschland eine Zielgröße von 80 Prozent des westdeutschen Niveaus der Pro-Kopf-Einkommen gilt. Bei einer Differenz der Wachstumsraten zwischen Ost und West von 15 Prozent könnte dieses Ziel rein rechnerisch in 7,06 Jahren erreicht werden – oder bei einer Differenz von 10 Prozent in 10,6 Jahren[59]. Nach einer anderen Berechnung, die auf den vollen Gleichstand in den Sozialprodukten gerichtet ist, würde man bei einer Zuwachsrate von 20 Prozent für Ostdeutschland in rund 8 bis 9 Jahren (oder bei 15 Prozent in rund 11 Jahren) die Gleichheit zwischen Ost und West erreichen[60]. Nach einer dritten Berechnung würde in Ostdeutschland ein Wachstum von 7 Prozent eine Anpassungsdauer von 20 Jahren ergeben[61].

Sicherlich darf man derartige Berechnungen nicht überschätzen; ihre Aussagekraft ist begrenzt: Das wirtschaftliche Wachstum folgt nicht mechanisch dem Gesetz einer ehrgeizigen Zinseszinsrechnung. Vor allem sind derart hohe Zuwachsraten in der Realität über eine längere Reihe von Jahren hinweg kaum zu erringen. Allerdings zeigen die ursprünglichen und neuerlichen Schätzungen für 1992, daß man mit einer jährlichen Zuwachsrate von 10 Prozent schnell zur Hand sein kann, wenn die »Inlandsnachfrage« durch starke Transfers bis auf das Doppelte der Eigenproduktion gebracht wird und die Investitionen direkt oder indirekt eben durch die Transfers getragen oder angeregt werden. Der ostdeutsche Wachstumsvorgang ist in diesem Anfangsstadium, um es zu wiederholen, ein vornehmlich abgeleiteter Prozeß; es ist wesentlich ein induziertes und kein autonomes Wachstum. Der Prozeß der Kapitalbildung und Kapitalbeschaffung wird dann von den Transferzahlern (via konsumorientierte Hilfen und Infrastrukturinvestitionen) übernommen, so daß es »in besonderen Jahren hohe Zuwachsraten in der Gegend von 20 Prozent geben«[62] mag. Das alles gilt vor allem für öffentliche Zahlungen. Aber viel sensibler sind private Transfers und Investitionen, wie die bisherigen Erfahrungen es uns anschaulich bestätigt haben.

Hier hemmen die bekannten institutionellen Engpässe in der Verwaltung mit ihren internen und externen Lags. Hier verzögern Mängel in der Infrastruktur; sie machen die private Investition vom Fortgang der öffentlichen Investition abhängig. Hier wirken sich auch die erwähnten Zwielichtigkeiten in der Eigentumsfrage negativer aus als im öffentlichen Bereich. Bei allen diesen Faktoren ist im Laufe der Zeit eine Besserung anzunehmen. Noch entscheidender und dauerhafter ist die Bedeutung der *Lohnpolitik* für die Entfaltung der privaten Investitionen. Es wurde schon darauf hingewiesen, daß die mit dem Jahr 1990 beginnende aggressive Lohnpolitik (»Aufholjagd«) dem Transformationsprozeß gewaltige Hürden entgegengesetzt hat. Diese Hemmnisse lassen sich mit den verbesserten statistischen Daten leichter quantifizieren. Aus der ersten volkswirtschaftlichen Gesamtrechnung ergab sich, daß die Lohnstückkosten in Ostdeutschland 1990 um 28 Prozent und 1991 um 70 Prozent zugenommen hatten – eine phantastische Kostensteigerung, die einen sich selbst tragenden Aufschwung für längere Zeit zwangsläufig inhibieren muß[63].

Um eine andere, neuere Quelle zu nehmen: Nach dem Geschäftsbericht 1992 der Bundesbank haben die »Effektivverdienste je Beschäftigten 1992 in Ostdeutschland um durchschnittlich 39 Prozent zugenommen und erreichten damit 62 Prozent des westdeutschen Niveaus (gegenüber erst 34,5 Prozent in der zweiten Jahreshälfte 1990)«. 1992 »erreichte das ostdeutsche reale Bruttoinlandsprodukt je Erwerbstätigen trotz kräftigen Wachstums erst gut ein Drittel des westdeutschen Niveaus. Die ostdeutschen Lohnstückkosten waren damit ... *um etwa drei Viertel höher als in den alten Bundesländern*«. Wenn man gleichzeitig bedenkt, daß die OECD in einer Untersuchung über den internationalen Vergleich von Wettbewerbsfähigkeiten[64] folgende Indizes für die Wettbewerbsposition (relative Lohnstückkosten in gleicher Währung ausgedrückt, 1992) angibt: Westdeutschland 105, Japan 100, USA 77, dann wird völlig unbestreitbar, daß Ostdeutschland hier in eine äußerst fatale Lage geraten ist.

Neben den Löhnen sind die *Zinsen* ein wesentlicher Kostenfaktor für jegliche private Investition. Die Steigerung der Marktzinsen begann 1990 fast gleichzeitig mit der kreditären Finanzierung zusätzlicher Staatsausgaben in Westdeutschland für die Zwecke der Wiedervereinigung. Die starke Zunahme des staatlichen Kreditbedarfs (bei späterer Verminderung der privaten Kapitalnachfrage) – auch mit der Auswirkung auf die gesamtdeutsche Leistungs- und Kapitalbilanz – setzte damit ein. Es war nur logisch, daß man mit Investitionszulagen und -zuschüssen und steuerlichen Abschreibungsmöglichkeiten die Erhöhung der Investitionskosten in Ostdeutschland kräftig reduzierte und vor allem für Ausrüstungsinvestitionen mehr als kompensierte. Es kann angenommen werden, daß, rein betriebswirtschaftlich gesehen, die Privatinvestitionen von der Zinsseite her in Ostdeutschland kaum behindert wurden.

Es spricht also viel dafür, daß die Lohnkostensteigerung die größte Erschwerung der privaten Transfers und Investitionen darstellt. Dies führte deutlich dahin, daß der Verschmelzungsprozeß zwischen West und Ost als Ganzes sich von Berechnungen eines von hohen und beständigen Zuwachsraten bestimmten Expansionsprozesses abgekoppelt hat.

Sehr fragwürdige Ansatzpunkte für die Finanzierung der Vereinigung

Die steigenden Transferleistungen der öffentlichen Hände von West nach Ost werden, wie gesagt, vorwiegend durch rasche Expansion der öffentlichen Verschuldung finanziert. Das erhöht zwangsläufig die öffentliche Zinslastquote und engt den Spielraum der Finanzpolitik für eine Reihe von Jahren stark ein. Dies gibt oft Anlaß, über besondere, vielleicht auch schmerzlosere Finanzierungswege nachzudenken.

In der öffentlichen Diskussion über die Aufbringung der Transferleistungen und die Gefahr der finanziellen Überforderung des Staates kommt häufig die Idee auf, das Ganze könnte aus dem »Zuwachs« des westlichen Sozialprodukts finanziert werden.

Diese Vorstellung geht einmal rein rechnerisch nicht auf. Die Transfers bewegen sich in einer Größenordnung von 5 Prozent des Bruttosozialprodukts. Und eine reale Zuwachsrate des Bruttosozialprodukts von 3 Prozent jährlich ist mittelfristig schon sehr hoch gegriffen. So kann fast die Hälfte des Transfers nicht aus dem Zuwachs, sondern muß durch Eingriffe in das bisherige Sozialprodukt aufgebracht werden. In einer konjunkturellen Stagnation und gar Rezession geht der Eingriff vollständig in das bestehende Sozialprodukt. Daher dann die Heftigkeit der Verteilungskämpfe.

Zum anderen ist mit dem populären Hinweis auf den »Zuwachs« des Bruttosozialprodukts (zwecks Finanzierung der Transfers) meist ein recht naives Mißverständnis in Blick auf den Wachstumsvorgang der Gesamtwirtschaft verbunden. Die Zuwachsrate stellt natürlich keinen »Mehrwert« dar, der am Ende des Jahres sozusagen zur freien Disposition stünde.[65] Der Zuwachs ist die Differenz zwischen der Größe des (preisbereinigten) Sozialprodukts am Anfang und am Ende eines Jahres. Er stellt das Ergebnis des gesamten marktwirtschaftlichen Prozesses in diesem Zeitraum dar. Die Mehreinnahmen eines Rechtsanwaltsbüros, einer Verlagsgesellschaft, eines industriellen Betriebes, alle sind hier enthalten, ebenso die Abzüge der »Verluste« anderer Unternehmen. Das heißt also: *Der Zuwachs, der sich im Laufe eines Jahres ergibt, ist schon im marktwirtschaftlichen Prozeß verteilt.* Es gehört zu den ökonomischen Grundprinzipien, daß in der Marktwirtschaft Produktionsprozeß und Verteilungsprozeß ein unlösbares Ganzes bilden. Es ist also eine verfehlte Ansicht, man könne den Produktionsprozeß weiterlaufen lassen, aber die »Verteilung« gleichsam so separieren, daß am Ende der Periode der Überschuß verfügbar wäre. Wenn sie für öffentliche Transferzahlungen »benutzt« werden sollen, sind eben nur die üblichen Mittel zur Hand: Steuern (auf Produktion, Einkommen und Verbrauch), öffentliche Kredite (die sich an die privaten in- und ausländischen Ersparnisse wenden) und Ausgabenkürzungen in den öffentlichen Haushalten, mit denen (bei unveränderten Steuersätzen) der Staat versucht, am Ende »öffentliche Ersparnis« zur Verfügung zu stellen (was in der alten Bundesrepublik als Gesamtergebnis zum Beispiel in früheren Jahren zu Zeiten des Schäfferschen »Juliusturms« versucht wurde, zur vorbereitenden Finanzierung der Wiederbewaffnung der Bundesrepublik).

So unterscheiden sich die Maßnahmen der Mobilisierung

von Ressourcen für den Aufbau im Osten, die sich angeblich auf den Zuwachs des Sozialproduktes richten, überhaupt nicht von denen, die schlechthin Teile des Sozialproduktes für öffentliche Zwecke in Anspruch nehmen sollen. Im übrigen haben uns die Zahlen gezeigt, daß wir mit dem erreichten Transfervolumen schon erheblich über den realen Zuwachs des Sozialproduktes hinausgekommen sind. Auch der Hinweis auf die Zunahme des »nominalen« Sozialprodukts (1992: 7,0 Prozent) hilft hier nicht weiter. Die Zuwachsrate des Bruttosozialprodukts »in jeweiligen Preisen« ist natürlich genau so im Wachstumsprozeß verteilt wie die reale Zuwachsrate. Auch hier steht unmittelbar kein greifbarer Überschuß zur Verfügung. Ein »Inflationsgewinn« ergibt sich für den Staat nur insoweit, wie die nominalwertbestimmten Steuern – insbesondere noch bei einer Einkommensteuerprogression – in einer Inflation Mehreinnahmen liefern, denen aber die Zunahme der nominalwertbedingten Ausgaben, zum Beispiel Arbeitslosenunterstützungen, Mietzuschüsse, Investitionsausgaben, gegenübersteht.

Der naive Hinweis auf die »Zuwachsrate« des Sozialprodukts ist als Quelle (oder Maßstab) der finanziellen Beanspruchung von Ressourcen scharf zu unterscheiden von der richtigen Feststellung, daß zusätzliche Lasten von einer dynamischen Volkswirtschaft leichter zu tragen sind als von einer statischen. Denn in einem dynamischen Prozeß als Ausdruck der Akkumulation und der Produktivitätssteigerung sind die internen Verteilungskämpfe weniger heftig als in einem stationären Zustand, fließen die Staatseinnahmen dank der Progression der Einkommen- und Lohnsteuer breiter und sind die Gewinne und auch die potentielle Sparquote höher. Je stärker der Expansionsprozeß im Westen – abzüglich der Scheindynamik der Inflation–, desto größer die Chance für den Aufschwung im Osten.

In einer Zeit der erhöhten Inanspruchnahme der Ressourcen spielt der Kapitalmarkt und damit die private Spartätigkeit selbstverständlich eine entscheidende Rolle. Das Sparverhalten der westdeutschen Bevölkerung wies vergleichsweise geringe Veränderungen seit Beginn der siebziger Jahre aus. Die private Sparquote lag 1991 mit rund 14,5 Prozent (1992: 13,8 Prozent) auf etwa der gleichen Höhe wie die Japans und höher als in den westeuropäischen Industrieländern und in den USA. Das Geldvermögen privater Haushalte erreichte in Westdeutschland 1992 die stattliche Summe von über 3,4 Billionen Mark. Jährlich werden zur Zeit etwa 250 Mrd. Mark auf die hohe Kante gelegt. Diese Größen sind das Ergebnis zahlloser individueller Entscheidungen für die private Lebens-, Krankheits- und Altersvorsorge, und sie sind zugleich die Basis für die Kreditaufnahme der öffentlichen Hand, der Industrie und anderer Wirtschaftszweige. Unser in über vierzig Jahren angesammeltes Geldvermögen ist kein »Überschuß« oder »Schatz« der, zynisch gesprochen, sich eigentlich dem Zugriff des Staates anbietet, sondern es ist unerläßliche Quelle der Kreditwirtschaft und damit unverzichtbares Zwischenglied einer wachsenden Wirtschaft. Und was das »arbeitslose Einkommen« aus diesem Geldvermögen betrifft, so ist dieses doch vorher erarbeitet und erspart. Damit ist übrigens die persönliche Vermögensteuer neben der Einkommen- und Lohnsteuer tatsächlich eine Doppelbesteuerung. Sicherlich haben sich in dem Vermögensbestand auch Zufallsgewinne und ähnliches niedergeschlagen. Aber die gehören nun einmal zu dem Preis, den wir für die offene Gesellschaft und die Marktwirtschaft zahlen.

Dennoch ist zeitweilig die Idee aufgekommen, dieses Geldvermögen »abseits der öffentlichen Haushalte« für den Aufbau im Osten durch zusätzliche Belastung des Geldvermögens erstmal seiner Erträge oder gar durch seine Sequestrierung heranzuziehen. Als Vorbild wird der westdeutsche Lastenausgleich von 1952 genommen, aber zugleich völlig übersehen, daß der damalige Lastenausgleich eine zeitlich versetzte Parallel-Maßnahme zur Währungsreform von 1948 gewesen war. Durch diese Währungsreform war das Geldvermögen praktisch vernichtet (bis auf 6,5 Prozent), während die Besitzer von Sachvermögen ungeschoren davongekommen waren. Um dies etwas auszugleichen, wurde der Lastenausgleich installiert zwischen denen, die 1948 ein Sachvermögen besaßen, und denen, die es durch das Kriegsgeschehen, als Flüchtlinge und Ausgebombte, verloren hatten. So war die Ausgangssituation eine gänzlich andere als heute. Nach dem neuerlichen Vorschlag ginge es in erster Linie um einen Eingriff in das bestehende Geldvermögen, zum Beispiel durch fühlbaren

Schnitt in die Vermögenssubstanz, der in eine Vermögensabgabe verwandelt würde. Alle gesamtwirtschaftlichen Überlegungen sprechen gegen eine solche Operation. Die gewaltigen öffentlichen Transferleistungen werden zum überwiegenden Teil aus dem Kapitalmarkt finanziert – auch durch Kapitaleinfuhr – und durch Steuern. Es kann kein Zweifel darüber bestehen, daß wir mit einem »Lastenausgleich«, der sich auf die Geldvermögensbestände und die Geldvermögensbildung bezöge, den Ast absägen würden, an dem vor allem der ganze Vorgang der wirtschaftlichen Vereinigung hängt.

Die öffentliche Hand (im weitesten Sinne) nimmt mit ihrer Kreditnachfrage rein rechnerisch jetzt bis zu 90 Prozent der gesamtwirtschaftlichen Ersparnis in Anspruch, der Rest wird von der Wirtschaft aufgenommen, und im übrigen steht dann nur die Kapitaleinfuhr zur Verfügung. Würde man unter diesen Bedingungen jetzt in die private Geldvermögensbildung eingreifen, so würde in gleichem Umfang das freiwillige Kapitalangebot zurückgehen. Auch die staatliche Sequestrierung von privaten Geldvermögensbeständen, also die zwangsweise Übertragung von Vermögenssubstanz, wäre kein Heilmittel. Sie würde uns in eine andere Wirtschaftsordnung hineinführen.

Kreditfinanzierung des Integrationsprozesses – »Vereinigung auf Pump«

Mit der Politik, die wirtschaftliche und soziale Vereinigung zu einem großen Teil durch öffentliche Schuldenaufnahme zu finanzieren, ist die Bundesregierung einer seit Jahrhunderten geübten Praxis der modernen Staaten gefolgt. Ungewöhnliche Ausgaben waren damals meist durch den Ausbruch und die Führung eines Krieges und durch den Wiederaufbau danach verursacht. Schon Adam Smith hat diese Methode sehr klar beschrieben[66]: »Im Frieden gleichen sich, für gewöhnlich, Ausgaben und Einnahmen der Regierungen meistens völlig oder nahezu aus. Bricht aber ein Krieg aus, so sind sie weder willens noch fähig, ihre Einnahmen entsprechend den Ausgaben zu steigern. Sie sträuben sich, da sie fürchten, die plötzliche und

starke Erhöhung der Steuern würde dem Volke den Krieg verleiden. Sie sind außerdem nicht in der Lage, eine solche Einnahmepolitik zu betreiben, da sie nicht wissen, welche steuerlichen Maßnahmen erforderlich sind, um das notwendige Aufkommen von Abgaben zu erreichen. Kredit aufzunehmen, ist einfach und bewahrt die Regierung zudem vor der Verlegenheit, in die sie durch diese Furcht und Unfähigkeit geraten würde. Die Technik der permanenten Schuldenaufnahme erlaubt ihr, zusammen mit einer laufenden, aber geringfügigen Anhebung der Steuern, Jahr für Jahr das für die Fortführung des Krieges benötigte Geld aufzubringen: Mit Hilfe dieser Methode kann sie jährlich ein Höchstmaß an Geldern bekommen, ohne die Steuern nennenswert erhöhen zu müssen.«
Wenn wir in diesen Sätzen an die Stelle des Wortes »Krieg« die Bezeichnung »Vereinigungsprozeß« setzen, erhalten wir eine angenäherte Beschreibung der heutigen deutschen Finanzpolitik. Die Vorteile der Kreditfinanzierung gegenüber der plötzlichen und als maßlos empfundenen Steuererhöhung sind klar erkenntlich. Ebenso wird deutlich, daß es völlig unangemessen ist, während dieses Prozesses den Ruf nach einem »Kassensturz« ertönen zu lassen, da eben das »notwendige Aufkommen an Mitteln« noch nicht erkennbar ist. So befindet sich eine solche Politik erstmal im »klassischen« Fahrwasser.

Ja, Adam Smith gewinnt der staatlichen Schuldenaufnahme günstige Seiten gegenüber der Steuererhöhung ab: »In diesem Fall ist ... die Steuerlast geringer, als wenn gleichhohe Ausgaben durch jährliche Steuern finanziert würden. Das Privateinkommen des einzelnen wird daher notwendigerweise weniger belastet, und seine Fähigkeit zu sparen und sein Einkommen zum Teil als Kapital zu akkumulieren, wird zwangsläufig weniger beeinträchtigt. Die öffentliche Kreditaufnahme vernichtet zwar in höherem Maße bestehendes Kapital, gleichzeitig behindert sie jedoch die Bildung von neuem Kapital weitaus weniger, als wenn öffentliche Ausgaben durch Steuern gedeckt würden. Über die staatliche Verschuldung können durch Sparsamkeit und Fleiß der Bürger die Lücken wieder aufgefüllt werden, die durch öffentliche Verschwendung und Extravaganz im volkswirtschaftlichen Kapital entstanden sind.«[67]

Adam Smith lobt das britische Steuersystem jener Zeit und

schildert den wirtschaftlichen Aufschwung unter dem Einfluß einer Kriegsschuldenfinanzierung: »Unser Steuersystem hat..., zu seiner Ehre sei es gesagt, die Erwerbstätigkeit nur wenig beeinträchtigt. Selbst im teuersten Kriege gelang es, dank der bescheidenen und vernünftigen Lebensführung des einzelnen Briten, soviel zu sparen und Kapital zu sammeln, daß alle Löcher gestopft werden konnten, welche die aufwendige und ausgabenfreudige Regierung in das volkswirtschaftliche Kapital gerissen hat. Am Ende des letzten Krieges, des teuersten, den Großbritannien jemals geführt hat, blühte die Landwirtschaft, und es gab mehr Fabriken und Beschäftigte sowie einen ausgedehnteren Handel als zuvor. Daher kann auch das Kapital, mit dem diese Erwerbszweige finanziert worden sind, gegenüber der Vorkriegszeit nicht kleiner geworden sein ... *Großbritannien scheint ohne große Schwierigkeit eine Belastung aushalten zu können, die man ihm noch vor einem halben Jahrhundert niemals zugetraut hätte.*«[68] Allerdings setzt er sehr nachdrücklich hinzu: »Daraus sollten wir aber nicht voreilig schließen, es könne jede Last tragen.«

Eingehend befaßt sich Adam Smith daraufhin mit dem Problem der Rückzahlung der für außergewöhnliche Zwecke aufgenommenen Schulden. Hier geht er mit seiner Regierung ziemlich hart ins Gericht: »Seit wir uns zum erstenmal der ominösen Methode der fortlaufenden Kreditaufnahme bedient haben, stand in Großbritannien die Abnahme der Staatsschulden im Frieden niemals in angemessenem Verhältnis zu ihrer Zunahme im Kriege.«[69]

Das ist der entscheidende Punkt. Die Politik eines Verschuldungsstoßes kann schon unausweichlich und richtig sein, aber sie erfordert eine anschließende energische, zuverlässige Politik der Sparsamkeit, die in einen – wie wir heute sagen – Konsolidierungsplan eingebunden ist.

Wenn Adam Smith sich über den Sinn und den Mißbrauch von Tilgungsfonds ausläßt, so denken wir heute an die bekannten Neben- oder Schattenhaushalte des Bundesetats, die zur Kreditfinanzierung der Vereinigung ins Leben gerufen oder aktiviert wurden. Der Autor befaßt sich auch mit den Grenzen der Staatsverschuldung, wenn es nicht gelingt, »sie auf gerechte Weise (fairly) und vollständig zurückzuzahlen«[70]. Dann begann der Staat in jener Zeit damit, den Metallgehalt der Münzen herabzusetzen oder, was dasselbe ist, den Nennwert der Münzen zu erhöhen. Man bediente sich also des Mittels des Bankrotts, wie der Autor es damals unverblümt ausdrückte. Heute würden wir diesen Vorgang Inflation nennen.

Die Grenzen der Kreditfinanzierung öffentlicher Ausgaben sind damit schon erkennbar, aber sie sind nicht zahlenmäßig ein für allemal festzulegen. Auch Adam Smith sprach nur ganz allgemein von einer »gewissen Höhe« (certain degree).[71]

Ein moderneres, lehrreiches Beispiel für eine Staatsverschuldung unter sehr außergewöhnlichen Umständen lieferten die *Vereinigten Staaten von Amerika*. Vor dem Eintritt der USA in den Zweiten Weltkrieg (1941) lag die Schuldenquote des Landes (Schuldenstand in Relation zum Bruttosozialprodukt) bei 39 Prozent. Sie stieg dann steil an und erreichte 1946, also nach Beendigung der Kampfhandlungen, ihren Höchststand von 129 Prozent. Die Relation sank dann deutlich, so etwa auf 90 Prozent im Jahre 1950. In den Jahren des Marshallplans, der Wiederaufbauprogramme in Europa, der Beseitigung der Kriegsschäden in vielen Ländern, als die USA als Siegermacht des Westens ihre Position in aller Welt festigen konnten, als man aus der Sicht der europäischen Devisenbilanzposition allenthalben von einer »Dollarlücke« sprach, also eine internationale Verknappung des Dollars konstatierte, war die Schuldenquote der Vereinigten Staaten erstaunlich hoch. Der Wiederaufbau geschah – wenn auch bei weitem nicht in dem Maße wie die steil ansteigende Kriegsfinanzierung –, salopp gesprochen, noch »auf Pump«: Nachdem der Schuldenstand in absoluten Beträgen 1946 seinen vorläufigen Höchststand erreicht hatte und danach etwas zurückgenommen wurde, nahm er ab 1949 wieder zu (mit leichter Schwankung) und erlangte 1954 wieder den Wert von 1946. Der Anstieg der Verschuldung wurde jedoch von einem stärkeren Wachstum des Bruttosozialprodukts getragen. *Das war der entscheidende Tatbestand!* So konnte die Verschuldung (in Relation zum Sozialprodukt) ziemlich kontinuierlich weiter reduziert werden, bis 1960 auf immerhin noch 56 Prozent, und gelangte dann Ende der sechziger Jahre wieder auf ihren Vorkriegsstand (ca. 38 Prozent). Sehen wir von den besonderen Umständen in der zweiten Hälfte der sechziger Jahre ab, als die USA in die politische und finanzielle Instabilität des Vietnam-Krieges hineinschlitterten, so erkennen wir in dem Gesamtverlauf doch ziemlich deutlich, daß es durchaus möglich war, mit Hilfe der öffentlichen Verschuldung und ihrer »relativen Reduktion« in über zwanzig Jahren die Riesenaufgabe der Kriegsfinanzierung und des Wiederaufbaus der westlichen Welt nach dem Zweiten Weltkrieg zu bewältigen.

Mit der Vereinigung Deutschlands ist dieses Land in eine vergleichsweise ähnliche Situation hineingeraten, wenn auch mit erheblichem quantitativen und qualitativen Unterschied zu den USA. Es muß auf Jahre hinaus öffentliche Transferleistungen in Höhe von 150 bis 180 Mrd. DM für die ostdeutschen Länder erbringen. Es muß große finanzielle Hilfen für Ost- und Mitteleuropa leisten, deren Ausmaß noch nicht abzusehen ist. Wie so oft in solchen Situationen stieg also im wiedervereinigten Deutschland die öffentliche Verschuldung sprunghaft an. Die sofort einsetzenden Transferleistungen waren nicht uno actu durch vollkompensierende Steuererhöhungen aufzubringen – so wie Adam Smith es aus seinen historischen (Kriegs-)Erfahrungen geschildert hat. Das hätte – wie wir heute es viel gelehrter als der Autor des »Wohlstands der Nationen« ausdrücken – die Dynamik der westdeutschen Wirtschaft stark beschädigt oder gar erstickt. So war der Verschuldungsstoß (neben einigen Steuererhöhungen) unvermeidlich. Aber wir befinden uns immer noch vor dem Wendepunkt unseres öffentlichen Schuldenstandes, den die USA ihrerseits im Gefolge des Zweiten Weltkriegs – wie erwähnt – 1946 durchschritten hatten.

Die Darstellung der gesamtdeutschen Schuldenstandsquote bereitet einige statistische Schwierigkeiten, weil bekanntlich ein Teil der Mehrverschuldung über Nebenhaushalte läuft und nicht in die amtliche Statistik der Haushaltsführung eingegliedert ist. Die Deutsche Bundesbank veröffentlicht den Schuldenstand und die jährliche Neuverschuldung der Gebietskörperschaften einschließlich der »Sonderhaushalte«: Fonds »Deutsche Einheit«, Kreditabwicklungsfonds und ERP-Sondervermögen; diese sind »statistisch Bestandteile des öffentlichen Gesamthaushalts«. Außerdem publiziert sie unter dem Rubrum »Nachrichtlich« oder »Sonstige« die »außerhalb der staatlichen Haushalte« stehende Treuhandanstalt sowie Bundesbahn/Reichsbahn und Bundespost. Die Addition der Verschuldung dieser öffentlichen Stellen mit den Schulden der Gebietskörperschaften (einschließlich der integrierten Sonderhaushalte) entspricht vermutlich nicht ganz den betriebswirtschaftlichen Regeln einer »konsolidierten Konzernbilanz«. Dieses Verfahren wird hier – mangels anderer Möglichkeiten – dennoch angewendet. Da das Hantieren mit den absoluten Beträgen der staatlichen Schulden meist wenig aussagekräftig ist und oft, gerade in öffentlichen Debatten, Anlaß zu Horrorvorstellungen gibt, werden die Ergebnisse dieser Summationen hier stets in Relation zum Bruttosozialprodukt ausgedrückt.

Tabelle:
Der gesamtdeutsche Schuldenstand 1989 und 1992
(in Prozent des Sozialprodukts)[1]

	Ende 1989	Ende 1992
Gebietskörperschaften[2] sowie Treuhandanstalt, Bahn und Post	46,20	53,15
Gebietskörperschaften[2] und Treuhandanstalt	41,30	48,10
Gebietskörperschaften[2]	41,30	44,50
Gebietskörperschaften »solo«	40,10	38,20

[1] Quellen: Deutsche Bundesbank, Geschäftsbericht 1992, S.39, Monatsbericht Mai 1993, S.44f., S.57, Juni 1993, S.12, S.41. – Arbeitsgemeinschaft deutscher wirtschaftswissenschaftlicher Forschungsinstitute, Frühjahrsgutachten 1993, S.36f.

[2] Einschließlich integrierter Fonds (ERP-Sondervermögen, Fonds »Deutsche Einheit«, Kreditabwicklungsfonds).

Die Tabelle zeigt einmal, daß Deutschland sich mit seinen Schuldenquoten in den Jahren 1989 und 1992 etwa im Vergleich zu den USA und deren Schuldenfinanzierung im Zweiten Weltkrieg und nach dem Kriege noch durchaus im unteren Mittelfeld befindet. Allerdings ist dabei zu bedenken, daß Westdeutschland sich mit der Währungsreform 1948 seiner öffentlichen Schulden praktisch entledigt hatte. Wir befanden uns damals also im internationalen Vergleich in einer relativ günstigen Ausgangslage.

Stark ist der Anstieg der Verschuldung vom Jahresende 1989 bis zum Jahresende 1992. Um fast 7 Prozentpunkte des Bruttosozialprodukts ist die Schuldenstandsquote mit allen genannten Nebenhaushalten in den ersten zweieinhalb Jahren der Vereinigung emporgeschnellt, fast ähnlich die zweitgenannte (Gebietskörperschaften incl. integrierte Fonds und Treuhandanstalt). Diese Quote (zweite Zeile der Tabelle) scheint ökonomisch die adäquate zu sein, denn Bahn und Post sind tatsächlich mehr der Unternehmenssphäre zuzuordnen, zumal sie selber Gegenstand von Privatisierungsbemühungen sind, während die Schulden der Treuhandanstalt ab 1995 vom Bund (in Gestalt des sog. Erblastentilgungsfonds) übernommen werden sollen. Die drittgenannte (ohne Treuhandanstalt) stieg um gut 3 Prozentpunkte des Sozialprodukts, während die Schuldenstandsquote der Gebietskörperschaften »solo« (das heißt ohne jegliche Nebenhaushalte) – trotz der absoluten Zunahme der Schulden der Gebietskörperschaften, insbesondere des Bundes – im Verhältnis zum Sozialprodukt zurückging. *In dieser Relation fand die vielfach angeprangerte Explosion des öffentlichen Kredits allein in den Nebenhaushalten statt.*

Die so definierten Schuldenstandsquoten sind zugleich ein Gegenbild zu der Art und Weise, wie man in der Öffentlichkeit vielfach mit sehr unterschiedlichen Angaben über die staatliche Verschuldung verfährt. Es fehlt eben eine einheitliche amtliche Gesamtdarstellung. Da kann man der Forderung der Bundesbank nur zustimmen: »Für die weitere Entwicklung im Bereich der öffentlichen Finanzen ist aber eine Zusammenschau notwendig, weil nur so die Vorbelastungen für die Zukunft angemessen bewertet werden können.«[72]

Der Gebrauch von Nebenhaushalten für die Finanzierung außergewöhnlicher Aufgaben hat offenkundig politische Gründe. Schon Adam Smith hat die Tilgungsfonds kritisiert. Sie sind ein Mittel, um erstmal dem Publikum gegenüber die volle Wahrheit zu verhüllen. Auch wenn der immer lauter werdende Wunsch nach einem Gesamtbild der öffentlichen Finanzen erfüllt und die amtliche Finanzstatistik also arrondiert würde, so bliebe doch der politische Vorteil der daneben laufenden *Volkswirtschaftlichen Gesamtrechnung* erhalten.

In der Abgrenzung der Volkswirtschaftlichen Gesamtrechnung (VGR) stehen wir unter den heutigen Umständen im internationalen Vergleich der *jährlichen Neuverschuldung* »besser« da als in der (bisherigen) Finanzstatistik[72]. 1992 betrug die staatliche Defizitquote gemäß der VGR knapp 3 Prozent des Sozialprodukts, wir blieben also etwas unter dem Defizitkriterium des Vertrages von Maastricht, während sie sich nach der (bisherigen) Finanzstatistik auf knapp 4 Prozent belief und unter Einschluß des Finanzierungsbedarfs der Treuhandanstalt und von Bahn und Post rund 6 Prozent erreichte. Für 1993 wird geschätzt, daß das Defizit der öffentlichen Haushalte gemäß der VGR auf 4 Prozent, nach der (bisherigen) Finanzstatistik vermutlich auf 5 Prozent und zuzüglich der bislang der Unternehmenssphäre zugerechneten öffentlichen Stellen (Treuhandanstalt, Bahn, Post) auf 7,5 Prozent steigen wird.[73]

Diese Schätzungen der Bundesbank hinsichtlich der gesamtstaatlichen Neuverschuldung für 1993 beweisen schon, in welchem Umfange man tatsächlich die Regel akzeptiert hat, daß steigende Defizite, durch *rezessionsbedingte* Ausgabensteigerungen und Einnahmeminderungen verursacht, »hinzunehmen« seien.

Entsprechend werden in diesem Jahr die Schuldenstandsquoten sich weiter erhöhen, und demgemäß wird der Konsolidierungsbedarf der öffentlichen Hände wachsen. Konsolidierungsstrategie und Konjunkturpolitik sind in einen edlen Wettstreit eingetreten. Wir werden auf dieses Thema noch zurückkommen.

Nach diesem Versuch, die bisherige Größe der öffentlichen Verschuldung zu beschreiben, wollen wir es nun wagen, uns ein allgemeines Bild von den zukünftigen Linien des wirtschaftlichen Vereinigungsprozesses, seinen Voraussetzungen, seinen Chancen und Gefährdungen, kurzum seinen Varianten zu entwerfen.

Die gesamtwirtschaftlichen Perspektiven – auf kürzere und mittlere Frist

Die kurz- und mittelfristige Perspektive läßt sich in einigen Varianten skizzieren, mit allen Vorbehalten, die solchen Projektionen immer innewohnen. Es ergeben sich drei hypothetische Modelle:

(1) Expansiver Integrationsprozeß unter Stabilitätsbedingungen

Die öffentliche Finanzpolitik bemüht sich, den Wendepunkt in der Verschuldung zu erreichen. Die staatlichen Ausgaben sind einer Politik der Sparsamkeit unterworfen. Der Staat muß sich, wie immer, der Ansprüche erwehren, die aus nicht eingeplanten oder bisher unterschätzten Mehranforderungen erwachsen. Gleichzeitig werden die hohen Transferleistungen in die neuen Bundesländer, die nach wie vor zu einem beachtlichen Teil aus Krediten finanziert werden müssen, wie bisher, einen expansiven Einfluß auf die Gesamtwirtschaft ausüben. So besteht die Gefahr einer Übernachfrage, sofern nicht eine wachsame Geldpolitik die Zunahme der Geldmenge in den zur Erhaltung der Preisstabilität erforderlichen Grenzen hält.

Deutschland wird dabei wohl eine Zeitlang ein Kapitalimportland bleiben. Die entscheidende Rolle der heimischen Spartätigkeit in diesem Tableau ist unbestritten. Von einer säkularen Stagnation im (post-)keynesianischen Sinne kann natürlich keine Rede sein. Wohl aber steht die Frage der Geldwertstabilität immer wieder auf der Tagesordnung. Eine andersartige Gefahr besteht darin, daß eine überforderte oder sich überfordert fühlende Gesellschaft aber auch in eine Stagflation – sehr geringes Wachstum bei schleichender Inflation – abgleiten könnte. Um ein solches Abgleiten zu vermeiden, ist die Wirtschaftspolitik in besonderem Maße gefordert. Eine Einkommenspolitik der leichten Hand sollte unverzichtbar sein – möglicherweise in der Gestalt einer Konzertierten Aktion, wenn auch gegebenenfalls unter einem anderen Namen. Man sollte sich daran erinnern: In Zeiten des drohenden oder tatsächlichen gesamtwirtschaftlichen Ungleichgewichts stellt der Bundesminister für Wirtschaft »Orientierungsdaten für ein gleichzeitiges aufeinander abgestimmtes Verhalten der Gebietskörperschaften und Unternehmensverbände zur Verfügung«[74]. Die Tarifvertragsparteien müßten auf jeden Fall gründlich umdenken. Besonders in Ostdeutschland muß der Kurs der Lohnpolitik durchgreifend geändert werden. Ein Weg dazu wäre: Die nachhinkende Produktivitätssteigerung in den neuen Bundesländern müßte sich letztlich auch in den westdeutschen Tarifabschlüssen moderierend niederschlagen; denn die als Maßstab der Lohnbildung dienende Produktivitätssteigerung sollte im Prinzip schließlich gesamtwirtschaftlich berechnet sein. Die Tendenz zu dem *einen* Arbeitsmarkt nimmt ohnehin zu. Der Produktionsfaktor Kapital würde weiterhin knapp, das heißt, die langfristigen Zinsen würden tendenziell länger höher bleiben als vor dem Beginn der Vereinigung.

Die westdeutsche Industrie hätte in dieser Lage gute Chancen auf ihrer Seite. Soweit sie von westdeutschen öffentlichen Aufträgen abhängig ist, würde sie zwar (im Zuge der öffentlichen Ausgabenbeschränkung) hier Einbußen hinnehmen müssen, sie könnte aber aus der Mehrnachfrage für Infrastrukturinvestitionen im Osten Nutzen ziehen. Dies wäre eine gewollte Verschiebung in den öffentlichen Investitionen von West nach Ost.

Die hier eingangs aufgestellte Hypothese eines expansiven Integrationsprozesses unter Stabilitätsbedingungen – durch weitere Kreditfinanzierung der öffentlichen Haushalte, wobei auch die Kreditausweitung der Geschäftsbanken zu berücksichtigen ist – erfordert naturgemäß eine energische realwirtschaftliche *»Angebotspolitik«*. Wenn eine solche jemals notwendig war, dann heute, in dem sich ökonomisch und sozial vereinigenden Deutschland. Dazu gehört ebenfalls der ganze Katalog der *Deregulierung* der wirtschaftlichen Prozesse in allen Bereichen. Wenn heute allenthalben das japanische Wundermittel der »lean production« angepriesen wird, so sollte das Rezept insbesondere für eine schlankere Staatsverwaltung und eine entschlackte Wirtschaftsbürokratie in der Unternehmenssphäre gelten. Außerdem ist eine investitionsfördernde Reform der *Unternehmensbesteuerung* fällig. Weiter zählt zu dieser Linie der immer wieder geforderte *Subventionsabbau.* Sicherlich wird bei diesem Vorhaben auch gefragt werden, ob man sich gleichzeitig mit dem großen Strukturumbau in Ostdeutschland noch weitere ähnliche Umwälzungen im Gebiet der alten Bundesrepublik leisten kann. Hier muß in der Tat im zeitlichen Ablauf abgewogen werden. Aber bei scharfem Abbau veralteter Strukturen im Osten muß doch auch ernsthaft geprüft werden, ob die Rückführung überholter, subventionierter Produktionsbereiche nicht gerade im Westen fällig wird, zumal wenn im parallelen Fall in Ostdeutschland keine Erzeugersubventionen gezahlt werden müssen, so etwa bei der Steinkohle im Westen und der Braunkohle im Osten. Dabei fällt allerdings auf, wie sehr man für die Umstellungsprozesse im Westen an lange Übergangszeiten gewöhnt ist, während entsprechende Vorgänge im Osten praktisch von heute auf morgen erfolgen – und zudem noch mit äußerst bescheidenen Sozialplanvergütungen verbunden sind.

Wie dem auch sei: Deregulierungen und Subventionsabbau erfordern ihre Zeit, aber sie werden mit Sicherheit die Effizienz der Gesamtwirtschaft erhöhen. Auf längere Sicht geht die Volkswirtschaft gestärkt aus dem Integrationsprozeß hervor.

Der gesamtwirtschaftliche expansive Prozeß unter Stabilitätsbedingungen kann sich solange fortsetzen, bis die vermehrten privaten Investitionen in Ostdeutschland sich zunehmend in industrielle Mehrproduktion umsetzen und in einen mehr und mehr sich selbst tragenden und sich ausweitenden Aufschwung einmünden. Dann könnten die öffentlichen Transferzahlungen pari passu reduziert werden.

(2) Explosive Ausuferung und Stabilisierungskrise

Eine gefährliche Variante dieses Prozesses bestünde in der explosiven Ausuferung der Expansion und damit schließlich in der *Stabilisierungskrise*. Die Stabilisierungskrise ist ein Begriff, der uns aus dem Bereich der Konjunkturpolitik (oder der Globalsteuerung) bekannt ist. Hier bezeichnet er aber eine nicht in erster Linie konjunkturbedingte Fehlentwicklung. Preise und Löhne entsprechen nicht mehr den Gleichgewichtsbedingungen, sie eilen der Entwicklung vielmehr voraus. Geldpolitik, Finanzpolitik und Einkommenspolitik sind nicht mehr aufeinander abgestimmt. Im allgemeinen setzt die Stabilisierungskrise damit ein, daß die Notenbank eine (gewollte) Kredit-Restriktion durchdrückt, die dann nach geraumer Zeit in eine (wohl ungewollte) Rezession übergeht. Dann, nach dem Absinken der Reallöhne, das durch die deutlichen Preissteigerungen bedingt ist, gehen nun auch tatsächlich die Zunahmen der effektiven Nominallöhne scharf zurück. Die Arbeitslosigkeit breitet sich aus. Die Stabilisierungskrise in dem hier angedeuteten Prozeß kann auch durch außenwirtschaftliche Ereignisse eingeleitet werden: Rückgang nicht nur des Exports, sondern auch Rückgang der Kapitaleinfuhr, zum Beispiel infolge verschlechterter Bedingungen für den »Standort Deutschland«. Auch anders begründete außenwirtschaftliche Schocks – man denke an die Ölschocks – können die Ursache sein. Die weiteren Folgen einer krisenhaften Entwicklung sind der Rückgang der Steuereinnahmen, die Verschlechterung der Lage der öffentlichen Haushalte, die Verringerung der Transferzahlungen, der Rückgang auch der privaten West-Ost-Investitionen. Ergebnis: ein Mezzogiorno-Szenario auf recht bescheidenem Niveau. Der Prozeß der Stabilisierungskrise könnte bis zum Punkte einer »keynesianischen Situation« führen: breite Unterauslastung der industriellen Kapazitäten in West und Ost und weitgestreute Arbeitslosigkeit, ernste Verlockung zu einem echten gesamtdeutschen Konjunkturprogramm. Aber ein solches Programm zu starten, wird außerordentlich schwer fallen, weil in diesem hier angenommenen expansiven Integrationsprozeß die öffentliche Verschuldung weiter zugenommen hätte und dem Fiskus wenig Spielraum für ein kreatives Deficit Spending seitens der Öffentlichkeit und seitens der Geld- und Kapitalmärkte zugetraut würde. Die Gefährdung des allgemeinen Vertrauens wäre hier ein entscheidender Faktor.

(3) Implosion des Prozesses zum deutschen Mezzogiorno

Eine weitere recht unangenehme Abweichung vom Pfad des expansiven Integrationsprozesses unter Stabilitätsbedingungen könnte in Gestalt einer Implosion bestehen. Sie könnte eintreten, wenn die privaten industriellen Investitionen im Osten zum Erliegen kämen, wobei die verminderten öffentlichen Transferzahlungen fortlaufen würden, sich aber weiterhin als Leistungen für den Konsum, für das Konsumvermögen (zum Beispiel Wohnungsbau) und für öffentliche Anlagen erweisen würden. Die expansive Drift des Prozesses würde erlahmen.

Die Gründe für das Versiegen der privaten Industrieinvestitionen könnten verschiedener Art sein, zum Beispiel längere rezessive Entwicklungen oder äußerst schwaches Wachstum in Westdeutschland und Beschränkung der Aktivität der westdeutschen Industrie im Osten auf den dortigen Absatz ihrer Produkte. Ein anderer, äußerst gefährlicher Grund läge in dem unbelehrbaren, selbstzerstörerischen Festhalten an einem ostdeutschen Lohn- und Gehaltsniveau, das weit oberhalb der eigenen, vornehmlich industriellen, Produktivität läge. Dann würde sich das fortsetzen, was jetzt leider schon den ganzen Hergang prägt: Die Regeln der Marktwirtschaft erzwingen unerbittlich, daß die Produktionskapazität sich den überhöhten Lohnstückkosten durch schmerzhafte Schrumpfung anpaßt. Dagegen ist kein Kraut gewachsen. Die unentrinnbare Folge wäre: Die industrielle Produktion in Ostdeutschland würde auf einige hochtechnisierte »japanische Inseln« reduziert werden, übrig bleiben würden ein einigermaßen entwickeltes Handwerk, Handel und Dienstleistungen und das Gewerbe für lokal nachgefragte Güter – je nach dem Ausmaß der verbleibenden, vornehmlich konsumorientierten Transferzahlungen. Die auf Dauer dem westlichen Standard sich annähernde öffentliche Infrastruktur wäre nur unzureichend ausgenützt, die Inlandsnachfrage wäre auf erträglichem Niveau stabilisiert, die Eigenproduktion dagegen auf niedrigem Niveau annähernd stabilisiert. Die (wohl verkleinerte) Differenz zwischen beiden würde durch West-Ost-Zahlungen gedeckt. Das Ungesunde einer permanenten West-Ost Alimentierung würde sich mehr und mehr in einer Deformation der Gesellschaft niederschlagen. Eine große subventionierte Reservearmee von Arbeitskräften im Wartestand jeglicher Art wäre das Gegenteil einer wirklichen Integration – eine Sozialstruktur ohne bedeutendes, pulsierendes und expandierendes industrielles Leben. Das Ganze wäre eine moderne, deutsche Variante des Mezzogiorno. Mezzogiorno heißt einfach: Deindustrialisierung.

Es ist wohl nicht angebracht, sich ausführlich mit dem Ergebnis einer solchen Implosion des Integrationsprozesses als zu vermeidender Dauerlösung zu beschäftigen. Eine kurze Skizze möge genügen:

Das ostdeutsche Gebiet würde dann eine betont strukturschwache Region bleiben. Eine stille, äußerlich wahrscheinlich undramatische Wanderungsbewegung der Arbeitskräfte von Ost nach West würde weitergehen. Die Bevölkerungsdichte in den neuen Ländern würde gegenüber der im Westen weiter absinken. Die reduzierten Transferzahlungen würden sich in Elemente eines dauerhaften bundesstaatlichen Finanzausgleichs zwischen West und Ost verwandeln. Die ökonomische Akkumulationskraft der gesamtdeutschen Wirtschaft würde im Westen verbleiben oder sich dort konzentrieren – ganz im Gegensatz zur Verteilung etwa der Industriestandorte vor dem Zweiten Weltkrieg. Die neuen industriellen Ansätze im Osten – die heute als »verlängerte Werkbänke« des Westens sehr zu Unrecht beklagt werden, denn sie sind *für den Übergang* als Investition von West nach Ost in der Regel unvermeidlich – würden als Restbestände bleiben und schließlich für den ganzen ostdeutschen Wirtschaftsraum charakteristisch sein.

Es sprechen glücklicherweise einige Gründe dagegen, daß eine solche Fehlentwicklung sich verfestigt. Vor allem tendieren auch Kräfte der marktwirtschaftlichen Dynamik zum Ausgleich im Raum, also zur Ausstreuung des Potentials. Sicherlich gibt es im Auf und Ab der wirtschaftlichen Entwicklung, mal hier mal dort, »Pole der Entwicklung« und »Randgebiete«. Aber davon sind – wenn nicht politisch bedingt – nicht alle eine Dauererscheinung. An dieser Stelle müssen wir auch wieder an die alte industrielle Tradition von Sachsen, Thüringen und Berlin erinnern.

Beim Stichwort der »politischen Bedingtheiten« müssen wir auf den Beschluß des Bundestages für die *Hauptstadt Berlin als wahrscheinlich maßgeblichsten politischen Faktor* für die mittelfristige Entwicklung der ostdeutschen Gebiete verweisen. Berlin wird sich dann mit Sicherheit als Wirtschaftszentrum mit großer räumlicher Ausstrahlung, als Stadt in einem neuen System Thünenscher Kreise entfalten, genauso wie Bonn – Köln – Düsseldorf sowie die anderen großen Entwicklungspole im Westen es getan haben.

Auch ein Marktwirtschaftler wird in dieser einzigartigen Situation, die unsere ganze Kraft und Tüchtigkeit fordert, zu der Erkenntnis kommen: letztlich entscheidend sind die Energien des politischen Wollens. Politisches Handeln hat gute Chancen, da die Kräfte des Marktes ihm in diesem Fall und auf lange Frist nicht entgegenstehen werden, sondern für den Ausgleich im gesamten deutschen Wirtschaftsraum wirken werden.

Eine Hyperagglomeration der industriellen Kräfte im Westen, gespeist durch die »stille, undramatische Zuwanderung« der überschüssigen Arbeitskräfte aus Ostdeutschland, wäre auch ökonomisch kein Ideal. Rechtzeitig sollte die Explosion der internen und externen Kosten einer solchen Überkonzentration im Westen erkannt werden. Sie würde von den Märkten ziemlich früh registriert werden. Die jetzt allenthalben aufbrechenden Tendenzen der Regionalisierung des politischen Denkens und Planens müßten sich vernünftigerweise mit dem ökonomischen Prinzip einer Vielfalt von offenen, sich ausdehnenden und ausbreitenden Märkten verbinden.

Die ostdeutschen Länder bieten sich für eine *marktkonforme Regionalpolitik* geradezu an. In meiner Bonner Amtszeit war etliche Jahre hindurch, im Zuge einer wohldosierten »globalen Nachfragepolitik«, die Ausbreitung der Industrie in landwirtschaftliche Gebiete hinein unser besonderes Anliegen. Constantin von Heereman erinnerte zu meinem achtzigsten Geburtstag mit folgenden Worten daran: »Sie wurden damals Verfechter eines Strukturwandels durch Sog, das heißt Verfechter von Strukturveränderungen durch das Angebot angemessener Alternativen für die Menschen, die von strukturellen Problemen betroffen sind. Daß der Strukturwandel durch Sog funktionierte und nicht zu sozialen Problemen und Staatsverdrossenheit führt, wie man das heute vielfach feststellen kann, haben die Jahre nach 1970 gezeigt, *in denen die Abwanderungsraten aus der Landwirtschaft am größten und die Klagen darüber am geringsten waren.*«[75]

Eine solche Politik wünsche ich mir für viele Gebiete der neuen Bundesländer.

So sollte alles dafür sprechen, daß ein deutsches Mezzogiorno-Modell ökonomisch und politisch vermieden wird.

Zusammenfassung

Wenn wir die drei besprochenen Hypothesen noch einmal überblicken, so stellen wir leicht fest: Sie alle enthalten Elemente des gesamten Ablaufs des deutschen Vereinigungsprozesses in den letzten drei Jahren, naturgemäß in idealtypischer Überspitzung. Der expansive Integrationsprozeß spiegelt besonders die erste Phase der Transferzahlungen wider, die in ihrer Rückwirkung zu einem »Konjunkturprogramm« für Westdeutschland in einer nicht-keynesianischen Situation wurden. Elemente einer Stabilisierungskrise erkennen wir in den Erscheinungen der ökonomischen Rezession etwa seit Mitte 1992; sie ist in der Realität aber auch durch die weltwirtschaftliche Konjunkturschwäche bestimmt. Die Gefahr des Abgleitens der ostdeutschen Wirtschaft in einen stagnativen Zustand drohte für einige Beobachter recht eigentlich von Anfang an, und sie hat durch die immer schwerer werdende Last der Dauerarbeitslosigkeit (Hysteresis) und der hartnäckigen industriellen Schwäche an Stärke gewonnen. Zugleich ist das Problem der Überforderung der wirtschaftlich-finanziellen Kräfte Gesamtdeutschlands, und damit der Übernachfrage nach Ressourcen zur West-Ost-Transferierung bei ungenügender östlicher Eigenproduktion, keineswegs entschärft. Wichtige Elemente der Hypothesen sind also in der Wirklichkeit übereinandergeschichtet.

Nehmen wir nunmehr an, daß der anzustrebende Wachstumspfad eines sich weiterentwickelnden Integrationsprozesses unter Stabilitätsbedingungen Wirklichkeit wird, daß also das Abgleiten in eine explosive Entwicklung, eine Stagflation und eine Stabilisierungskrise oder in eine »Implosion« vermieden wird.

Stets ist dabei der Wendepunkt im Verlauf der öffentlichen Verschuldung unter Einschluß der Nebenhaushalte in Relation zum Sozialprodukt anzusteuern. Diese Wende kann dadurch begünstigt werden, daß entweder die Transferleistungen in steigendem Umfange sich weniger aus Konsumzuwendungen und mehr aus Investitionen zusammensetzen oder insgesamt in ihrem Volumen von Jahr zu Jahr zurückgehen. Entscheidend für eine solche Entwicklung wird die Zunahme der privaten Investitionen für die ostdeutsche Industrie sein. Negative Einflüsse von außen wie zum Beispiel der Zusammenbruch der ostdeutschen Exporte in die GUS oder überhaupt nach Mittel- und Osteuropa könnten mittelfristig durch eine neue industrielle Arbeitsteilung zwischen West (auch Westdeutschland) und Ost ersetzt werden. Die deutsche Industrie müßte sich stärker gegen den neu aufflammenden Protektionismus der EG wenden, sie müßte sich in Teilen so umstrukturieren, daß die Lieferungen der mittel- und osteuropäischen »Niedriglohnländer« aufgenommen werden können, als Basis einer weitergetriebenen deutschen Verarbeitungsindustrie. Zugleich würden sich für die deutschen Investitionsgüterindustrien neue Märkte in Osteuropa öffnen. Wesentlich ist des weiteren, daß die schon mehrfach erwähnten materiellen und personellen Rahmenkonditionen für eine voll funktionierende Marktwirtschaft in den ostdeutschen Ländern mehr und mehr erfüllt werden: also Privatrechtsordnung, frei verfügbare Eigentumsrechte, effiziente Administration, ausgebaute Infrastruktur und eine markt- und leistungsorientierte Mentalität der Bevölkerung. Erst die Summe dieser Faktoren kann zu dem hinführen, was schon irrtümlicherweise vor längerer Zeit immer wieder als bevorstehend angesehen wurde, eben dem Aufschwung im Osten. Die Wirkungskette dieser Faktoren ist kompliziert und nicht einfach prima vista abzuschätzen; quantitative und qualitative Elemente sind dabei bunt gemischt. Doch können wir annehmen, daß sie sich in ihrer Gesamtwirkung allmählich in Richtung auf eine Verbesserung der Bedingungen für die Marktwirtschaft bewegen.

Ein quantitativer Faktor, nämlich das mehrfach erwähnte Problem der Lohnkosten, hat sich inzwischen in der öffentlichen Meinung als Hemmnis erster Ordnung für die ersehnte Belebung im Osten herausgestellt. Aber auch hier ist eine weitere Fehlentwicklung eingetreten. »Zunächst ist lange Zeit der Anstieg der Arbeitslosigkeit nicht der Lohnentwicklung, sondern einer dem Transformationsprozeß eigenen Logik zugerechnet worden. Auch jetzt, wo der Zusammenhang deutlicher wird, scheint vor allem der Staat gefordert, die Folgen der Arbeitslosigkeit zu tragen.«[76] Aber die lebensnotwendige gründliche Revision der mechanistischen Stufenpläne durch die Tarifparteien ist anscheinend nur stückweise und demnach nur unter Opferung vieler weiterer Arbeitsplätze zu erreichen. Immerhin ist allein die Diskussion darüber schon ein Fortschritt gegenüber dem Zustand des einfachen Wegsehens aller wesentlich Beteiligten hinsichtlich der bisherigen aggressiven Lohnpolitik. Die Diskussionspunkte sagen genug: Bei Privatisierungen müßten die Käufer von Tarifbindungen freigestellt werden, Öffnungsklauseln für Betriebsvereinbarungen sollten möglich werden, die Fortwirkung von Tarifverträgen müßte beim Eigentumswechsel zeitlich begrenzt und das tarifrechtliche Günstigkeitsprinzip müßte präzisiert werden, so daß Arbeitsplätze Priorität vor Einkommensvorteilen erhielten.

Ob diese Forderungen und Diskussionen nur der Begrenzung des angerichteten Schadens dienen oder auch echte Reduktionen der eingetretenen Verluste bedeuten werden, sie sind für sich schon ein Zeichen eines unausweichlichen Lernprozesses. Es gibt auch Anzeichen dafür, daß in der wirtschaftlichen Realität tarifliche Bindungen einfach unterlaufen, schlicht umgangen werden. Diese Aushöhlung des Prinzips der Tarifautonomie mag ordnungspolitisch zu bedauern sein, sie ist jedoch verschuldet durch den Mißbrauch seit 1990.

Ich kann die prekäre Lage nicht besser beschreiben als die Forschungsinstitute: »Die Tarifentwicklung stellt die Entscheidung des Staates und der Gesellschaft insgesamt hinsichtlich der Wahl einer bestimmten Wirtschaftsordnung für Ostdeutschland in Frage. Die marktwirtschaftliche Ordnung verlangt, daß autonome Unternehmen eine faire Chance haben, Gewinne zu erzielen. Das ist in Ostdeutschland in weiten Teilen der Industrie, insbesondere in der Metallindustrie, nicht der Fall. Das bedeutet auch, daß es keine gleichberechtigten autonomen Partner für wirkliche Verhandlungen über die Tariflöhne gibt. Die Unternehmen haben kaum eine Chance, den Folgen des Tarifvertrages zu entgehen und ihre Position zu verbessern, auch wenn sie zum Zeitpunkt des Abschlusses dieses Vertrages noch nicht existierten oder noch in Staatseigentum waren.«[77]

Mühsam ist der Weg von der deutlichen Zunahme der privaten industriellen Investitionen über die Trendwende in der industriellen Produktion im Osten bis zum Erreichen des »Wendepunktes« in der öffentlichen Verschuldung des Gesamtstaates. Die erste Voraussetzung dafür ist die Überwindung der Rezession, die Wiederbelebung oder Besserung der wirtschaftlichen Dynamik in Westdeutschland. Sollte diese Dynamik für geraume Zeit versiegen, so würden auch hier die Weichen für ein Stagnieren der ostdeutschen Wirtschaftsentwicklung gestellt.

Bevor wir die ökonomischen Probleme weiter verfolgen, wollen wir uns etwas mit den Fragen des gesellschaftlich-geistigen Umfeldes des ganzen Geschehens beschäftigen.

IV. Das gesellschaftlich-geistige Umfeld

Kein Ende der Geschichte

Im Angesicht des Zusammenbruchs des Sozialismus veröffentlichte der Beamte im amerikanischen State Department, Francis Fukuyama, im Sommer 1989 seinen Aufsatz »Das Ende der Geschichte«[78]. Er wurde damit schlagartig weltbekannt. Seine These: Wir erleben nun, am Ende des zwanzigsten Jahrhunderts, »den ungenierten Sieg des wirtschaftlichen und politischen Liberalismus«. Sie schien den apokalyptischen Vorgang wie mit Blitzlicht zu erhellen. Wie Ralf Dahrendorf kommentierte, »markiert der Triumph des Westens, der westlichen Idee, das ›Ende der Geschichte als solcher‹, denn es gibt nun keine fundamentalen Antagonismen zwischen Ordnungsbegriffen mehr«[79]. Fukuyama hat seine Thesen wenig später in einem umfangreichen Buch mit dem gleichen Titel[80] ausgebreitet, wohl auch deshalb, um »seine fünfzehn Minuten des Ruhms«[79] etwas zu verlängern. Liberale Demokratie und Marktwirtschaft sind also nach seiner Meinung die Welt »des letzten Menschen«. Und: »Das Ende der Geschichte wird eine sehr traurige Zeit sein ... Der weltweite ideologische Kampf, der Wagemut, Courage, Phantasie und Idealismus auf den Plan rief, wird nun ersetzt durch wirtschaftliche Kalkulation, das endlose Lösen rechnerischer Probleme, Umweltfragen und die Befriedigung hochgezüchteter Konsumentenwünsche«[81]. Fukuyama spricht sogar von der »Aussicht auf Jahrhunderte der Langeweile«.

Ich schließe mich voll und ganz der Argumentation Ralf Dahrendorfs an, nämlich, daß die These Fukuyamas falsch ist und auch auf einer unrichtigen Interpretation der bürgerlichen Gesellschaft Hegels beruht, ja, die »Karikatur einer ernsthaften Argumentation«[82] darstellt. Kurzum: Sie war eine Schnelldeutung des Jahres 1989. Die Geschichte geht ohne Ende weiter.

Schon die wenigen Jahre seit der Wende haben uns mit überklarer Deutlichkeit dreierlei gezeigt:

(1) Mit dem »seltsamen Tod des Sozialismus« (Dahrendorf) sind keineswegs automatisch die liberale Demokratie und die Marktwirtschaft mit ihrem Sieg zur Herrschaft gelangt, vielmehr hat eine lange Phase des Übergangs begonnen. Ökonomisch bewegt man sich jahrelang im Niemandsland zwischen Zentralverwaltungswirtschaft und Marktwirtschaft, und politisch ist die Verfassungsentwicklung, zum Beispiel in Ost- und Südosteuropa, keineswegs eindeutig auf die liberale Demokratie gerichtet. Ob man überall, wirtschaftlich und staatsförmlich, bei dem vorgestellten Ziel der Entwicklung anlangt, steht also noch dahin.

(2) Nachdem der frühere Ost-West-Antagonismus dahingeschwunden ist, zeigt sich, daß er bis zu seinem Ende zahlreiche latente Gegensätze überlagert und unterdrückt hatte, die nun hervorbrechen. Bislang in den Hintergrund geratene historische Größen wie Volk, Nation, ethnische Minoritäten, regionale Bünde und Interessenverbände treten nun mit Macht ans Tageslicht. Vielvölkerstaaten fallen auseinander, und Tendenzen zu Viel- und Kleinstaaterei breiten sich aus. Die Karten der Geschichte werden neu gemischt. Der gegen die Tendenzen – und in mancher Beziehung gegen die ökonomische Vernunft – gerichtete Versuch des Vertrages von Maastricht, Westeuropa mit Währungsunion und mehr als bescheidenen Ansätzen zur politischen Union zu vertiefen und danach erst ziemlich widerstrebend nach Osten zu erweitern, bleibt in der Schwebe.

Soweit die Erweiterung der Europäischen Gemeinschaft gelingt, wird sie sicherlich eine Festigung der liberalen Demokratie bedeuten; aber dieses Gelingen ist noch offen. Jedoch spricht einiges dafür, daß eine rasche »Erweiterung« vor der »Vertiefung der EG« den Prozeß schneller vorangebracht hätte als der jetzt eingeschlagene Weg, zuerst einmal mit der Vertiefung à la Maastricht zu beginnen und überlappend einige Beitrittsverhandlungen 1993 in Richtung EFTA erst einzuleiten.

(3) Der Untergang des Sozialismus hat nicht nur die geopolitischen Gewichte verschoben, er hat auch in der westlichen Welt vor allem die geistigen Einstellungen, viele Ideologien und Utopien, wie sie vorher bestanden, sehr wesentlich verändert. Wir müssen jetzt konstatieren, daß vorher herrschende

Vorstellungen und hohe politische Werte vornehmlich durch den Ost-West-Antagonismus bestimmt waren. Der Kalte Krieg war in dieser Beziehung beinahe total gewesen.

(a) Die These vom historisch notwendigen *Übergang* vom Kapitalismus zum Sozialismus, wie Schumpeter sie so ausführlich und für sehr viele sehr einleuchtend geschildert hatte (siehe oben S. 28f.), ist eindeutig widerlegt. Der umgekehrte Übergang, vom Sozialismus zur Marktwirtschaft, hat fast überall eingesetzt, aber er vollzieht sich nicht ohne die großen Probleme eines schmerzhaften Vorgehens von Versuch und Irrtum, dessen Zeiträume sich mehr und mehr, die Geduld der Beteiligten auf das äußerste strapazierend, ausdehnen. Der rasche, spontane und alles überwältigende Aufschwung der Marktwirtschaft, wie sich die Ära des frühen Ludwig Erhard (wenigstens im nachhinein) darstellte, hat sich bislang nur minimal wiederholt. Der Abbruch der sozialistischen Produktionsruinen findet ungeheuer schnell statt, fällt auf das Land wie ein Katarakt, aber der Aufbau der neuen (marktwirtschaftlichen) Produktionsstätten steht erst einmal unter dem Wettbewerbsdruck der (alt)kapitalistischen Potentiale. Das Sichkopfüber-Hineinstürzen der Industrie in die Vakua des verstorbenen Systems geschieht erstmal nur partiell. Schnell dagegen ergießen sich Handel und Dienstleistungen in die neuen (alten) Räume, aber die Kernstücke des marktwirtschaftlichen Gewerbefleißes, insbesondere die verarbeitenden Betriebe, hinken – bis auf einige »japanische Inseln« – sehr zaghaft hinterher.

Auch die Wirtschaftspolitik steckt voller Probleme: Das Geschäft, die optimalen Rahmenbedingungen für den marktwirtschaftlichen Aufschwung zu setzen, erweist sich als viel zeitraubender und schwieriger als vorher angenommen. Was für die »ursprüngliche Akkumulation« gleichsam endogen gegeben war, kann teilweise, wie die römisch-rechtliche Privathandelsordnung, relativ schnell transplantiert werden. Aber ihr Pendant, vom Staat her gesehen, also Verwaltungsrecht und Verwaltungspraxis, die ebenfalls, zum Beispiel für den neuen Markt der property rights, sich als unumgänglich erweisen, sind äußerst zähflüssig für den Transfer, sind vielfach zu hoch entwickelt und zu kompliziert, als daß sie bald auf den neuen Feldern und von ihren neuen Benutzern übernommen werden könnten. Das anfänglich so glänzende Leitmotiv der »sozialen Marktwirtschaft« gerät inzwischen manchmal in den Schatten. Zuweilen verlieren es sogar manche Betrachter aus den Augen und liefern sich ratlos oder auch blindlings ordnungspolitisch höchst zweifelhaften, ja, fehlerhaften Vorbildern aus: Plötzlich spricht man von »*Industriepolitik*«, zwar nicht von zentraler Planung, aber doch von erhöhter staatlicher Ingerenz, und man meint damit staatliche Subventionierung ohne absehbares Ende.

Man könnte fast glauben, nach dem Niedergang und Untergang des Sozialismus könnte dieser in den neuen Gefilden des Kapitalismus gleichsam seine Wiederauferstehung feiern, etwa in Anlehnung an den Schlußsatz von Schumpeter: »Aber die Geschichte gefällt sich manchmal in Scherzen von fragwürdigem Geschmack«[83]. Jedoch werden dies mit Sicherheit keine Dauerlösungen sein, sondern nur Übergangserscheinungen. Dafür sind diese Aushilfssysteme zu labil. Schon ihre permanente Abhängigkeit von staatlicher Kraftnahrung, sprich Subventionierung und Protektionierung, beschert ihnen nur eine begrenzte Lebenserwartung. Nicht umsonst werden diese etatistischen Stützen gern von vornherein »degressiv« konstruiert; man ist sich ihrer Kurzlebigkeit, wenigstens von der Intention her, bewußt (was bekanntlich temporäre Prolongationen von Fall zu Fall nicht ausschließt). Dies alles ist also nicht von langer Dauer, aber es bedeutet mit Sicherheit kein Ende der Geschichte.

(b) Dies wird noch klarer, wenn man bedenkt, daß mit dem Sterben des Sozialismus auch noch eine andere Schimäre verschwunden ist, nämlich, für viele gänzlich unerwartet, die *Konvergenzhypothese*. Die liebevolle Hoffnung vieler Intellektueller, daß der Sozialismus sich auf die Dauer vermenschlichen würde, freiheitlich durchlüftet und zugleich rationaler werden könnte, daß der Kapitalismus immer »sozialer«, planhafter und egalitärer würde und beide sich also einander näherten, diese Sehnsuchtsvorstellung mancher Fellow Travellers der fünfziger und sechziger Jahre hat schon länger vor der Wende des Jahres 1989 das meiste von ihrer Anziehungskraft verloren. Die Niederschlagung des Prager Frühlings 1968 hatte sich hier wohl besonders ausgewirkt. Auch die späteren, mehr konstruktivistischen Bilder von einer Art gemeinsamer

Technostruktur[84], von einer Führungsschicht der Technokraten, die sich in beiden Welten von ihren politischen Herren langsam lösen würde, fielen in sich zusammen, als man nach der Revolution in Mittel- und Osteuropa die Trümmer und Hinterlassenschaften des sozialistischen Managements besichtigen konnte. Zu deutlich wurde eben, daß es in der simplen Unterscheidung – entweder Orientierung der Wirtschaftssubjekte am Markt oder Gehorsam der Produzenten und Konsumenten gegenüber dem Befehl der Zentrale – keine Konvergenz geben konnte. Die Vorstellung von einer quasi gemeinsamen Technostruktur erwies sich als Phantom.

Sicherlich kann auch das marktwirtschaftliche System degenerieren, weil grundlegende Prinzipien vernachlässigt werden, weil man ordnungspolitisch leichtsinniger wird – besonders, wenn man dem Staat zuviel Macht überläßt. Aber in einer offenen Gesellschaft sind solche Fehlentwicklungen stets mit einem Absinken der Produktivität und damit des Wohlstandes verbunden und machen sich also sehr bald in der Transparenz des offenen Systems fühlbar und allgemein erkennbar. Politische und geistige Reaktionen darauf sind die Folge. Man denke nur an die Wirksamkeit der neoliberalen Freiburger Schule während des Zweiten Weltkrieges und nach seinem Ende (s. o. S. 23).

(c) Der Abschied von der Konvergenzhypothese sollte uns zu einer weiteren Erkenntnis führen: Es gibt keinen *Dritten Weg, es gibt auf der freiheitlichen Seite nur, gesellschaftlich bedingt, unterschiedliche Marktwirtschaften.* Die vom real-existierenden Sozialismus und stalinistischen Kommunismus sich abspaltenden Spielarten des Eurokommunismus brauchen hier nicht näher betrachtet zu werden[85]. Sie alle haben sich vor dem Hintergrund des marxistischen Systems nicht zu halten vermocht und hatten keine Zukunft.

Wichtiger sind die Versuche eines Dritten Weges, die vom freiheitlichen Lager aus angestrebt wurden. Wilhelm Röpke[86] hatte dies sehr früh, während des Krieges, zu einem Reformprogramm ausgearbeitet. »Überwindung der unfruchtbaren Alternative zwischen Laissez-faire und Kollektivismus«, das war seine Absicht. Er weist übrigens auch darauf hin, daß schon der freiheitliche Sozialist Franz Oppenheimer für sein Reformprogramm, »das dem unsrigen teils verwandt, teils fremd ist«, den Ausdruck »Dritter Weg« gewählt hatte[87]. Die Betonung des Privateigentums war aber doch für Röpke der Ausgangspunkt seiner Überlegungen, ebenso die Wirtschaftsfreiheit, aber eben nicht das Laissez-faire, sondern die »Konkurrenz«, die für Röpke das Gegengewicht zum Monopol-Kapitalismus oder, wie er gerne sagte, zum »Industriefeudalismus« war. Damit betrat er den Boden der Freiburger Schule, für die ein Antikartellgesetz, das heißt eine rechtlich flankierte Wettbewerbsordnung, ein ganz spezielles Element ihres Ordnungssystems war. Durch diesen kurzen Gedankengang wird sehr deutlich: Röpke strebte letztlich keinen »Dritten Weg« zwischen Markt- und Planwirtschaft an, sondern eine besonders charakteristische und pointierte Ausgabe der Marktwirtschaft, die schließlich, besonders in Deutschland, ihre politische Inkarnation in dem Begriff der »Sozialen Marktwirtschaft«[88] fand.

In diesem System können wir von einer Marktwirtschaft deutscher Observanz sprechen. Ebenso gibt es eine typisch französische Marktwirtschaft, die immer noch von Colbert und den Physiokraten beeinflußt ist, aber in unserer Zeit auch von Jacques Rueff, Antoine Pinay und Raymond Barre – dem Übersetzer von Hayek! Oder es gibt eine britische, die wahrhaftig nicht allein dem Haupte von Adam Smith und David Ricardo entsprungen ist, sondern auch geprägt wurde von der Fabian Society und der Labour Party, dem Liberalen Keynes und schließlich in Hayek'scher Radikalität durch Margaret Thatcher – zuletzt verbittert und ruppig – erneuert. Weitere Beispiele marktwirtschaftlicher Varianten liefern die skandinavischen Länder mit ihren ausgebauten sozialstaatlichen Ordnungen.

Wir können mit diesen und vielen anderen Beispielen feststellen: Die Verkörperungen der verschiedenen Spielarten von Marktwirtschaft sind gefärbt und strukturiert von der Geschichte der verschiedenen Nationen, aber es sind keine Dritten Wege zwischen einem idealtypischen Kapitalismus und einem idealtypischen Sozialismus. Und die national geprägten Marktwirtschaften werden weiterhin differenziert bleiben[89]. Es wird kein »universeller homogener Zustand« (Fukuyama) eintreten, sondern ein »Wettbewerb der Systeme« sich fortsetzen, und zwar innerhalb des Gesamtbereiches

Marktwirtschaft. Im übrigen: Auch damit steht – wie gezeigt – kein Ende der Geschichte ins Haus.

Ob Europa sich auf dem risikoreichen Weg zu einer Europäischen Union auch zugleich in Richtung auf eine gemeinsame europäische Marktwirtschaft bewegt, möchte ich allerdings noch bezweifeln. Dieser Destillationsprozeß zu einer supranationalen Marktwirtschaft, geführt, begleitet und umarmt möglicherweise von einer multinationalen und multilingualen Oberregierung und einer europäischen Über-Verfassung, die alle nationalen Konstitutionen bricht, ist in meinen Augen noch mehr als fraglich. Auf jeden Fall ist das damit Gemeinte noch sehr unklar und besonders in Deutschland keineswegs durchdiskutiert.

Alle vorhandenen – und vor allem aus Mittel- und Osteuropa sich hinzugesellenden – nationalen Varianten von Marktwirtschaft haben eines gemeinsam, sie gehören alle zur Großfamilie der offenen Gesellschaften. Ihre geistigen Väter sind »alle Kinder von Immanuel Kant und von David Hume und John Locke vor ihm, aber sicherlich nicht von G. W. F. Hegel oder auch von Jean-Jacques Rousseau«[90]. Als ich 1990 vor Vertretern der Akademie für Volkswirtschaft in Moskau vortrug: »Sie nehmen in diesen Wochen und Monaten Abschied von Hegel und kehren nunmehr ein bei Immanuel Kant«, bekam ich tatsächlich einhelligen Beifall.

Alle Mitglieder der Großfamilie der offenen Gesellschaften weisen, bei aller nationalen Verschiedenheit und Struktur, ökonomisch einige gemeinsame Merkmale auf: Sie enthalten ähnliche (nicht notwendigerweise gleiche) Wettbewerbsregeln und analoge Verhaltensregeln, ohne die das wirtschaftliche Such- und Entdeckungsverfahren in der »extended society« überhaupt nicht möglich wäre (also zum Beispiel Vertragsrecht, oder überhaupt Privatrecht), alles Regeln, die erst eine *Ordnung ohne befehlende Herrschaft* möglich machen. Aber alle diese Länder haben wahrscheinlich eine verschieden große Staatsquote (öffentliche Ausgaben in Relation zum Bruttosozialprodukt), sie haben, davon zu unterscheiden, einen differenzierten öffentlichen Sektor (im allgemeinen: Relation des staatlichen Eigentums zum industriellen Produktivkapital), sie haben mehr oder weniger freie Ein- und Ausfuhr, mehr oder weniger freien Kapitalverkehr, aber alle wiederum im Prinzip freie Konsumwahl, freie Berufswahl, freie Arbeitsplatzwahl.

Wenn ein Gebiet wie zum Beispiel Ostdeutschland sich einer solchen offenen Ordnung anschließt, dann erkennt man schnell, daß dies kein Vorgang ist, der in Blitzgeschwindigkeit abläuft, sondern vielmehr langwierige Lern- und Anpassungsprozesse verlangt. Nicht zuletzt müssen die notwendigen Wettbewerbs- und Verhaltensregeln gelernt werden, bis sie systemimmanent werden, und sie müssen auch von denen geübt und vollzogen werden, die aus dem schon offenen Teil der Gesellschaft kommen.

Ein anderes, besonders zeitraubendes Element eines solchen Übergangs ist die Verkleinerung des öffentlichen Sektors (der im Sozialismus über 90 Prozent betrug), mit anderen Worten die Privatisierung. Der umgekehrte Übergang, das heißt die Verstaatlichung oder Nationalisierung auf dem Marsch in den Sozialismus kann dagegen in den relativ kurzen Aktionen der Enteignung ziemlich rasch vollzogen werden. Es ist ein immanenter »Nachteil« des Übergangs zur Marktwirtschaft, daß er sich an unzählige Individuen und deren adäquates, freiwilliges Verhalten wendet, daß er möglichst breit gestreutes Privateigentum schaffen soll, daß Wettbewerbsfähigkeit im internationalen Handel erreicht werden und daß unbestrittenermaßen der ganze Prozeß sich in rechtsstaatlichen Formen entfalten muß. Der Übergang in eine liberale Ordnung ist deshalb viel verwundbarer als die Transformation in den Sozialismus, die wesentlich nur des Befehls, der Installation der Zentrale und der Exekution der Enteignung bedarf. Alle strukturellen und institutionellen Friktionen (Umbrüche) und sonstige interne und externe Kosten einer solchen Transformation können relativ leicht unterdrückt werden, während der Übergang in eine offene Gesellschaft seiner Natur nach darin besteht, daß er unentwegt solche Friktionen und Kosten auf längere Sicht erzeugt und zugleich offenlegt.

Ein kardinales Problem ist das mögliche Scheitern der Transformation. Der Übergang in den Sozialismus kann im Prinzip gar nicht scheitern, weil man dort die Kosten der Transformation durch Absenkung des Lebensstandards aller ziemlich gut verteilen kann. Beim Übergang in die offene Ordnung ist das nicht möglich, da alles – wie gesagt – transparent wird. Dieser Übergang muß dann – nach dem heutigen Stand der Entwicklung in Zentraleuropa – sozialpolitisch abgestützt werden, was ebenfalls gewaltige Kosten produziert und sichtbar macht. Er kann sogar in diesem Sinne »scheitern«, wenn es nicht gelingt, die Produktivität in dem betroffenen Gebiet auf verlangte Höhen zu bringen und das Ganze dann in eine wohlfahrtsstaatlich ausgehaltene Region (Mezzogiorno-Syndrom) übergeht. Der Übergang in den Sozialismus kann in diesem Sinne nicht implodieren, der Sozialismus als System muß aber, wie die Erfahrung zeigt, in einigen Generationen scheitern, weil, neben anderen Verlusten, der allgemeine Lebensstandard im Verhältnis zu Marktwirtschaften auf ein lächerliches Niveau absinkt. Der Übergang in die offene Gesellschaft ist viel gefährdeter, aber die Lebenserwartung dieser Ordnung als solcher ist unbegrenzt; die Ausdifferenzierung in Marktwirtschaften verschiedenster Observanz und Effizienz ist natürlich möglich. So wird die Zukunft uns sicher den Wettbewerb verschieden hoch entwickelter Marktwirtschaften bringen. Auch in diesem Sinne wird die Geschichte mitsamt dem damit verbundenen Wettstreit der Regionen kein Ende nehmen.

Geistige Turbulenzen – Subsidiarität – Föderalismus – Rolle der Intellektuellen

Es kann nicht verwundern, daß die tiefgreifenden Erschütterungen des Jahres 1989 und ihre Folgen zu erheblichen geistigen Turbulenzen geführt haben. Zwangsläufig war damit eine Umwertung vieler Werte verbunden. Nur einige Beispiele seien hier genannt.

Selbst die Marktwirtschaft, unzweifelhaft die Siegerin im Kampf der Systeme, ist jetzt ins Gerede gekommen. Die Realität hat uns gezeigt: Ein rascher Übergang aus der Zentralverwaltungswirtschaft in die Marktwirtschaft war nicht möglich, vielmehr durchlaufen alle betroffenen Regionen eine lange und leidvolle Phase eines Transformationsprozesses; das Licht am Ende des Tunnels ist nur schwer erkennbar. Vieles, was in jahrzehntelanger Arbeit – von Max Weber bis zu Walter Eucken – zu den gesellschaftlichen, geistigen und religiösen Voraussetzungen der Marktwirtschaft gezählt worden war, war allerdings zum Zeitpunkt des Übergangs von vielen vergessen. Das Fehlen solcher Voraussetzungen macht sich nun schmerzhaft bemerkbar.

Die Marktwirtschaft hat überdies, zugespitzt gesprochen, mit der Wende – wie die NATO – sozusagen ihr Feindbild verloren. Auch an ihrem Gegenbild des Staatssozialismus wurde bis dahin ihre eigene Botschaft gemessen: ihre Freiheit, ihre Effektivität und Produktivität, ihre optimale Zuteilung der produktiven Kräfte. Aber auch ihre Strenge, die Rigorosität ihrer Normen und ihrer charakterlichen Anforderungen – samt den so oft gelobten oder noch öfter ironisierten Sekundärtugenden – wurden in diesem Kampf unaufhörlich geprüft und geschärft. Nun, nach der Wende, müssen wir der Gefahr begegnen, daß die Marktwirtschaft durch ihren Erfolg geschwächt wird, daß wir ordnungspolitisch erlahmen und weniger tugendhaft werden. Schumpeter, der allerdings als Analytiker viel besser war denn als Prophet, hatte bekanntlich gemeint, daß der Kapitalismus gerade an seinem Erfolg letztlich zugrunde gehen würde. Nun, das war – wie schon gesagt – ein falscher (hegelianischer) Determinismus. Aber es geht der Marktwirtschaft wie allen unseren liberalen, westlichen Ordnungs- und Wertvorstellungen: Mit ihrem Sieg geraten sie unversehens in bis dahin nicht gekannte Bewährungsproben.

Auch unser höchstes politisches Gut, die Demokratie, muß nun auf verschiedene Prüfstände: Jetzt stehen die Pflichten erstmal stärker im Vordergrund als die Segnungen; Verteilungskämpfe, die finanziell früher in erster Linie die Parafiski der Sozialpolitik (Sozialversicherung, Bundesanstalt für Arbeit) berührten, greifen nun in die Kernhaushalte der Gebietskörperschaften hinein. In dieser Lage entstehen unentwegt undurchdachte und aus der Hüfte geschossene Steuervorschläge, die das öffentliche, ökonomische Klima verschlechtern. Der Tatbestand einer seit langem bestehenden Progression im Einkommen- und Lohnsteuertarif wird dabei geflissentlich vernachlässigt, eine laienhaft berechnete »Gerechtigkeitslücke« rückt dafür ins Zentrum der Aktivitäten. Man ist dauernd auf der Suche nach der »Ressource Solidarität« (Habermas). Sie erweist sich oft als Leertitel.

In der Europäischen Gemeinschaft, deren tatsächliche konkrete Handlungsfähigkeit vor allem in der Potenz der »Räte« und der Kommission besteht, entdeckt man ein erhebliches Demokratiedefizit. Das mit dem Vertrag von Maastricht nun erwählte »Prinzip der Subsidiarität« ist aber in dieser Beziehung ein sehr unzulängliches Heilmittel; denn das Kernstück des Maastrichter Vertrages ist bekanntlich die Europäische Währungsunion – und die Währungs- und überhaupt die Geldpolitik können ihrer Natur nach ausschließlich nur zentral beschlossen und exekutiert werden. Hier gibt es keine Regionalisierung. Hier greift das Subsidiaritätsprinzip per se überhaupt nicht.

Das Prinzip der Subsidiarität sollte im übrigen wohl vor allem föderalistische Elemente in einem *politisch* vereinigten Europa stärken. Natürlich hängt das von den jeweiligen nationalen Verfassungen ab. Die Bundesrepublik Deutschland könnte hier ein Vorbild sein. In Wirklichkeit ist der deutsche Föderalismus – historisch gewachsen und nach Weimar und dem Dritten Reich wiederentdeckt – seinerseits eine recht fließende Angelegenheit. Sicherlich ist die Bundesstaatlichkeit Deutschlands ein wesentliches Element der demokratischen Kraft des ganzen Landes. Die einfache Wahrheit der amerikanischen und deutschen Verfassungsväter bleibt bestehen: Föderalismus gibt – angesichts der Aufspaltung der öffentlichen Instanzen – dem Einzelnen mehr Freiheit gegenüber der gesamtstaatlichen Herrschaft. Aber sind die Probleme und Versuchungen einer tief gegliederten und regional ausgefächerten staatlichen Maschinerie damit auf Dauer befriedigend geregelt und gelöst? Lauern nicht Versuchungen wie Ämterpatronage, Ausbreitung von reinen Sinekuren, Undurchsichtigkeiten in der Regelung der Bezüge und Übergangsgelder, institutionelle und personelle Überbesetzung, kurzum: Minderung der administrativen Effizienzen, am Wege? Kann nicht auch regionaler Egoismus ins Kraut schießen? Zeigt nicht gerade der deutsche Vereinigungsprozeß mit aller Deutlichkeit, daß die finanzielle Last des gesamten Vorgangs ganz überwiegend von der Zentralinstanz – dem Bund – getragen werden muß, während die regionalen Kräfte (alte Bundesländer) hinterherhinken?

Fassen wir zusammen: Auch die hohen liberalen, westlichen Werte unseres staatlichen und gesellschaftlichen Daseins, Marktwirtschaft, Demokratie und Föderalismus, sind mit der Wende in kritische Situationen geraten. Wir können diese nur überstehen, wenn wir die klaren Grundsätze, nach denen sie einst entstanden und entwickelt sind, wieder voll internalisieren und anwenden.

Nun zu den intellektuellen Kritikern der Wende: Jürgen Habermas spricht herablassend von einer »nachholenden« Revolution[91], weil sie »die Rückkehr zum demokratischen Rechtsstaat und den Anschluß an den kapitalistisch entwickelten Westen ermöglichen soll«. Er behauptet damit den »fast vollständigen Mangel an innovativen, zukunftsweisenden Ideen«. Im Frühjahr 1990, im Jahr also unserer deutschen Wende, konnte ich darauf antworten: »Was jetzt in der DDR keineswegs schon vollendet ist, das ist in der Tat eine ›nachholende Revolution‹, wie Jürgen Habermas es nennt, nur in einem anderen, wie ich glaube, tieferen, liebevolleren Sinn, weil die Menschen in dem um vierzig Jahre bestohlenen Teil unseres Vaterlandes jetzt die Gedanken der liberalen Erneuerer der vierziger und fünfziger Jahre fruchtbar aufnehmen können«[92]. Inzwischen wissen wir zur Genüge, daß die Aufnahme der Gedanken der liberalen Erneuerer doch ein langwieriger, unumgänglicher und vielfach schmerzhafter Prozeß ist. Der Kritiker Habermas reagiert auf die Wende und ihre Folgen auch einige Jahre später noch immer gereizt und mißtrauisch[93]. Er beklagt den »überstürzten Anfang« und »jene unterlassene republikanische Neugründung, über die ein ökonomisch kurzsichtiger und administrativ durchgepaukter Einigungsprozeß hinweggerollt ist«. An die Stelle des Einigungsvertrages hätte »ein Gesellschaftsvertrag treten müssen, der in einer Verfassungsdebatte öffentlich hätte ausgehandelt werden müssen«. Der notwendige wirtschaftliche Anpassungsprozeß wird völlig negativ dargestellt: »Die Entwertung des industriellen Kapitals verdichtet sich symbolisch in der Treuhand, die das Volksvermögen verscherbelt.« Und natürlich wird wieder vom »DM-Nationalismus« gesprochen. Aber der erstaunte Leser stellt fest: Je härter das Urteil über die deutsche Vereinigung ausfällt, in um so milderem Lichte erscheint nun die alte Bundesrepublik, in »der Kontinuität jener besseren Tradition« ... »eines in der alten Bundesrepublik eingeübten und halbwegs selbstverständlich gewordenen zivilen Umgangs miteinander«.

Der Grund für diese Belobigung: weil man »stolz darauf ist, die Mentalität der alten Bundesrepublik durch ihren erfolgreichen ›Alarmismus‹ mitgeprägt zu haben«. Dieser seltsame Begriff führt uns direkt zu jener gedanklichen Linie, die schon

Keynes als charakteristisch für linke Intellektuelle bezeichnete, nämlich die Zugehörigkeit zur Katastrophenpartei oder die Sympathie dafür. Es handelt sich um eine Gruppe von Menschen, die in jedem politischen Zustand oder Vorgang, welcher ihren Vorstellungen nicht entspricht, am Ende allgemeinen Schaden oder gar den Zusammenbruch wittern, wie sie umgekehrt nur den Umsturz oder die grundsätzliche Veränderung der Verhältnisse, die in ihrem Sinne erfolgt, als einen Segen empfinden. Dieser Hang zur Katastrophe, deren Eintreten man sozusagen an jeder Straßenecke erwartet, wird noch begleitet von einer gewaltigen Unkenntnis des Ökonomischen. Wenn Habermas von der »Entwertung des lebensgeschichtlichen Kapitals ganzer Generationen« spricht, so wird kein Gedanke daran verschwendet, die Gründe und inneren Sachzwänge der harten Anpassungsvorgänge zu erforschen.

Allgemein ist es für die deutsche Philosophie gerne üblich gewesen, sich vom Krämergeist des Wirtschaftlichen und also vom Krämerhaften schlechthin fernzuhalten[94]. Und in der modernen soziologisch-philosophischen Diskussion ist es erstaunlich zu erfahren, daß etwa in bezug auf die Renaissance der liberalen Ökonomie nach dem Zweiten Weltkrieg erhebliche Unkenntnis herrscht. Im übrigen hat sich Friedrich von Hayek selbst ausführlich mit der These befaßt, daß die Verachtung für das Kommerzielle und die Unkenntnis des Ökonomischen geistesgeschichtlich seit langem weit verbreitet sind[95].

Auch Habermas macht hier keine Ausnahme. Übernehmen wir nur die klaren Worte einer kritischen Betrachterin seiner Haltung[96]: »Welch intellektuelle Arroganz steckte in dem Wort vom ›D-Mark-Nationalismus‹? Woher nimmt einer das Recht, das Streben nach Wohlstand gering zu achten, es loszulösen aus dem ideellen und materiellen Gefüge, das eine Währung erst stark macht, und es zu vermengen mit einem Nationalismus, der nur dunkle Erinnerungen weckt?«

So rundet sich das Bild der (links-)intellektuellen Kritiker des deutschen Vereinigungsprozesses. Von der anfänglichen Arroganz gegenüber der »nachholenden Revolution« geht es über zur Verachtung der materiell-ökonomischen Bedingungen und Untergründe des Scheiterns des Sozialismus (obgleich der Erzvater Marx im materiellen Unterbau die entscheidende Kraft für den Fluß der Geschichte gesehen hatte) und endet dann in einem endgültigen Schreckensszenario. Die alte Neigung zur Katastrophe bricht hier wieder voll durch. Das stellt keinen konstruktiven Beitrag zur wirtschaftlichen und gesellschaftlichen Vereinigung Deutschlands dar.

Auch der der Linken oft eigentümliche Hang zur »Marginalität«[97] führt zusätzlich in die Irre. Wenn eine kleine Minderheit mit der Anprangerung des DM-Imperialismus und des »Hauruck-Verfahrens« der Vereinigung damit gegen den deutlichen Willen der großen Mehrheit unseres Volkes polemisierte, konnte das weder demokratisch genannt noch in der politischen Auseinandersetzung erfolgreich sein. Man hatte dabei geflissentlich übersehen, daß der überkommene bundesrepublikanische Verfassungspatriotismus sich durchaus auf die Majorität im gesamten Deutschland erstreckt.

Auch der große Schriftsteller Günter Grass hat sich mit Leidenschaft ins Marginale, ins Abseits, begeben[98]: »Die Linke ist zermürbt. Der dritte Weg ist vernagelt. Die letzten Verfassungspatrioten sind demnächst im Zoo zu bestaunen.« (Als wenn der deutsche Verfassungspatriotismus allein der zermürbten Linken zu verdanken sei.) Er beklagt natürlich das »Ruckzuck-Anschlußverfahren« des Einigungsprozesses, er geißelt »den schamlosen Ausverkauf der Konkursmasse DDR«. Er spricht vom »Einig-Vaterland genannten Gelegenheits-Schnäppchen« und vom »gesamtdeutschen Schwindel«, er erinnert daran, »daß die Einheit uns Deutschen immer nur Unglück gebracht hat«, und sieht den Prozeß der deutschen Einheit als »von Anbeginn mißglückt« an. So gelangt man ins Ultra-Marginale, aus dem bedauerlicherweise überhaupt keinerlei Hilfe erwächst, um die Last der realen Probleme zu mindern.

Wirtschaftspolitik unter dem Einfluß der Rezession und im Disput der gesellschaftlichen Kräfte

Im Mai 1991 schrieb ich meinen Freunden aus besonderem Anlaß: »Die Geschichte hat uns die deutsche Einheit überraschend angeboten. Wir haben schnell zugegriffen, aber nicht voll bezahlt. Wir haben vielmehr Kredit aufgenommen, im materiellen und im ideellen Sinne. Mögen wir uns vor der Geschichte als zuverlässige Schuldner erweisen, die ihre Bilanz mit Fleiß und ohne Verzug in Ordnung bringen.«

Wenn ich diese Sätze nach zwei Jahren erneut prüfe, so kann ich feststellen: Sie sind richtig, nach wie vor müssen wir Jahr für Jahr Kredit aufnehmen und sind dabei jetzt (1993) obendrein in eine wirtschaftliche Rezession geraten, also in eine Lage gekommen, in der man nach den Regeln von John Maynard Keynes ohnehin seitens der öffentlichen Hände Schulden machen sollte, um nicht durch Abfall der staatlichen Nachfrage in eine weitere konjunkturelle Abwärtsbewegung hineinzurutschen. Die öffentliche Kreditaufnahme zur Finanzierung des Aufbaus im Osten und eine Kreditaufnahme aus konjunkturpolitischen Gründen würden sich also verstärken. Damit der Wendepunkt des öffentlichen Verschuldungsstandes nicht erneut und womöglich grenzenlos in die Zukunft hinausgeschoben wird, müßte aber sogleich eine Politik der Beschränkung der öffentlichen Normalausgaben – vor allem im Westen – angestrebt werden; die Reduktion sollte sich in erster Linie auf Konsum- und interne Transferausgaben beziehen. Auch auf dem hohen Sockel einer durch die Vereinigung angetriebenen öffentlichen Kreditaufnahme müßte also eigentlich der Versuch unternommen werden, eine begrenzte antizyklische Fiskalpolitik zu wagen, auch damit das Land aus der Rezession heraus Anschluß an eine mögliche konjunkturelle Aufwärtsbewegung der Weltwirtschaft gewinnt. Sollte dies nicht gelingen und würde der Absturz in eine sich selbst verstärkende Schrumpfung der westdeutschen wirtschaftlichen Aktivität bedrohlich stärker werden, so würde die »Implosion« der ostdeutschen Wirtschaftsentwicklung eine tatsächliche Gefahr. Eine zielgerichtete und energische Politik zur Überwindung der Rezession in einer gewaltigen Strukturwandlung – wie sie Deutschland mit seiner Vereinigung durchmacht – müßte also jetzt die Priorität haben. Eine längere Phase der Stagnation oder gar der Krise würde die ohnehin bescheidenen investiven Beiträge der westlichen Industrie zum Aufbau im Osten zu einem Rinnsal verkleinern. Erst ein konjunktureller Aufschwung würde die Hilfe für den Osten wieder verstärken.

Aber selbst unter normalen Umständen, also zum Beispiel

ohne die finanzielle Bürde der wirtschaftlichen Vereinigung, hat die antizyklische Kreditausweitung ihre Probleme.

Eine aktive Anti-Rezessionspolitik wird oft von einigen Orthodoxen kritisiert: Man würde damit den natürlichen Ausleseprozeß der Rezession verkürzen, notwendige Strukturwandlungen würden damit unterbleiben, eine langfristige Angebotspolitik sei da besser. Hier muß sehr genau definiert werden. Konjunkturpolitik in der Rezession besteht einmal darin, die sich verhängnisvoll ausbreitenden falschen, pessimistischen Erwartungen der Unternehmer zurückzudrängen. Das setzt im allgemeinen eine keynesianische Situation voraus. Zugleich besteht die Anti-Rezessionspolitik darin, den Prozeß der Kürzung von Investitionen, der sich damit gegenseitig durch weiteren Ausfall von Nachfrage aufschaukelt und also auch über die Grenze der vernünftigen strukturellen Anpassung hinausschwappt, abzublocken und das Ganze in einen langsam sich verstärkenden Aufschwung überzuleiten. Manche Kritiker meinen, ein solcher Wiederaufschwung würde sich auch endogen, wenngleich sicherlich langsamer, ohne staatliche Hilfe, entwickeln. Gewiß muß man auch das beachten. Aber es bleibt hier die tatsächliche Gefahr, daß das Warten auf eine endogene Erholung doch in einen kumulativen Schrumpfungsprozeß einmündet und dabei noch begleitet und forciert wird durch eine sich überlagernde Reduktion der Geldmengenversorgung. Milton Friedman und Gottfried Haberler haben immer wieder darauf hingewiesen, daß die große Krise von 1929 in Amerika gerade durch eine solche »Vernichtung« von Liquidität (vom Konjunkturhöhepunkt bis zur Talsohle um mehr als 30 Prozent!) ihr schreckliches Ausmaß erreichte.

Als wir in der Regierung der Großen Koalition Anfang des Jahres 1967 ein Konjunkturprogramm für Bund, Länder und Gemeinden aufstellten, trat der Erfolg natürlich nicht sofort ein. Es bestätigte sich die Beobachtung, daß viele Wirtschaftssubjekte keine Vorstellung von dem naturgegebenen Zeitbedarf, dem immanenten Lag, im Wirtschaftsprozeß haben. Um noch einmal das Bild zu verwenden: Man betritt einen dunklen Raum, mit der Bedienung eines Lichtschalters wird der Raum sofort hell erleuchtet. So ähnlich stellt man sich gerne die schlagartige Wirkung eines beschlossenen Konjunkturprogramms mit vergrößerten Staatsausgaben (und verbesserten steuerlichen Abschreibungsbedingungen) vor. Gewiß kann die amtliche Verkündung schon zur positiven Veränderung der Erwartungen der Wirtschaftssubjekte beitragen. Und sicherlich treten die expansiven Effekte nicht erst ein, wenn die Gelder aus dem Programm bei den Produzenten ankommen, sondern es ist anzunehmen, daß die Wirkungen dann einsetzen, wenn die mit dem Programm verbundenen Aufträge (für Straßenbauten etwa, allgemein für Infrastrukturvorhaben) konkret erteilt sind. Dann kann die Zwischenfinanzierung durch das Bankensystem beginnen. Gleichzeitig wirkt sich der aus der Rezession entspringende Hang zur Kürzung der Sachausgaben vor allem bei den Gemeinden prozyklisch aus. Folglich tritt bei einer solchen Maßnahme eine interne, administrative Verzögerung ein. Aus solchen Gründen und wegen der anfänglich nicht genügenden Bemessung des ersten Programms wurde im Sommer 1967 ein zweites nachgeschoben. Gegen Ende des Jahres und nach dem Jahreswechsel machte sich allerdings deutlich bemerkbar, daß die Talsohle längst durchschritten war. Eine Erholung von der Exportseite war, und zwar infolge der deutlich verminderten Lohnstückkosten, ebenfalls eingetreten. Später, als an dem Erfolg der ganzen konjunkturpolitischen Aktion einschließlich der begleitenden Senkung der Leitzinsen durch die Bundesbank nicht mehr zu zweifeln war, wurde von manchen Kritikern schließlich behauptet, der ganze Aufschwung sei vornehmlich durch die Steigerung der Exporte ausgelöst worden. Diese Auffassung entsprach so nicht den Tatsachen; die Aufschwungimpulse waren gerade durch die Konjunkturprogramme und die damit verbundene Änderung des gesamten ökonomischen Klimas und durch die Kostenreduktion veranlaßt. Aber im Laufe der Politik eines »Aufschwungs nach Maß« und vor allem während der ersten Phase des Wiederaufschwungs konnten die Initiatoren jener Politik innerlich durchaus im Zweifel darüber sein, ob die endogenen Kräfte der Belebung nicht doch stärker sein könnten. In kritischen Augenblicken konnte man sich fragen, ob man mit der Aufschwungpolitik nicht letztlich nur eine »Politik der Gesten« vollbrachte. Aber es blieb der Trost, daß solche begleitenden Handlungen doch in der richtigen Richtung wirkten, daß man also auf jeden Fall nichts Falsches unternahm. Alles in allem war der Erfolg dieses Beispiels einer Konjunkturpolitik unbestreitbar. Vor allem hatte es kein lautes Geschrei um »soziale Schieflagen« der Maßnahmen gegeben – hier machte sich, gerade am Anfang, der wohltätige Einfluß der Konzertierten Aktion bemerkbar.

Sehr viel komplizierter ist die Lage im dritten Jahr nach der Vereinigung Deutschlands. Das reale Wachstum des Sozialprodukts in Ostdeutschland ist wesentlich abgeleitet von den öffentlichen West-Ost-Transferzahlungen. Es besteht kein Zweifel, daß die spontanen, endogenen Kräfte weit hinter den Wirkungen der diskretionär eingeleiteten (Investitionsprämien, Investitionszuschüsse, Eigenkapitalzuteilungen, Verlustausgleichszuschüsse der Treuhandanstalt usw.) herhinken. Das alles zeigt, daß es sich um ein schwer zu handhabendes Strukturproblem handelt. Durch die im zweiten Halbjahr 1992 fühlbare rezessive Tendenz in Westdeutschland war ein konjunkturelles Element in das ganze aktuelle Bild hineingekommen. Damit ergibt sich wirtschaftspolitisch ein deutlicher Antagonismus. Letztlich kann die antizyklische Kreditaufnahme nur begrenzt, im wesentlichen nur im Ausmaß der konjunkturbedingten Steuermindereinnahmen und der durch Arbeitslosigkeit veranlaßten Mehrausgaben gewagt werden. Dabei nehmen im Zeitablauf und in dieser Situation die Wünsche nach großen, auf jeden Fall unverminderten Transferleistungen für Ostdeutschland zu. Diese Wünsche konkurrieren mit dem rezessionsbedingten Ausfall in der westdeutschen Produktion und Einkommensbildung. Damit verstärken sich in zunehmendem Maße die Verteilungsprobleme sowohl in horizontaler (Ost-West) wie in vertikaler Hinsicht (sozialer Ausgleich). Das Verlangen nach schnellen und verstärkten Steuererhöhungen, besonders für die sogenannten »Besserverdienenden« (wobei niemals gesagt wird, wer denn eigentlich dazugehört), wird in der öffentlichen politischen Diskussion lauter – dabei müßten die Steuern im Konjunkturabschwung unter »normalen« Verhältnissen eher gesenkt werden.

So prallen also in dieser Lage die verteilungspolitischen Forderungen mit den wachstumspolitischen Bedürfnissen zusammen. Die ersteren beherrschen mehr und mehr die öffentliche Meinung, aus einem Gemisch von weithin propagierter »Gerechtigkeitslücke«, auch von schlechtem Gewissen und

Neidgefühlen, die in der Rezession (oder der Furcht vor Depression) sich rasant ausbreiten. Je mehr man in dieser Lage die Steuerlast verstärkt, desto mehr wird zugleich die Rezession verlängert, ja, eine steuerliche Überbelastung kann sogar in eine sich ausbreitende und ausdehnende Wachstumskrise in West und Ost hinüberführen. Ein wesentlicher Grund für eine solche Tendenz ist auch die Tatsache, daß die deutsche Finanzpolitik sich mehr und mehr unter den Handlungsdruck der bestehenden öffentlichen Schulden begeben hat. Es wird von der Regierung kein klares, schonungsloses Bild vom Stand der Gesamtschulden (Gebietskörperschaften einschließlich der Vereinigungsfonds und der Treuhandanstalt) vermittelt, und es fehlt eine einigermaßen verläßliche Perspektive, wie man eine Konsolidierung des Schuldenstandes erreichen kann. Es wird nicht einmal der Versuch unternommen, die wirtschaftlichen Interessengruppen zu »konzertieren«. Die doch in Ostdeutschland potentiell vorhandenen Kräfte des Aufschwungs werden nicht sichtbar ermuntert und gestärkt. Nachteils- und Verlustausgleiche sind noch keine Fortschrittsprämien. Umverteilung geht da vor Wachstum.

Damit werden zwar die Abstände in der Lebenshaltung zwischen West und Ost verringert, aber das Gesamtniveau in Deutschland sinkt ab. Die Befindlichkeiten in Ostdeutschland, in dem man nur die Hälfte des Einkommens durch eigene Arbeit erwirtschaften kann, sind nicht gut.

Dies sind die Ergebnisse einer Rezession, die in einen schwierigen Vereinigungsprozeß hineingebrochen ist, einer Politik, die ständig mit Verteilungskämpfen zu tun hat und der es nicht gelingt, dynamisierende Notwendigkeiten stärker zu berücksichtigen. Zugleich droht, bei Fortsetzung einer solchen Entwicklung, für die Zukunft die Gefahr der finanziellen Überforderung der gesamtwirtschaftlichen Kräfte.

Dies wäre eine Fehlentwicklung, sie böte wenig erfreuliche Aussichten. Man sollte deutlich erkennen, daß die so sozial und anfänglich so vernünftig klingenden Parolen wie »Teilen« und den »Gürtel enger schnallen« letztlich zu einer sehr restriktiven Politik verleiten können. Eine solche Politik der Überbelastung und Egalisierung wird letztlich auch auf das Erscheinungsbild der marktwirtschaftlichen Ordnung einwirken. Die Staatsquote würde weiter ansteigen, die wirtschaftliche Dynamik würde erlahmen; mit einer starken, allgemein zunehmenden Besteuerung, mit der man fälschlicherweise gerade Arbeitsplätze schaffen wollte, wird steigende Arbeitslosigkeit hervorgerufen. Man würde dann zu weiteren Interventionen greifen. Die Berufung auf marktwirtschaftliche Prinzipien in öffentlichen Verlautbarungen würde mehr und mehr verschwinden. Ja, ein bekannter Unternehmensberater (sicherlich ein Mikrotechniker und kein Wirtschaftspolitiker) empfiehlt schon ernsthaft, man müsse beim Aufbau Ost – zeitweilig – vom Leitbild der Marktwirtschaft Abschied nehmen. Der Elan vital der Marktwirtschaft würde also dahinschwinden. Gerade ihr soziales Bild würde verdunkelt. Der freie Wettbewerb mit seinen immanenten Härten verlöre mehr und mehr an gesellschaftlicher Anziehungskraft.

Sicherlich ist es sehr schwer, in einer solchen Lage *dreierlei* zu vereinen: eine unumgängliche »*Politik der Strenge*« (wie die Franzosen ihre Linie seit mehreren Jahren zu Recht nennen und verfolgen), eine *Politik der Stärkung und Erhaltung unserer marktwirtschaftlichen Ordnung* und eine *Politik der Entfachung neuer wirtschaftlicher Dynamik*. Diese dreifache Aufgabe wird uns für den Rest dieser Ausführungen immer wieder beschäftigen.

Wenn wir uns dieser Herausforderung nicht stellen, würde unsere Ordnung ziemlich gefährdet sein. Das ganze System würde leicht in Mißkredit geraten. Die Losung »*Wir haben es satt, in einer Raffgesellschaft zu leben*«[99] stellt sich dann schnell ein. Ein Irrweg aber, der bei Friedrich von Hayek bald unter die Kategorie »Der Weg zur Knechtschaft« fallen würde! Dies veranlaßt mich zu dem folgenden Exkurs.

Exkurs: Eine verbal rigoristische Botschaft ist noch keine Alternative!

Die offene Gesellschaft weist andere Wege:
In sozialer Hinsicht müßte man behutsam Abstand halten von der übertriebenen, wohlfeilen Forderung, die Menschen in unserem Lande müßten sich sofort und vollständig ändern: weg von der »Raffgesellschaft« hin zu einer dem »Gemeinwohl« verpflichteten Haltung: »Wir alle müssen uns

ändern«[100]. Das sagt sich so leicht, aber ist doch nur ein scheinbarer Rigorismus, der zwar sprachlich ziemlich totalitär klingt, jedoch im letzten nur eine »weiche« Lösung darstellt. Will man da nicht irgendwie – der Gedanke an das Ahlener Programm stellt sich ausdrücklich ein – doch auf einen diffusen *Dritten Weg* hinaus? Ich halte dagegen die Erinnerung an die strengen Regeln unserer marktwirtschaftlichen Ordnung für die harte, klare und angemessene Lösung. Das Problem ist allerdings viel diffiziler, als die letztlich weiche Botschaft es vermuten läßt.

Ganz typisch für diese Art von »Manifesten« ist auch, daß sie eine allgemeine Ratlosigkeit bedauern; »Konzepte fehlen und Visionen«[101], so heißt es allenthalben. Wie ist das zu erklären?

Der Ruf nach gesellschaftlichen Generalkonzepten ist heute ganz eindeutig verursacht durch die Wende, durch den Zusammenbruch des Sozialismus. Karl Popper hat für die Geschichte des Altertums den Zusammenbruch von geschlossenen Gesellschaften geschildert[102]. »Aber mit dem Zusammenbruch der geschlossenen Gesellschaften verschwindet diese [bisherige] Gewißheit und damit jegliche Gewißheit.« Dieser Vorgang »muß auf die Bürger dieselbe Wirkung gehabt haben, die ... die Auflösung des Familienheimes in den meisten Fällen auf die Kinder haben wird ... Natürlich wurde diese Auflösung von den privilegierten Klassen ... mehr gefühlt als von den ehemals Unterdrückten, aber sogar diese fühlten sich unbehaglich. Auch sie waren entsetzt über den Zusammenbruch ihrer ›natürlichen Welt‹.« Dieser Verlust der Orientierung könnte für die jetzige Zeit nach der Wende nicht besser beschrieben werden. Aber – das ist das Neue – sie gilt nun auch für schon lange bestehende offene Gesellschaften der westlichen Welt, zumal diese sich in den letzten siebzig Jahren in vielen Werten und Institutionen als Gegenwelt zu der Tristesse hinter dem Eisernen Vorhang empfanden. Nun fehlen die politischen Antipoden. Daher weitverbreitete und auch eingeredete Ziellosigkeit nun auch bei uns. Ein Ausweg und die logische Konsequenz der Ansichten Karl Poppers scheint daher – zur Anpassung an die neuen Verhältnisse – eine Politik des schrittweisen Umbaus der Gesellschaft[103], im piecemeal engineering, zu liegen und nicht im Entwurf eines großen gesellschaftlichen Plans. So weit können wir Popper folgen.

Aber die notwendigen Bauelemente der offenen Gesellschaft und ihrer Erweiterung können wohl nicht allein unter dem Begriff »schrittweiser Umbau« gefaßt werden. Sie müssen zuerst einmal nach bestimmten Prinzipien und Modellen gestaltet sein, sonst funktioniert das Ganze nicht. Damit kommen wir zu den Grundsätzen, die uns in jahrhundertelanger Entwicklung überliefert wurden, also zum Beispiel das Bürgerliche Recht und die Regeln des Rechtsstaates. Sie alle brauchen hier nicht aufgezählt zu werden. Aber zu ihnen gehört auch das ordnungspolitische Gerüst der Marktwirtschaft, das Regelwerk des Wettbewerbs und das, was wir als Preismechanismus bezeichnen. Dies alles sind die Felder unserer instrumentalen Orientierungen, über die wir in unsere gemeinsame Zukunft schreiten können. An ihnen hat sich die Fülle von Einzelkonzepten zu messen. Wir sind also nicht ohne Orientierung, wir müssen sie nur erkennen. Wenn wir dabei das schrittweise Vorgehen von Karl Popper akzeptieren und anwenden, so wird uns damit klar, daß ein solcher gewaltiger Vorgang wie die Vereinigung Deutschlands eine erhebliche Zeit braucht.

Trotzdem genügen die instrumentalen ordnungspolitischen Orientierungen allein nicht, um einen organischen Wachstumsprozeß zu erzeugen. Eine expandierende Wirtschaft kann immer noch in eine permissive society abgleiten, die letztlich völlig denaturiert in Richtung auf eine Raffgesellschaft führen könnte. Damit betreten wir das weite Feld zwischen Ethik und Wirtschaft. Ich folge hier dem Antirationalismus eines Friedrich von Hayek: »Neben der Sprache sind die moralischen Verhaltensregeln vielleicht das wichtigste Beispiel für ungeplantes Entstehen, für ein System von Regeln, die unser Leben beherrschen.«[104] »Wie alle anderen Werte ist unsere Moral nicht ein Ergebnis, sondern eine Vorbedingung der Vernunft, ein Teil der Ziele, in deren Dienst sich das Instrument der Vernunft entwickelt hat.«[105] »Es gab wahrscheinlich nie einen echten Glauben an die Freiheit und gewiß keinen erfolgreichen Versuch, eine freie Gesellschaft zu schaffen, ohne eine echte Ehrfurcht vor entstandenen Einrichtungen, vor Bräuchen und Gewohnheiten und vor allem jenen Sicherungen der Freiheit, die sich aus lang bestehenden Regelungen und alten Gepflogenheiten ergeben. So paradox es klingen mag, eine erfolgreiche freie Gesellschaft wird immer eine in hohem Maße traditionsgebundene Gesellschaft sein.« ... »Unter den Konventionen und Gebräuchen des menschlichen Verkehrs sind die Moralregeln die wichtigsten, doch keineswegs die einzigen, die Bedeutung haben.« [106] Dieser Hayeksche Gedankengang mündet in den Popperschen ein: »In unserem Bemühen um eine Verbesserung [des gesellschaftlichen Ganzen] müssen wir innerhalb dieses gegebenen Ganzen arbeiten und schrittweisen, nicht totalen Aufbau anstreben.«[107]

Wenden wir diese Argumentation auf die Probleme des vereinigten Deutschland an, so kommen wir zu dem Schluß: Nicht die Prinzipien der offenen Gesellschaft, nicht das marktwirtschaftliche Regelwerk, nicht der Wettbewerb als Entdeckungsverfahren tendieren zur Raffgesellschaft, sondern die Beschädigungen unserer Moralregeln, wie sie in den letzten Jahren sich deutlich zeigen, sind das Problem. Das modische Vergessen wesentlicher Elemente einer »traditionsgebundenen Gesellschaft«, ja, deren Verachtung, etwa unter der zynischen Herabsetzung als *»Sekundärtugenden«* (zum Beispiel ein Minimum an Selbstdisziplin, Arbeitsfleiß und Korrektheit), das sind einige der Defizite unseres heutigen Lebens. Sie gilt es wieder aufzufüllen. Denken wir nur an den Niedergang des Erziehungswesens in vielen westlichen Ländern, an die Verfremdung zwischen den Generationen, an den moralischen Verfall, den unsere Medien widerspiegeln (oder erzeugen?). Nicht unser Ordnungssystem im Ganzen ist aufzuräumen; das hieße es letztlich zerstören. Nicht die Erwerbsgesellschaft ist böse, sie ist Fundament unserer Zivilisation. Erinnern wir uns an ein Beispiel der Vergangenheit: Wenn Max Weber einst von »der protestantischen Ethik und dem Geist des Kapitalismus« sprach, so zeigte er doch, daß die funktionierende freiheitliche Gesellschaft von bestimmten ethischen Prinzipien geprägt war. Hierüber ist heute wieder mehr nachzudenken. Die Ersatzlösungen, Scheinfreiheiten und Zügellosigkeiten der permissiven Sozietät sind die Schadstellen, nicht aber die freiheitspendende Ordnung der offenen Gesellschaft.

Wenden wir uns nun wieder mehr den heutigen realen Abläufen im einzelnen zu und versuchen wir, einige Ausblicke zu gewinnen!

V. Abläufe und Ausblicke

*Das vereinigungspolitische Grundmuster:
Versuch und Irrtum – wechselnde Resultate
(nochmaliges Resümee – Solidarpakt)*

Die wirtschaftliche, soziale und mentale Vereinigung Deutschlands wurde nicht auf der Basis eines Generalplans eingeleitet, sondern verlief bisher nach dem Verfahren von »Versuch und Irrtum«. Das brauchte kein Kardinalfehler zu sein; der Prozeß hätte sich dann durchaus im Sinne eines »schrittweisen Aufbaus oder Umbaus« (nach Karl Popper) entfalten können. Die rationalistische Konstruktion eines Generalplans entsprach ohnehin nicht dem Geist einer offenen Gesellschaft und der sozialen Marktwirtschaft, wie er die alte Bundesrepublik erfüllte. Es mag in einzelnen Ministerien (zum Beispiel dem für Verkehr) sicherlich einige technische Vorbereitungen für den Tag X gegeben haben, aber ein umfassender Plan war nicht vorhanden. Man packte die unmittelbar mit dem Fall der Mauer sich ergebenden Probleme so an, wie die Situation es in dem Augenblick anscheinend erforderte; man folgte zugleich der volonté générale (Wir sind ein Volk!); ganz demokratisch also und pragmatisch fuhr man »auf Sicht«.

Dieses Grundmuster von Versuch und Irrtum bedeutet natürlich, daß einmal getroffene Entscheidungen häufig zu bestimmten Entwicklungen führten, die sich dann als unerwünscht herausstellten, die man als Irrtum empfand. Manche ließen sich korrigieren, andere erwiesen sich als irreparabel.

(1) Nehmen wir einmal hinsichtlich der *Währungsunion* ein anderes Modell an: Die Umstellung für alle persönlichen Ersparnisse (also Bestandsgrößen) wäre nicht nur ausnahmslos im Verhältnis von 2:1 erfolgt (in Westdeutschland war die Relation bei der Währungsreform (1948) rund 16:1!), sondern Löhne und Gehälter (also auch die Strömungsgrößen) wären ebenfalls um 2:1 gekürzt worden, die Betriebsschulden wären nicht um 2:1 reduziert, sondern völlig gelöscht worden (bei entsprechender Aufstockung der Ausstattung der Banken mit

Ausgleichsforderungen), dann wäre das Ergebnis für unsere ostdeutschen Landsleute theoretisch etwa folgendes gewesen: Die private »Erstausstattung« der Konsumenten mit Fernsehern, Videokameras, Westautos und Auslandsreisen – finanziert aus der Inanspruchnahme von Sparguthaben und mit den neuen DM-Löhnen – wäre vorerst erheblich bescheidener ausgefallen, aber mehr Betriebe hätten eine längere Überlebenschance bekommen, die Arbeitslosigkeit wäre weniger angestiegen. Die Währungsumstellung im ganzen hätte sich unter dieser Annahme deutlicher zu Lasten der Konsumenten und mehr zugunsten der Betriebe ausgewirkt. Viele unserer ostdeutschen Landsleute hätten demnach länger ihren Trabant fahren müssen, aber mehr wären in Arbeit und Brot gewesen. Soweit Transferzahlungen von West nach Ost zu leisten gewesen wären, wäre möglicherweise ein größerer Teil dort für Investitionen verwendet worden, wegen der geringeren Lohnkosten und Altschulden. Die westdeutsche Industrie wäre nicht in dem Maße der Nutznießer des »Konjunkturprogramms« geworden. Wenn ein solches Modell durchzuhalten gewesen wäre, so wäre der darauf folgende Zustand gesamtwirtschaftlich günstiger gewesen im Vergleich zum steilen Niedergang der ostdeutschen Industrie. Aber das ist alles nur eine Hypothese.

Denn: Wäre ein solches Modell zu realisieren gewesen? Ganz generell wäre die Minderbegünstigung der Bevölkerung gegenüber den Betrieben, »sozusagen als Eintrittskarte zur sozialen Marktwirtschaft«[108], vielleicht verkäuflich gewesen – wenn man von der Auswirkung auf die Haltung der Bevölkerung bei der späteren Bundestagswahl absieht. Aber die Reduktion der Umstellungsrate (2:1) bei den Löhnen und Gehältern hätte den Ausgangsstand der Ostlöhne dann nominal nicht auf ein Drittel des Westniveaus gebracht, sondern nur auf ein Sechstel. Dies wäre mit Sicherheit auf heftigsten Protest gestoßen. Wenn überhaupt akzeptiert, so hätte anschließend die »Aufholjagd« der Löhne wohl noch vehementer eingesetzt. Es ist ziemlich unwahrscheinlich, daß eine gewaltige Anstrengung zur psychologischen Beeinflussung vom Westen her dem Druck in Richtung auf Herstellung der »Einheitlichkeit der Lebensverhältnisse« hätte standhalten können. Ob die Ostlöhne dabei tatsächlich die heutige Höhe erreicht hätten, ist natürlich fraglich.

Außer der völligen Entschuldung der Betriebe hätte also dieses Modell der Währungsunion letztlich keine weitere dauerhafte Erleichterung gebracht. Geblieben wären die mindere Qualität der Produkte, der übergroße Abstand in der Produktivität (ein Drittel) im Vergleich zum Westen (samt der Überbeschäftigung in den sozialisierten Betrieben) und der immer noch fühlbare Aufwertungseffekt – alles Handicaps im überregionalen und internationalen Wettbewerb.

Die Wucht des Vorgangs der Wiedervereinigung mit einheitlicher Währung und offenen Grenzen hätte auch mit den erwähnten Korrekturen ihren Preis in Gestalt eines tiefgreifenden Strukturumbruchs – zwangsläufig verbunden mit einem umfassenden Neuaufbau der ostdeutschen Wirtschaft – gefordert. Allenfalls können wir annehmen, daß bei ökonomisch realitätsgerechteren Bestandteilen der Währungsunion (insbesondere bei den Altschulden und, sehr zweifelhaft, bei den Lohnkosten) der Preis in Gestalt des allemal erforderlichen Strukturumbruchs nicht ganz so hoch gewesen wäre; das heißt der Abfall der ostdeutschen Wirtschaft, insbesondere der Industrie, nicht so tief gewesen wäre, wie es sich später herausstellte. Aber grundsätzlich war bei der Währungsunion der »Versuch« 1990 einmalig und endgültig. Es konnte aus manchen Gründen nicht im nachhinein ein Irrtum korrigiert werden, wie das 1948 bei der westdeutschen Währungsreform nachträglich im Sinne einer Begrenzung der neugeschaffenen Geldmenge doch geschah.

(2) Das Verfahren von Versuch und Irrtum hat auch bei einem anderen äußerst wichtigen Element des Vereinigungsprozesses eine durchgehende Rolle gespielt, nämlich bei der Regelung der *Eigentumsfrage*. Am Anfang stand der konservativ-liberale Lehrsatz des Einigungsvertrages »Rückgabe vor Entschädigung«. Er erwies sich bald und in steigendem Maße als herausragendes Investitionshindernis. So bekamen durch zwei Novellierungen und die Entwicklung der Verwaltungspraxis die Investitionen mehr »Vorfahrt«. Diese Mischlösung hat sich bis heute gehalten – mit all ihren Unzulänglichkeiten. In Anbetracht der inzwischen geschaffenen Fakten erscheint eine grundsätzliche Kehrtwendung kaum mehr möglich. Es ist sogar sehr zweifelhaft, ob man in der Materie und nach der

inzwischen verstrichenen Zeit überhaupt eine praktikable, bessere Lösung fände. Dagegen muß angenommen werden, daß die Frage der von 1945 bis 1949 von der sowjetischen Besatzungsmacht veranlaßten Enteignungen durchaus noch an Dynamik gewinnen wird. Die zeitliche Unterscheidung der Enteignungsvorgänge hat sich doch als recht willkürlich herausgestellt.

(3) Auch die Politik der *Treuhandanstalt* wurde im Verlauf der Zeit wesentlichen Änderungen unterworfen. Am Anfang ging es um Privatisierung, das heißt Verkaufen oder Stillegen. Sodann schob sich die Sanierung in den Vordergrund, das heißt das Durchhalten von Betrieben auf längere Zeit. Bei dem längeren Durchhalten von Betrieben sind sicherlich Fehler passiert. Zu leicht werden solche Betriebe »Unternehmungen im Wartestand«, das heißt es wird durch Personalabbau zwar eine schlankere Produktion ermöglicht, aber es erwachen zu wenig Impulse zur intensiven Innovation des Produktionsvorgangs. Eine »neue Kombination« von Produktionsfaktoren erfolgt sicherlich nur in begrenztem Maße. Nur recht verhalten kann in dieser Wartezeit ein betriebseigener Aufbruch zu neuen Ufern erwartet werden. Zum anderen kann man der Treuhand die nicht erfolgte Löschung der (bestehen gebliebenen) Hälfte der Altschulden der Betriebe nicht zum Vorwurf machen[109]; diese war ja mit der gesetzlichen Umstellung 2:1 gegeben. Die fallweise Übernahme dieser Schulden bei Privatisierung der Betriebe, die sie nicht bedienen können, lag da vor der Haustür. Dies war keine Verfehlung, sondern eine zusätzliche Last der Anstalt, anstelle einer Übernahme durch den Fiskus – durch Verdoppelung der Ausgleichsforderungen[110].

Eine neue Wandlung und neue Bürde für die Treuhandanstalt ist allerdings mit dem *Solidarpakt* vom März 1993 gegeben. Nun soll zum Zwecke der »Sicherung und Erneuerung industrieller Kerne« die Phase des Durchhaltens verlängert werden: entsprechend wird die Kreditermächtigung für die Treuhand erweitert. Sie wird damit weiter auf den Weg einer unmittelbar agierenden Unternehmung geschickt. »Für sanierungsfähige Unternehmen wird die Treuhandanstalt die Umsetzung der vereinbarten Unternehmenskonzepte nicht an der Finanzierung scheitern lassen« (Solidarpakt). Mit dieser kaufmännisch ziemlich unmöglichen Formulierung wird die Anstalt in eine äußerst schwache Verhandlungsposition gebracht. Wo bleibt da der Grundsatz der Knappheit der öffentlichen Mittel? Damit würde recht eigentlich ein Teil des gesamten Prozesses ins Unberechenbare prolongiert. Am Ende, nach Abschluß des operativen Geschäfts der Treuhand und Übertragung ihrer Verbindlichkeiten auf den Bund, würde ein Rest von vom Fiskus unterhaltenen Betrieben bleiben, von denen niemand weiß, ob sie dereinst »prosperierende Volkswagenwerke« mit marktgängigen Produkten sein werden. Es wird in vielen Fällen nur ein – offenkundig aus sozialen Gründen – verlängerter Weg zum Konkurs sein. Wenn es nicht gelingt, privates Kapital hier zu mobilisieren und anzuziehen, dann wäre aus dem Verlängerungs-Versuch des Restes wirklich ein Irrtum geworden.

(4) Versuch und Irrtum spielen in den Fragen der *Finanzierung* eine ganz besondere und auch verwirrende Rolle im Gesamtkomplex des Vereinigungsprozesses. Der vielfach sich zu erkennen gebende Wechsel in den Zielen und Methoden und das ihn begleitende allgemeine Getöse von Steuer- und Abgabenvorschlägen und Zwangsanleihedrohungen haben den ganzen Vorgang gekennzeichnet und übertönt. Die staatliche Finanzpolitik hat hier über weite Strecken versäumt, durch klare Vorgaben Ausmaß und Richtung der Diskussion wenigstens einigermaßen zu bestimmen. Statt dessen hat sie das Geschäft des öffentlichen Meinungsaustausches der großen Laienspielschar selbsternannter Steuerpolitiker überlassen. Konstant in diesem Bild ist nur die Tatsache, daß die zu bewältigenden finanziellen Volumina immer größer wurden und die allgemeine Verunsicherung sich ausbreitete.

Der bloße Versuch der »Anschubfinanzierung« (1990) stellte sich bald als Irrtum heraus. Ihm schloß sich unausweichlich der breite »Verschuldungsstoß« an. Bald folgten, um die Verschuldung nicht zu stark werden zu lassen, beträchtliche Steuererhöhungen (Mineralölsteuer, einjährige Ergänzungsabgabe zur Einkommensteuer – 1991/92, Versicherungsteuer, Erhöhung der Mehrwertsteuer 1993, neue Erhöhung der Mineralölsteuer 1994).

Die inzwischen eingetretene Rezession hat – wie schon

geschildert – einen tendenziell heilsamen Einfluß in Richtung auf erneute Versuche zur Einsparung öffentlicher Ausgaben ausgeübt, aber zugleich angesichts der Minderung der Steuereinnahmen den Trend zur Erhöhung der Nettoneuverschuldung gewaltig verstärkt. Nicht umsonst trat mit der rezessiven Entwicklung das Verlangen nach einem Solidarpakt immer mehr in den Vordergrund. Mancher Gutgläubige mag darunter eine *erweiterte und verbesserte Neuauflage der Konzertierten Aktion* der sechziger und siebziger Jahre verstanden haben, also eine Gesamtanstrengung des Staates (Bundesregierung und Opposition, Länder West und Ost, die Parafiski in Gestalt der Nebenhaushalte), der Unternehmensverbände und der Gewerkschaften, um einen Konsens über eine zur Überwindung der Rezession und zur Verstärkung des Aufbaus Ost aktivierte Wirtschafts- und Finanzpolitik – oder wenigstens die Ansätze dazu – zu erreichen. Aber für ein so weitgreifend abgestimmtes Verhalten aller im Wirtschaftsprozeß Verantwortung Tragenden reichten die politischen Kräfte nicht aus.

Der Versuch einer Einkommenspolitik der leichten Hand wurde sogleich aufgegeben – wenn überhaupt je die Absicht dazu bestand. Das Ritual im Rahmen der besonders von den Funktionären aller Tarifparteien hoch angesetzten Tarifautonomie setzte sich fort.[111]

Die hochgemute Absicht eines Solidarpaktes wurde im medienwirksamen Kampf der Wagen und Gesänge peinsam geschwächt: Umrahmt von einigen Versprechen und Beteuerungen der Industrie-, Bank- und Versicherungswirtschaft auf stärkere Betätigung in Ostdeutschland, die ihrer Natur nach für die einzelnen Unternehmen kaum verbindlich waren und in der sich verlängernden Rezession verständlicherweise erstmal ziemlich verblaßten, reduziert sich der Solidarpakt auf einige ärarisch-fiskalische Teillösungen:

(a) Die Solidarbeschlüsse sind trotzdem nicht eingebettet in eine Gesamtschau der Finanzen der Gebietskörperschaften und der Nebenhaushalte und ihrer voraussichtlichen Entwicklung. Man hat anscheinend bei den Verhandlungen keinen Blick auf das Ganze getan. Vor allem fehlt wieder einmal eine Gesamtvorstellung der öffentlichen Verschuldung (in Prozent des Sozialprodukts) und ihres mutmaßlichen Verlaufs in der Zukunft.

Insgesamt muß man bis jetzt leider feststellen: Die Haushaltseinsparungen (Ausgabenkürzungen) sind viel zu gering ausgefallen. Dagegen wird die Steuerbelastung massiv steigen und die Neuverschuldung vor allem beim Bund ganz erheblich zunehmen. In den Worten von Adam Smith müßte man im Ergebnis die hehre Klausurversammlung als eine »Verschwörung« gegen die Steuerzahler und die Sparer, also gegen das Publikum, bezeichnen.

(b) Wichtig ist immerhin, daß der Länderfinanzausgleich ab 1995 geregelt ist. So werden die Finanzen der neuen Länder auf eine verläßlichere Grundlage gestellt. Es sollte also von dieser Seite keine Nachforderungen mehr geben. Die weit überwiegende Last wird dabei 1995 dem Bund aufgebürdet, nämlich 51 Mrd. DM; die alten Länder tragen nur 4,9 Mrd. DM bei; die neuen Länder erhalten 55,8 Mrd. DM (Fonds Deutsche Einheit bisher: rund 30 Mrd. DM).

(c) Die Folge wird sein: Der Bund wird sich daher in Zukunft noch mehr verschulden und sich mittelfristig auf die Erhöhung von Steuern, die ihm zustehen, konzentrieren müssen. Es entsteht also eine gefährliche Schieflage für den Bund. Die zusätzliche Erhöhung des Haushaltsdefizits durch den Solidarpakt wird 1995 für den Bund 17,7 Mrd. DM, für die alten Länder dagegen nur 2,2 Mrd. DM betragen (nach amtlicher Solidarpakt-Darstellung).

(d) Als Steuererhöhung ist für 1995 die Einführung des Solidaritätszuschlags in Höhe von 7,5 Prozent beschlossen. (Bis dahin also keine Ertragsteuererhöhung. Dies sollte im Hinblick auf die Rezession zur Gewißheit »verläßlicher Rahmendaten« beitragen.) Die private Vermögensteuer wird ebenfalls angehoben. Im Ergebnis sollten damit dem Bund insgesamt 28 Mrd. DM in jenem Jahr mehr zur Verfügung stehen. Außerdem stehen für die Übergangsjahre bis 1995 die weitere Erhöhung der Versicherungssteuer und der Mineralölsteuer ins Haus.

Schon diese Beispiele zeigen: Das vereinte Deutschland wird im Laufe dieser Jahre ein Hochsteuerland werden. Im Jahre 1992 erreichten wir eine Steuerquote (in Prozent des Bruttoinlandsprodukts) von 25,1 Prozent und eine Abgabenquote (das heißt Steuern plus Sozialversicherungsbeiträge) von 43,7 Prozent. »Unter den großen Industrieländern ist die

Abgabenbelastung nur in Frankreich ähnlich hoch«, so stellte die Deutsche Bundesbank kürzlich fest[112]. Wenn wir die 1993 in Kraft getretenen und im Solidarpakt für die nächsten Jahre beschlossenen Steuererhöhungen sowie die in Aussicht genommenen Erhöhungen der Sozialversicherungsbeiträge hinzurechnen, können wir mit großer Wahrscheinlichkeit annehmen, daß Deutschland unter den großen Industriestaaten steuerlich mit einer Abgabenquote von 45,5 Prozent an der Spitze liegt.

Es kann kein Zweifel darüber bestehen, daß *eine solche Abgabenbelastung auf das künftige Wirtschaftswachstum des Landes stark dämpfend wirkt.*

Die Grundursache dieser gefährlichen Tendenz ist der Handlungsdruck, in den die öffentlichen Finanzen durch die steil ansteigende Schuldenlast sich gestellt sahen. Sie kann nur dadurch gemindert werden, daß man die Tilgung der Gesamtlast auf einen längeren Zeitraum verteilt. Die Errichtung des »Erblastentilgungsfonds«, in den die Schulden der Treuhandanstalt, der Kreditabwicklungsfonds u. a. eingebracht werden, kann dafür ein handliches Instrument sein.

»*Nationaler Tilgungsfonds*« wäre hierfür, wahrlich, der korrektere und vernünftigere Name. Wir können doch nicht auf die Dauer einfach alles, was für den Transformationsprozeß aufzubringen und zu konsolidieren ist, unter dem Begriff »Erblast« subsumieren. Manche Bürde aus diesem Vorgang ist – ehrlich gesprochen – auch der Art und Weise zuzuschreiben, wie das Ganze in Versuch und Irrtum gehandhabt wurde.

Es ist durchaus vernünftig, die finanzielle Last der Jahrhundertaufgabe der Wiedervereinigung mehreren Generationen aufzubürden. Die Kritik an solcher Politik, etwa in dem Stil »unsere Kinder und Kindeskinder werden noch an dieser Last zu tragen haben«, ist nur billiges demagogisches Geschrei. Die künftigen Generationen werden dafür auch den wirtschaftlichen Nutzen der Vereinigung – in Gestalt verbesserter Arbeitsteilung, modernerer Wirtschaftsstruktur und höherer Produktivität – genießen können.

(e) Eine Ursache der Übersteuerung ist – um es noch einmal zu betonen – die gefährliche Schieflage, in die der Bund gegenüber den Ländern durch den Solidarpakt geraten ist.

Ob diese Finanzkraftverteilung eine Dauerlösung sein kann,

ist mehr als fraglich. Wird sich der Bund nach 1994, das heißt nach den Bundestagswahlen, an das Bundesverfassungsgericht wenden? Eine etwas abenteuerliche Vorstellung, von der allerdings in Bonn schon gelegentlich die Rede ist.

Ansatzpunkt eines solchen Ganges nach Karlsruhe wäre wohl die Umsatzsteuerverteilung, die durch den Solidarpakt zugunsten der Länder von 37 Prozent auf 44 Prozent geändert worden ist.

(f) Der Solidarpakt wurde in der Zeit einer erheblichen ökonomischen Rezession beschlossen, die noch nicht ihre Talsohle erreicht hatte. Mit ziemlicher Sicherheit werden die künftigen Steuerschätzungen und -ergebnisse daher Korrekturen an dem Zahlenwerk erzwingen. Sie können das ganze Gebilde – das bei den Beteiligten soviel Selbstlob hervorrief – in den Grundfesten erschüttern. Die angestrebten Resultate stehen unter der clausula rebus sic stantibus.

Es erhebt sich dabei die Frage, ob nicht durch das Gesamtwerk irgendwelche *expansiven Impulse zur Überwindung der Rezession* ausgelöst werden, eine Frage, die sich alle Beteiligten *vor* der neuen Regelung des Finanzausgleichs eigentlich hätten stellen müssen. Augenscheinlich war jedoch jeder Teilnehmer der Klausur mehr an seinem Anteil am öffentlichen Kuchen als an der Vergrößerung der Gesamttorte interessiert. Die Verteilungspolitik lag eben wohl weit vor der Konjunkturpolitik.

Konjunkturbelebend wirken können lediglich die beschlossenen Maßnahmen zur Lösung der Altschuldenfrage im Wohnungsbau (Übertragung auf den Erblastenfonds, Zinsbeihilfen), sozialpolitisch stützend sind die zusätzlichen 2 Mrd. DM, die für die aktive Arbeitsmarktpolitik 1993 zur Verfügung gestellt werden. Der Großteil der anderen Maßnahmen bezieht sich auf die Finanzkraftverteilung im Jahre 1995 und stellt keine besondere konjunkturpolitische Anregung heute und morgen dar.

(5) Versuch und Irrtum haben – wie schon mehrfach erwähnt – bei der *Lohnpolitik* zu der gefährlichsten Verwirrung im gesamten Prozeß geführt. Die Schnellanpassung der Löhne schon im Sommer 1990 mit Lohnerhöhungen von 20 Prozent und anschließenden Stufenplänen mit jährlichen Sprüngen

von 25 bis 30 Prozent erwiesen sich von vornherein als nicht angemessen; sie bedeuteten einfach flächendeckende Arbeitsplatzvernichtung. Der Versuch, wie er gerade von einem ostdeutschen Ministerpräsidenten jahrelang laienhaft propagiert wurde, nämlich in einem kühnen Vorgriff auf die kommende Produktivitätsentwicklung Löhne und Gehälter rasch nach oben zu bringen, stellte sich als verheerender Irrtum heraus. Die Folge war: »Zu den absolut höchsten Lohnstückkosten der Welt (216 Prozent der westdeutschen), die der ostdeutschen Industrie mit den Erdrosselungstarifen von seiten der westdeutsch geführten Gewerkschaften auferlegt wurden, ist nirgendwo etwas abzusetzen«[113].

Das Gut der Tarifautonomie ist dadurch in Gefahr geraten. Ein suizidhafter Erosionsprozeß kann einsetzen mit der wahrscheinlichen Tendenz zu Haus- und Firmentarifen. Hier gibt es – neben anderem – einen Ausweg: sehr moderate Flächentarife für Mindestlöhne, verbunden mit der souveränen Handhabung einer Politik der *breiten Lohndrift*, die den Beschäftigten in neuen und modernisierten Produktionsstätten und gar in »japanischen Inseln« die Chance zu höheren Löhnen gibt. Eine solche Politik ist einer Wirtschaft angemessen, die sich im Stadium eines kompletten Neubeginns und Neuaufbaus befindet. Ein solcher Entwicklungsprozeß, wie Schumpeter ihn so früh beschrieben hat, besteht immer aus wenigen Pionierbetrieben und dem tiefgestaffelten Troß der Nachfolger und schließlich auch der Grenzbetriebe und Ausscheidenden. In der heutigen Gesellschaft verlangt ein solcher Prozeß nicht nur einige »dynamische Unternehmer«, sondern auch »dynamische Gewerkschaften«, die mit niedrigen Mindestlöhnen dem »Troß« Überlebenschancen geben, aber zugleich dem dynamischen Unternehmer mit einer hohen Lohndrift »auf den Fersen sind«[114]. Es war ein Grundfehler, daß man sogleich mit der Währungs- und Wirtschaftsunion (bei Gewerkschaftlern und auch bei Unternehmensfunktionären) sich blenden ließ von den westdeutschen Hochlöhnen und jegliches Augenmaß und Verständnis verloren hatte für die Gesetze eines neuen Aufbauprozesses, der zwangsläufig gekennzeichnet ist durch eine sehr breite Kluft zwischen einigen Vorreitern und einem in tiefer Gliederung nachziehenden Gefolge.

Hier hätte man sich einmal tatsächlich die Anfangsjahre des

westdeutschen *Wirtschaftswunders zum Vorbild* nehmen sollen, denn damals spielte die Lohndrift eine stille, aber wichtige Rolle. Nur hätte man jetzt sogleich erkennen müssen, daß die Kluft zwischen Pionieren und Nachfolgern jetzt viel tiefer sein mußte als damals. Der Versuch, es diesmal, ohne Rücksicht auf (Produktivitäts-)Verluste, ganz anders zu machen, mußte in einer schrecklichen Sackgasse enden. Überhöhte Lohnabschlüsse sind im übrigen nicht das Thema *eines* Jahres, sie wirken sich bekanntlich auf eine ganze Reihe von Jahren aus, bis die gesamte Volkswirtschaft eine zu teure Runde »ausgeschwitzt hat«. (Ein Beispiel war in Westdeutschland 1974 die sog. Kluncker-Runde im öffentlichen Dienst.) Wenn jetzt im Jahre 1993 moderatere westdeutsche Abschlüsse als Konsequenz der Rezession anzuerkennen sind, so sind damit erstens noch nicht die Folgen der Fehler früherer Jahre endgültig verdaut, und zweitens ist damit noch nicht das Problem der Lohnanpassung in Ostdeutschland gelöst.

Die Rezession, die wir augenblicklich erleben, bietet eine Gelegenheit zur harten Kurskorrektur. Die Rezession zerstört, wenn man sie genau betrachtet und wirkliche Konsequenzen ziehen will, alte Gewohnheiten und Geschäftsgrundlagen und schafft tabula rasa für eine neue Politik. Die wechselnden Resultate des eben zusammengefaßten Grundmusters eines lockeren Pragmatismus, eben von Versuch und Irrtum, oder auch eines forschen catch-as-catch-can bieten kein sehr erfreuliches Bild:

Klammern wir die irreparablen Faktoren wie die Umstellungskonditionen der Währungsunion aus, so bleiben zum einen die institutionellen Investitionshemmnisse, etwa die sperrigen Fragen der Eigentumsregelung und der praktischen Anwendung des Verwaltungsrechts. Hier kann man wohl nur auf die Fortschritte im allgemeinen Lernprozeß hoffen. Es bleibt uns aber die Aufgabe, hier kräftig und auch ungeduldig zu ermuntern.

Zum anderen sind aber die Fehlsteuerungen im Verlauf des Wirtschaftsprozesses selbst von ungleich größerem Gewicht:

Wenn die Finanzpolitik (durch glaubwürdige Erstellung eines Konsolidierungskonzeptes und damit zeitliche Streckung der Schuldenlast, Kürzung der Staatsausgaben und Vermeidung der zerstörerischen Tendenz zur Überbesteuerung) und die Lohnpolitik (vor allem durch sehr moderate Tariflöhne als Mindestlöhne und Gewährung einer differenzierten largen Lohndrift) nicht ihre neuen Linien finden, dann könnte letztlich die fatale Entwicklung in Richtung auf eine Souterrain-Lösung eintreten: West und Ost begegnen einander auf recht niedrigem Niveau. Um dies zu vermeiden, muß noch eine andere Bedingung erfüllt werden: Die private Kapitalbildung und -investition müssen erheblich an Kraft gewinnen. Diese notwendige Bewegung hängt zwar auch mit den fälligen finanz- und lohnpolitischen Entscheidungen eng zusammen; aber sie stellt zugleich ein Thema besonderer Art dar. Ohne sie wird übrigens auch der Treuhandanstalt kein wettbewerbswirtschaftlich vertretbarer »Endspurt« gelingen.

Nach den realwirtschaftlichen Tatbeständen wenden wir uns nun der »monetären« Seite des Wirtschaftslebens zu.

Dazu ein Kontrastprogramm: die Geldpolitik der Bundesbank

Wir haben Aufgabe und Rolle der Bundesbank bei unseren bisherigen Überlegungen verhältnismäßig wenig ausdrücklich erwähnt. Sie hat – wie jeder weiß – im Gesamtprozeß der Wiedervereinigung eine elementare Sonderfunktion. Bei der Einführung der DM ab 1. Juli 1990 in das neue Währungsbeitrittsgebiet fiel ihr natürlich eine exzeptionelle technische Dominanz zu. Diese Aufgabe wurde gelöst, wenn auch der Geldmantel für die neue Region etwas großzügig geschneidert ausfiel und nachträgliche Korrekturen kaum möglich erschienen.

Dann aber setzte prompt ihre gesamtwirtschaftliche Sonderrolle ein. Was so sehr fachlich als »außenwirtschaftliche Anpassung im Zuge der deutschen Vereinigung« bezeichnet wurde, geriet zu einem »beispiellosen Umschwung in der deutschen Leistungsbilanz«[115]. Der »Swing« zwischen dem Überschuß im Jahre 1989 von 108 Mrd. DM auf ein Defizit der Leistungsbilanz von 40,8 Mrd. DM im Jahre 1992 betrug rund 150 Mrd. DM, das sind etwa 5 Prozent des deutschen Sozialprodukts; der steilste Umschwung fand 1990/91 statt: »rund 110 Mrd. DM oder etwa 4 Prozent des gesamtdeutschen Sozialprodukts«[115]. Den Anfang bildete die kräftig ansteigende Importnachfrage aus Deutschland, besonders »durch Käufe aus den neuen Bundesländern«; hinzu kamen schwache Exporte, höhere Defizite im Dienstleistungsverkehr und bei den Übertragungen an das Ausland (Golfkrieg, höhere Netto-Beiträge an den EG-Haushalt). Auch nach Auslaufen des Vereinigungsbooms in Westdeutschland bewegen sich unsere Einfuhren auf hohem Niveau, das Ausfuhrwachstum wurde schwächer, das Defizit im Dienstleistungsverkehr wurde größer, und die Übertragungen blieben hoch. Gesamtdeutschland ist in dem Vereinigungsprozeß ein Kapitalimportland geworden (1992 – Saldo des langfristigen Kapitalverkehrs: 46,6 Mrd. DM).

Diese Entwicklung war unvermeidlich und alles andere als ein Unglück.

Viele, viele Jahre meinten unsere Handelspartner die Leistungsbilanzüberschüsse der Bundesrepublik beklagen zu müssen. Da müßte die neue Lage ihnen doch Erleichterung verschaffen.

Zum anderen ist es ganz natürlich, daß ein Land, das zu einem Reindustrialisierungssprung wie wir in Ostdeutschland aufbricht, dann auf den vermehrten Import von Fremdkapital, das heißt auf den Weltkapitalmarkt, zurückgreift. Das wird vorerst und im Trend unserer weiteren Entwicklung liegen.

Doch ganz so einfach und direkt ist der Prozeß im einzelnen bisher nicht gelaufen. Der Anteil aus- wie inländischer Privatinvestitionen in Ostdeutschland ist bislang wahrlich nicht überwältigend. Die Last des Transformationsprozesses ist in unerwartetem Maße zur Bürde des Fiskus und der Parafiski geworden.

Mit der steil ansteigenden öffentlichen Verschuldung ist unser eigenes Stabilitätsproblem berührt worden (s.o.S. 82). Die Bundesbank mußte die für deutsche Verhältnisse hohe Inflationsrate zum Anlaß einer strengen Geldpolitik nehmen. Die Rate wurde allerdings in ganz Deutschland wegen der Finanzklemme auch durch Gebühren und Abgabenerhöhungen, durch einmalige Steigerung der Mehrwertsteuer und Erhöhung administrierter Preise nach oben getrieben; in Ostdeutschland erheblich stärker durch Rückführung der Mietsubventionen, was – auch statistisch – nichts mit einem Inflationsprozeß zu tun hat, sondern der privatwirtschaftlichen Erneuerung der dortigen Wohnungswirtschaft dienen sollte. Daher dürfte man in diesem Ausmaße für Ostdeutschland gar nicht von einer Inflationsrate sprechen. Wie dem auch sei: Die Bundesbank sah sich angesichts der Inflationstendenzen zu einer Hochzinspolitik in bezug auf den Geldmarkt (Höhepunkt von Ende 1991 bis Herbst 1992) gezwungen. Die Geldpolitik in ihrer logischen Strenge wurde damit zum Gegenspieler, *zum Kontrastprogramm der Politik von »Versuch und Irrtum«* in anderen Bereichen des Wirtschaftslebens, vor allem der Finanzpolitik und der Lohnpolitik[116].

Mit dieser harten Stabilitätspolitik sorgte die Bank aber zugleich dafür, daß der Kapitalimport nach Deutschland, der schließlich ein Element der Finanzierung des Transformationsprozesses war, aufrechterhalten wurde. Anders hätte der Prozeß im ganzen kaum einigermaßen funktionieren können. So stellt die Geldpolitik ein *notwendiges* Kontrastprogramm zu den anderen Bereichen der deutschen Vereinigungspolitik dar. Die »Financial Times« bewertet die Kontrastfunktion der Bundesbank folgendermaßen: »Die Bundesbank ist nicht verantwortlich für ... die Fiskalpolitik. Sie ist nur verantwortlich dafür, daß die Fehler anderer nicht durch die Geldpolitik für ›richtig‹ erklärt werden.«[117]

Aber damit ist das monetäre Spiel noch nicht beendet. Zwei andere Faktoren haben die komplexe Dialektik des Gesamtvorganges noch verschärft: die Rezession und das Ausland.

Natürlich sollte bei der Überwindung einer *Rezession* die Geldpolitik eine wichtige Rolle spielen. Dabei hat man sich heute von der simplen Vorstellung gelöst, daß mit einer Politik des billigen Geldes sozusagen ein Wiederaufschwung maßgeschneidert veranstaltet werden könnte. Heute steht mehr die mittelfristig potentialorientierte Geldpolitik, das heißt die Bemessung der Geldmenge entsprechend dem mittelfristigen Wachstum der Produktionskapazität, im Vordergrund des Interesses. Man bevorzugt die bescheidenere Formel einer flankierenden Geldpolitik. Aber auch hier ist unter den heutigen Umständen der Bewegungsspielraum der Bundesbank eingeschränkt. Sie ist durch die mit der Vereinigung ausgelösten Preissteigerungen sozusagen auch ein Opfer des Geschehens geworden: Sie muß sich vordringlich ihrer Stabilitätsaufgabe widmen und kann den konjunkturpolitischen Notwendigkeiten nur zögerlich - mit Trippelschritten - folgen. Der rasche Umschwung in der Leistungsbilanz von einem beträchtlichen Überschuß in einen negativen Saldo war mit der Vereinigung gesamtwirtschaftlich unvermeidlich geworden und stellte für die Bundesbank eine neue Situation dar, die sie in gewohntem und durch lange geldpolitische Erfahrung bewährtem Management meisterte. Die Rezession aber erschwerte ihre Lage zusätzlich. Ein geldpolitischer Stimulus war hier also nur mit einiger Geduld zu erwarten, es sei denn, man ließe das Stabilitätsziel aus den Augen. Eine forcierte Inflation - eigentlich nur, um die zu hoch aufgelaufenen Reallöhne zu senken - war hierbei keine politische Alternative, obgleich ein gewisses Maß an Reallohnsenkung - wie die Empirie es ziemlich brutal zeigt - nicht zu vermeiden war.

Man sollte erkennen, daß die Bundesbank jetzt sozusagen an drei Fronten kämpfen mußte. Sie mußte erstens die Geldmengenexpansion in der Folge der Vereinigung in Grenzen halten. Diese ist nicht nur durch die Explosion der öffentlichen Verschuldung verursacht, sondern allem Anschein nach ebenfalls durch die Kreditausweitung des privaten Bankensystems, auch und vor allem für das erweiterte Währungsgebiet. Sie mußte zweitens angesichts der hohen Lohntarife der Jahre 1991 und 1992 mit ihren Folgewirkungen in West- und Ostdeutschland gegenhalten, und drittens mußte sie als Moderator der Ankerwährung im Europäischen Währungssystem (EWS) auf die übrigen Mitgliedsländer, die mit Ausbruch der Rezession auf geldpolitische Lockerung begierig waren, Rücksicht nehmen. Dies ist nicht ein »magisches«, sondern ein höchst *unbehagliches Dreieck*, in dem die Bundesbank sich befindet. (Notabene, eine Europäische Zentralbank würde sich in ähnlicher Weise und möglicherweise verstärkt und wiederholt bei realwirtschaftlich auseinandergehenden Entwicklungen in einzelnen »Teilregionen« in solch unbehaglichen Situationen sehen.)

Gar zu gern wird von Befürwortern einer europäischen Währungsunion, ganz im Sinne konventioneller Weisheiten, hier die alte Goldwährung als Modell in Anspruch genommen. Aber dieser Bezug ist nicht zutreffend: Gerade die Goldwährung erzwingt mit ihrem Zahlungsbilanzmechanismus ganz drakonisch die *nominale* Anpassung der *nationalen* Preis- und Kostenniveaus bei auseinanderstrebenden Entwicklungen. Gesamtdeutschland im Vereinigungsprozeß hätte sich unter den Bedingungen einer voll funktionierenden Goldwährung einer eigenen *de*flatorischen Kur unterziehen müssen! So bewältigt der Goldmechanismus nationale Sonderentwicklungen – im Unterschied zu einem Wechselkurs-Verbundsystem manipulierter Papierwährungen. Wir erkennen also deutlich, daß es unter EWS-Verhältnissen schwerfällt, sich eindeutig oder vornehmlich der Konjunkturlage oder den Strukturveränderungen eines einzelnen Landes zu stellen.

Durch die *Bandbreitenerweiterung* im EWS vom August 1993 auf 15 Prozent nach beiden Seiten wurde eine neue Lage geschaffen. Alle Mitglieder haben das Korsett des starren Wechselkursverbundes fortgeworfen. Man wurde endgültig geheilt von der größten Festkurs-Illusion der neueren Währungsgeschichte – hatte man sich doch dem Wahn hingegeben, daß nach dem letzten Realignment 1987 im alten EWS-System die einmal fixierten Wechselkurse bis zum Jahre 1999 – dem geplanten Inkrafttreten der Währungsunion – »politisch« unverändert durchzuhalten gewesen wären. Schon in den Währungsturbulenzen 1992 schwand dieser naive Gedanke dahin. Jetzt schlug hier unzweideutig die Stunde der Wahrheit. In der Wirtschafts- und Währungspolitik – und nicht zuletzt auch in der Theorie – kann man deutlich *Perioden des Lernens* und sodann solche des trägen *Vergessens* unterscheiden. Anfang der siebziger Jahre, also in den Zeiten des Zusammenbruchs des Bretton-Woods-Systems der Festkurse, hatte man unter manchen Schmerzen gelernt, daß es unmöglich ist, politisch vereinbarte Wechselkurse *gegen* tektonische Verschiebungen in den Märkten zu konservieren. Man hatte zudem gelernt, daß die ominöse »Spekulation« nur an solchen »politischen« Fixierungen, aber ökonomisch falschen Relationen sich auftürmt und nicht durch staatliche Kapitalverkehrskontrollen zu beseitigen ist, sondern einzig und allein erst durch den Übergang zum Floating wie Schnee vor der Sonne sofort dahinschmilzt.

Ich halte die neugewonnene Freiheit in der Zinspolitik (von der man hoffen sollte, daß Weisheit und Großmut der europäischen Staatsmänner ihr eine genügende Zeit der Bewährung einräumen werden) für einen *der wichtigsten Beiträge zur Wiedererholung der europäischen Wirtschaft und damit auch zur Belebung des deutschen Vereinigungsprozesses.*

Jeder aufmerksame Betrachter der deutschen Szene müßte erkennen, daß die Bundesbank angesichts der Wucht der Ereignisse mit ihrer Stabilitätspolitik doch erheblichen Schaden von dem Vereinigungswerk ferngehalten hat. Eine ohne harten Widerstand hingenommene Inflation hätte das Vertrauen der Sparer schwer beschädigt, den Kapitalzufluß nach Deutschland und die ohnehin geschwächte Berechenbarkeit des ganzen ostdeutschen Aufbauprozesses zerstört. Die Bank ist zur Gegenkraft gegen viele Permissivitäten und Emotionen im internen Transformationsprozeß geworden. Sie mußte herbe und sicherlich auch manchmal »national« verständliche Kritik wegen ihrer Hochzinspolitik von Nachbar-Mitgliedsländern hinnehmen. Diese Kritik wurde allerdings später schwächer.

Im ganzen hat die Bundesbank sich in einer recht aufgewühlten und orientierungsuchenden Gesellschaft weithin als *Hort der Vernunft* gegen viel Unvernunft erwiesen, sie verkörpert in einer Bevölkerung, die von Politikverdrossenheit geplagt ist oder die ihr tagtäglich eingeredet wird, eine *solitäre Instanz mit Autorität*. Als Institution wird sie sichtbar von dem Gedanken an das Gemeinwohl geleitet – im klaren Unterschied zu öffentlichen Figuren, die sich in billigen Appellen zu mehr Solidarität und daß wir uns alle ändern müßten, erschöpfen, und in Abgrenzung auch zu der so oft im Vordergrund stehenden und weit verbreiteten organisierten Interessenpolitik.[118]

Die deutsche Zahlungsbilanz und die Vereinigungspolitik

Die stabilitätspolitische Aktivität der Bundesbank schlägt sich auch in der gesamtdeutschen Zahlungsbilanz des Jahres 1992 nieder. Diese ist seit 1990 zugleich deutlich geprägt vom Vereinigungsprozeß und dann der weltwirtschaftlichen Rezession.

Es gehört zur üblichen Gewohnheit eines Bankers, daß er in einer Bilanzanalyse in guten Jahren die Überschüsse einiger

Posten preist, in schlechten Jahren mit seiner nichtssagenden Bemerkung: »Das ist doch nur eine zufällige Momentaufnahme; man muß darüber hinausblicken«, seine Cleverness gegenüber dem Kunden zu beweisen versucht.

In solchem Stil können wir natürlich unsere nationale monetäre Außenbilanz nicht behandeln. Sie ist das Resultat vielfältiger, komplexer, auch realwirtschaftlicher Kräfte, die in freiem Spiel auf die Außenwirtschaft – seit Jahren ohne jegliche Kapitalverkehrskontrollen – wirken. Das Thema Kapitalverkehrskontrollen selbst bescherte mir übrigens ab 1971 für fast zwei Jahre die einzige Phase eines fachlichen Dissenses mit unserem Areopag: Eine Mehrheit im Zentralbankrat befand sich damals auf dem falschen Dampfer, man neigte zur (negativen) Devisenbewirtschaftung und war gegen freie Wechselkurse eingestellt. Der eigene Stabilitätsauftrag geriet dabei allerdings in den Hintergrund. Diese Phase wurde – wie zu erwarten – mit dem Übergang der USA zu einem freien Wechselkurs des Dollars (März 1973) beendet.

Doch nun zur gegenwärtigen Entwicklung. Zuerst die schlechten Nachrichten: Der negative Saldo der Leistungsbilanz und des langfristigen Kapitalverkehrs (1992) gehören – wie schon erklärt – keinesfalls dazu; sie sind ein notwendiges Ergebnis der Vereinigung und der steigenden Nachfrage nach Kapital in Deutschland.

Eine deutliche Schwachstelle dagegen bildet der Abfall der *ausländischen Direktinvestitionen* in unserem Land von 13,4 Mrd. DM (1990) auf ein Viertel im nächstfolgenden Jahr und ihre Stagnation auf einem Niveau unter der Hälfte in den letzten beiden Jahren (zuletzt 6,0 Mrd. DM). Natürlich wäre sehr zu wünschen, daß dieser Posten sehr viel größer wäre und ansteigen würde – insbesondere im Interesse der Reindustrialisierung Ostdeutschlands, zumal es sich bei Direktinvestitionen um ein willkommenes, vorwiegend *festes* Engagement ausländischer Investoren, d.h. um die Einfuhr von Unternehmerleistung, handelt. Der Rückgang hat natürlich auch mit dem die Tagespolitik aufgeregt füllenden Thema des »Wirtschaftsstandorts Deutschland« zu tun.

Umgekehrt sind auch die deutschen Direktinvestitionen im Ausland (28,1 Mrd. DM) 1992 um ein Viertel gegenüber dem Vorjahr zurückgefallen und liegen damit heute knapp über der

Höhe von 1989. Sicherlich ist es heute eine Folge der allgemeinen Rezession, aber auch ein Warnsignal im Blick auf die weltwirtschaftlich erwünschte weitere Entfaltung der internationalen Arbeitsteilung durch direkte Kapitalinvestitionen *in beiden Richtungen* unserer monetären Außenbilanz.

Hinter dem erwähnten deutschen langfristigen Kapitalimport (netto) stehen vor allem die Bruttoströme der ausländischen Käufe *deutscher Wertpapiere* in Höhe von 130 Mrd. DM – eine Rekordsumme (um das Doppelte größer als im vorigen Jahr und um drei Viertel höher als im Jahre 1989). Davon fallen jetzt »fast *zwei Drittel auf öffentliche Anleihen*«[119]. Hier zeigt sich erneut die besondere Crux des ganzen Vereinigungsprozesses: Man hat eben, was nun auch die ausländischen Kapitalanleger betrifft, bei uns den Weg zur Investition über den deutschen Fiskus und seine Hilfsfiski bevorzugt (anstelle vermehrter Anlagen von Privat zu Privat). Vor allem aber sind diese Wertpapieranlagen zahlungsbilanzpolitisch recht labile und flüchtige Elemente in unserem System. Sehr schnell können sie verkauft werden zugunsten von Papieren, die auf andere Währungen lauten.

Ein Posten besonderer Art und ein Ausdruck einer hohen deutschen Lebensqualität ist der (negative) Saldo im *Reiseverkehr*: Wir gaben im Jahre 1992 40 Mrd. DM mehr im Ausland aus, als wir von unseren Gästen einnahmen, ein Betrag, der in den vier Berichtsjahren ständig anstieg (1989: 28,4 Mrd. DM). Die Bundesbank kommentiert den Vorgang sehr lakonisch: »Höhere Ausgaben von Reisenden aus den neuen Bundesländern haben sicherlich ebenso dazu beigetragen wie die Aufwertung der D-Mark.«[120] Nun will ich nicht so beckmesserisch sein und feststellen, unser Negativsaldo im Reiseverkehr ist mit seinen 40 Mrd. DM genauso groß wie der ganze Negativsaldo unserer Leistungsbilanz; ich will auch nicht so philiströs sein wie eine besonders markante Stimme im Bundestag und ausrufen: Noch einmal alles auf Pump! Nein, so kann man die einzelnen Posten in der Zahlungsbilanz kaum gegeneinander ausspielen. Dieser Posten ist die »Import-Größe« eines hochentwickelten, tief in die Weltwirtschaft verflochtenen Industrielandes, bei dem eben solche Ausgaben möglich, ja systemimmanent sind. Sicherlich kann man auch feststellen, daß überseeische Fernreisen heute für einen Teil unserer

Bevölkerung schon zur »sozialen Grundausstattung« (Kannengiesser, FAZ) gehören. Da läßt sich manches weiterspinnen.

Dieser beachtliche Posten veranlaßt mich noch zu einer anderen Bemerkung: Er ist eben einfach ein Ergebnis von weltweitem Freihandel und eigener gewerblicher Produktivität, Rentabilität und eigenem Lebensstandard. Und ich darf erinnernd hinzufügen: Deutschland machte ab 1933 hier seine entgegengesetzte Erfahrung: Die Strangulierung des individuellen Auslandsreiseverkehrs durch kärgste und willkürliche Devisenzuteilung und als Höhepunkt die organisierten KdF-Schiffsreisen; beide waren das Ergebnis einer streng protektionistischen und autarkistischen Gesamtpolitik – das pure Gegenteil von Gestalt und Verhalten unserer liberalen Bundesrepublik von Anbeginn. Auch dies ist ein Element unserer offenen Gesellschaft!

Doch zurück zur Zahlungsbilanz 1992. Die Währungsturbulenzen der Jahre 1992 und 1993 hatten durch die damit verbundenen Devisenzuflüsse sowohl die Zahlungsbilanz als auch die Netto-Auslandsposition der Bundesbank stark verändert. Die Spekulation schlug hohe Wellen, aber diese laufen aus. Darauf brauchen wir in unserem Zusammenhang nicht gesondert einzugehen.

Wenn wir das Bild der Zahlungsbilanz im ganzen zusammenfassend betrachten, kommen wir zu folgendem Ergebnis: Die Struktur der deutschen Außenbilanz zeigt deutliche Schwachstellen und Labilitäten (Schwäche der Direktinvestitionen, hoher Stand der Wertpapierkäufe durch Ausländer). Ein Teil dieser Schadstellen, aber auch der Negativsaldo der Leistungsbilanz und der nicht unbeträchtliche »langfristige« Kapitalimport sind dem Vereinigungsprozeß und auch den Ergebnissen der inneren Politik von »Versuch und Irrtum« zu verdanken. Die Bundesbank stemmte sich indirekt, wenn auch schmerzverursachend, durch Aufwertungen und Aufwertungserwartungen für die D-Mark, gegen ökonomisch unbegründete Abflüsse, das heißt, sie hält das Ganze in Schach durch ihre Geldpolitik und durch ihre Vertrauenswürdigkeit, ihr ausgezeichnetes Renommee im Ausland. Dieser solide Ruf unseres Notenbankinstituts ist sicherlich besser als der der übrigen Bereiche der deutschen Wirtschafts- und Finanzpolitik. Nach dem Abklingen der Aufwertungserwartungen für die D-Mark, die eine Folge der bisherigen Stabilitätspolitik der Bundesbank waren, kann das ganze System nur solange halten, wie neue Inflationserwartungen des Auslands (in Richtung auf Deutschland) die Vertrauenswürdigkeit der Bundesbank und den respektierten Wert ihrer Politik *nicht* überwinden. Damit kommen wir wieder zurück auf die Feststellung, daß die Stabilitätspolitik der Bundesbank nach wie vor das notwendige Kontrastprogramm zu den anderen Bereichen der Vereinigungspolitik ist. Darüber kann es überhaupt keinen Zweifel geben.

Vor über zwanzig Jahren bezeichnete ich die Lage nach der Freigabe des Dollars als ein »verschmutztes Floating«; die Situation im EWS nach dem August 1993 mit der Erweiterung der Bandbreiten stellt ein *sediertes Floating* dar, *eine Wechselkursflexibilität mit Valium*, das die Märkte calmieren soll. Wenn allerdings aus Prestigegründen, in einem Land wie Frankreich, eine Zins- und damit Wechselkurssenkung freiwillig vermieden wird, so muß man sich nicht wundern, wenn hier die Rezession besonders tiefe Spuren hinterläßt. Es sind die bekannten Folgen einer überbewerteten Währung.

Auf jeden Fall hat sich – wie erwähnt – die Lage im Prinzip verbessert. Unsere Notenbank ist autonomer geworden. Sie kann die kurzfristigen Zinsen weiter herabsetzen, was auch schon geschehen ist. Aber wie weit wird das gehen? Die Phalanx der betonten Konjunkturpolitiker nimmt an, daß die kurzfristigen Zinsen in Deutschland bis Ende 1994 auf rund 4,5 Prozent gesunken sein werden.[121] So werden die bekannten, geldpolitischen Impulse für die Konjunktur erwartet.

Man kann nur hoffen, daß der Marsch der Bundesbank auf schmalem Grat gut geht, daß also die interne Geldmengenzunahme sich verringert, daß der interne inflatorische Druck nachläßt und daß weitere Senkungen der kurzfristigen Zinsen *nicht* als Signal für das Neuaufleben inflatorischer Tendenzen aufgefaßt werden. (Auch das von den Kritikern der Bundesbank so oft ins Feld geführte Phänomen der »inversen Zinsstruktur« – kurzfristige Geldmarktzinsen höher als Zinsen für langfristige Kredite und als Ausdruck einer repressiven, auf Stabilität gerichteten Notenbankpolitik mehr oder weniger getadelt – würde sich dann auf organische Weise bereinigen.¹²²). Aber es bleiben die bedrohlichen, hausgemachten Probleme der »übrigen Bereiche der Vereinigungspolitik«: Ringen die Tarifparteien sich wirklich zu einer vernünftigen, ja drastischen Neuorientierung ihrer Einkommenspolitik durch? Gelingt es der staatlichen Finanzpolitik tatsächlich, ein *vertrauenerweckendes* ausgewogenes Konsolidierungsprogramm zu präsentieren und zu exekutieren? Dies ist nicht die ständige impertinente Mahnung, die von einem kritischen Beobachter gebetsmühlenartig wiederholt wird, sondern: »Hier liegt unser Toulon«, so muß ich mit Walter Eucken sagen, als er Napoleon zitierte¹²³. Ich erwarte natürlich stark, daß »unser Toulon« verschiedenster Arten rechtzeitig einen Frieden der Vernunft schließt oder einen Kurs der Vernunft einschlägt.

Aber ich will auch nicht der Frage ausweichen, was denn geschähe, wenn eines Tages aus den angedeuteten Gründen, daß das Vertrauen des Auslandes in die deutsche Wirtschaft und ihre Stabilität sich verminderte und der große, seit drei Jahren vollführte Balanceakt unserer Notenbank in Schwierigkeiten geriete! Das auszudenken, muß mit äußerster Vorsicht, aber auch mit einiger Präzision geschehen. Der archimedische Punkt liegt dann in der Wechselkursfrage der D-Mark. Nun will ich auf keinen Fall eine Wechselkursdebatte »lostreten«, wie man heute so gerne sagt, sondern nur eine der Möglichkeiten skizzieren: Aus der laufend von der Bundesbank veröffentlichten Statistik »Entwicklung des Außenwerts der DM (Ende 1972 = 100)« kann jeder erkennen, daß die D-Mark ihren Wechselkurs in den über zwanzig Jahren des allgemeinen Floating – gegenüber 18 Industrieländern – fast verdoppelt hat (nominaler Wechselkurs, ohne Berücksichtigung der Preisbewegungen in den einzelnen Ländern, das heißt nicht die Bewegung der internationalen realen Kaufkraft der D-Mark). Dies als Stärke so herauszustellen, wäre platter und falscher DM-Nationalismus; unsere Exporteure denken darüber sehr viel nüchterner. Wichtig ist vielmehr, zu erkennen, daß der Wechselkurs der D-Mark sich gegenüber den Währungen der einzelnen 18 Länder äußerst *verschieden* verändert hat, sowohl in differierenden Wellenbewegungen wie in der Richtung, wie auch in den heute erlangten Relationen. Dieses Bild beweist zur Genüge, daß wir auch innerhalb Europas und nicht nur gegenüber den USA und Japan in einer Welt der Wechselkursflexibilität leben. *Solange wir in Europa keine Einheitswährung haben*, könnten sich also die »Leitkurse« (»fest, aber anpassungsfähig«) entsprechend einer Änderung der Fundamentals (Saldo des grenzüberschreitenden Warenverkehrs, langfristige Kapitalbilanz usw.) ihrerseits neu adjustieren – gerade in einem jetzt pausierenden EWS, innerhalb der Europäischen Gemeinschaft und indirekt damit auch gegenüber Übersee.

Die Schlußfolgerung für eine andere Balance und für eine Verbesserung der Struktur der deutschen monetären Außenbilanz – eben unter der erwähnten, *schlechten Hypothese*, daß *kein* vernünftiger Erfolg mit unserem »Toulon« eintritt – wäre damit wohl genügend angedeutet.

Ich mache diesen zarten Hinweis, auch um zu zeigen: Wirtschaftspolitik in einem im Kern so gesunden, im Kern immer noch fleißigen und tüchtigen Land wie Deutschland kann und muß, auch in einer äußerst schwierigen Situation, immer noch einen marktwirtschaftlichen Ausweg finden und weisen. Grausige Katastrophengemälde, wie sie unserem Lande jetzt so oft fast frei Haus geliefert werden, sind völlig unangebracht, sie sind das Papier nicht wert, auf dem sie tausendfach gedruckt werden. Wir haben keinen Anlaß zu befürchten, daß die Bundesbank von ihrem bewährten Kurs der Sicherung der Preisstabilität abweichen wird.

Exkurs: Einige Bemerkungen über Autonomien und eine »Konzertierte Aktion«

Die Unabhängigkeit der Bundesbank ist für uns Deutsche ein besonders hohes Gut. Bei der Erfüllung ihrer Hauptaufgabe, das Geld möglichst knapp und damit den Geldwert möglichst stabil zu halten, soll sie von Weisungen aus der Politik freigehalten werden. Diese Position einer Zentralbank entspricht dabei eher einer Grundregel der amerikanischen Unabhängigkeitsbewegung, den »checks and balances« (John Adams), als dem französischen Prinzip der Gewaltenteilung (Montesquieu). Der Finanzminister muß sich die Einnahmen für seinen Haushalt durch Steuern und Kreditermächtigungen (beides auf Parlamentsbeschluß) beschaffen, aber das Geld für die ganze Gesellschaft zur Verfügung zu stellen und in Umlauf zu setzen, ist allein einer selbständigen Notenbank überantwortet. Bei der Installierung des unabhängigen Federal Reserve System in Amerika (1913) hatte naheliegenderweise vielleicht auch die Überlegung mitgespielt, daß die Geldmenge ohnehin durch den Mechanismus der damals existierenden Goldwährung reguliert wurde und damit sehr praktisch einer auf sich selbst gestellten Einrichtung überlassen werden konnte. Die amerikanische Notenbank und die Deutsche Bundesbank – die Unabhängigkeit der Deutschen Reichsbank wurde 1922 durch die Siegermächte verlangt – zählten bis vor kurzem zu den unabhängigsten Institutionen dieser Art. Jetzt beginnt sich dieses Prinzip im Zuge der weiteren Europa-Bemühungen auszubreiten. Unsere französischen Freunde hatten einstweilen noch ihre cartesianischen Probleme, der Banque de France ihre Autonomie (wie sie sagen, nicht: Indépendance) zu verschaffen.

Der Begriff der Autonomie in einem weiten, gesellschaftlichen Sinne hat nach dem Kriege in der Bundesrepublik gewaltigen Raum gewonnen. Natürlich sind die Gewerkschaften autonom (in Anlehnung an das in Art. 9 (3) GG. gesicherte »Recht zur Wahrung und Förderung der Arbeits- und Wirtschaftsbedingungen, Vereinigungen zu bilden«), die Arbeitgeberverbände sind autonom, die Tarifautonomie ist völlig unantastbar; damit ist die Tariflohnbildung gänzlich der direkten Einflußnahme seitens der staatlichen Wirtschafts- und Finanzpolitik entzogen. Als Mitglied der Exekutive konnte ich nach einer Zeit der praktischen Erfahrung feststellen: »Ich bewege mich unentwegt unter Autonomien; sehr wesentlich kann ich nur im Zusammenwirken mit ihnen Politik machen.« Unsere Gesellschaft entspricht in der Tat nicht dem walrasianischen (Gleichgewichts-)Modell zahlloser individueller (Markt-)Wirtschaftssubjekte; wir leben auch in einem »großorganisierten Dasein«, wie Alfred Weber es nannte. Die Verbände haben das Marktgeschehen verändert, vornehmlich auf der Produktions- und Verteilungsseite, erfreulicherweise weniger bei den Konsumenten. Ein Gesellschaftsbild, mit dem sich Ludwig Erhard nach meinem Eindruck nie ganz anfreunden konnte.

Als zur Überwindung der ersten Rezession in der Nachkriegszeit 1967 ein staatliches Konjunkturprogramm aufgelegt wurde, nahm man auch die eingetretenen gesellschaftlichen Entwicklungen zur Kenntnis. Durch Gesetz wurde die Konzertierte Aktion ermöglicht.[124] Staat, Gewerkschaften und Unternehmensverbände konnten sich freiwillig um den runden Tisch der kollektiven Vernunft versammeln und »um ein gleichzeitiges aufeinander abgestimmtes Verhalten«[124] ringen. Neben den »autonomen Gruppen« waren auch die Bundesbank und der ebenfalls unabhängige Sachverständigenrat zur Begutachtung der gesamtwirtschaftlichen Entwicklung bei jeder Sitzung anwesend.

Es wurde ein fachliches und fleißiges Arbeitsgremium, das besonders in seinen ersten Jahren einen guten Erfolg hatte. Es war kein Gespräch »am Kamin«, in dem bloß politische Allgemeinheiten verhandelt wurden. Es umfaßte vielmehr u. a. die Beratung gesamtwirtschaftlicher Analysen und Projektionen, es diente letztlich – wie ich es interpretiere – der Vorformung der Wirtschaftspolitik. Unter meinem Nachfolger wurde die Arbeit dieser Runde – aus einem Anlaß, der mit dieser Einrichtung nichts zu tun hatte – eingestellt. Aber die Offerte des Gesetzgebers blieb erhalten.

In der ganz außergewöhnlichen Lage des deutschen Vereinigungsprozesses ist nun mehrfach daran gedacht worden, die Konzertierte Aktion wiederaufleben zu lassen. Natürlich würde ich das begrüßen. Wo wäre sonst der Platz, den fachlichen, gesamtwirtschaftlich orientierten Dialog zwischen Gebietskörperschaften und den Sozialpartnern über den Aufbau Ost intensiv zu pflegen? Aber ich weiß, daß eine solche Veranstaltung die innere Bereitschaft aller Beteiligten voraussetzt und daß ein Klima für ein neues sozialökonomisches »Modell Deutschland« vorhanden sein müßte.

Ich will diese Idee hier nicht weiter vertiefen. Ich möchte nur einen besonders unkonventionellen Einblick in die damalige Arbeit geben, indem ich mich auf eine Ansprache von Ernst Schneider[125], dem damaligen Präsidenten des Deutschen Industrie- und Handelstages (Mitarbeiter: Rüdiger Altmann), beziehe.

Der geneigte Leser möge einem alten Mann seine Prise nostalgischer Selbstgefälligkeit nachsehen, wenn er bei dieser Gelegenheit damit ein kleines Schmuckblatt seinem Opus beifügt.

Ich wage das aus zwei Gründen.

Einmal wird die Bundesbank in dem Text auf recht admirable Weise herausgehoben. Aber vor allem läßt die Ansprache etwas davon ahnen, in welchem Geist und welcher Kollegialität man dort miteinander umging. Es handelte sich auch damals um unser gegenwärtiges Hauptthema: Wie überstehen wir gemeinsam große wirtschaftliche und soziale Schwierigkeiten in *einer offenen Gesellschaft*, in der Staat und Verbände trotz der gegebenen Autonomien und organisierter Interessengegensätze sehr pointiert und locker miteinander kommunizieren können?

Ernst Schneider über die Konzertierte Aktion

»Sie brauchen ... nicht zu erschrecken, wenn ich Ihnen eine kurze Darstellung der ›Konzertierten Aktion‹ ankündige, jener bedenklich-bedeutsamen Einrichtung, die man heute zu den Instrumenten unserer Wirtschaftspolitik zählt. Denn die ›Konzertierte Aktion‹ ist nicht nur eine tiefernste, höchst gefährliche – und dem Verdacht berühmter Gelehrter nach – oligopolistische Angelegenheit. Sie hat auch, wie ihr Name andeutet, eine künstlerische Seite. Von dieser künstlerischen Seite her will ich sie heute abend betrachten. Ich will sie einmal mit dem Ausdruck ›Soziodram‹ bezeichnen, weil sie in der Tat eine durchaus effektvolle Dramatisierung der Wirtschaftspolitik und ihrer Subjekte darstellt. Wahrscheinlich könnte man ihr auch einige interessante Seiten im Sinne der modernen Spieltheorie abgewinnen.

Der Ort der Handlung ist, wie Sie wissen, das Wirtschaftsministerium. Jede Aufführung der ›Konzertierten Aktion‹ dauert acht bis zehn Stunden. Sie endet mit der Erschöpfung der Mitwirkenden. Der Regisseur unseres Soziodrama ist der Herr Bundeswirtschaftsminister, der zugleich auch als Solist auftritt. Gewisse Eigenarten der Inszenierung lassen einen Vergleich mit Mozarts Zauberflöte zu. Der Regisseur und Solist jedenfalls könnte dem Sarastro aus der Zauberflöte verglichen werden – dem Hohen Priester der Aufklärung. ›Großer Sarastro, Deine weisheitsvollen Reden kennen und bewundern wir‹, heißt es zum Beispiel in der Zauberflöte. Es gibt auch einen dem Orden der Eingeweihten vergleichbaren Chor in unserem Soziodram; das sind die Sachverständigen für die wirtschaftliche Entwicklung. Zeitweise schien es sogar, als ob die Bundesbank verurteilt würde, die Rolle der Königin der Nacht zu spielen. Aber das hat sich dann doch nicht ergeben.

Gegenüber dem Regisseur und Solisten und dem Chor der Sachverständigen gibt es zwei kollektive Charakterrollen, sie werden von Unternehmern und Gewerkschaften gespielt.

Die Inszenierung sieht weiter vor, daß der Solist, der wie gesagt dem Sarastro ähnelt, von Staatssekretären und Direktoren umgeben wird, die ihm als Diakone und Subdiakone zur Hand gehen. Auf den Bänken ringsum der niedere Klerus des Ministeriums, der mit den Akten zu rascheln und geschäftig hin und her zu eilen hat, während die Hauptdarsteller ihre Rolle im Sitzen spielen müssen.

Das Soziodram wird nach guter deutscher Sitte durch eine ›itio in partes‹ vorbereitet. Jede der beiden Hauptdarstellergruppen trifft vor Beginn der Aufführung mit dem Regisseur zusammen, wobei man sich gegenseitig über Konflikte und Kompromißbereitschaft orientiert.

Nachdem das geschehen ist, beginnt das Soziodram mit dem Auftakt: das Ensemble stellt sich dem Publikum, das heißt den Massenmedien vor.

Dann beginnt die 1. Szene des 1. Aktes mit dem Prolog des Regisseurs und Solisten. ›Mit reiner Seele‹, so läßt sich Sarastro vernehmen, ›erkläre ich euch, daß unsere heutige Versammlung eine der wichtigsten unserer Zeit ist.‹ Die Inhaber der beiden kollektiven Charakterrollen werden gewissermaßen in den Vorhof der aufgeklärten Politik eingelassen. Das ist mit einem Reinigungszeremoniell verbunden, das der Solist für jede der beiden Gruppen vornimmt. Dieser Reinigungsmonolog des Solisten wird solange fortgesetzt, bis die beiden Sünder erkennen, daß sie keine Chance einer Rechtfertigung haben – es sei denn, sie wollten das Soziodram um weitere Stunden verlängern. Danach erteilt der Solist Absolution. Es folgt die Aufklärung über die Konjunkturlage. Danach tragen Diakone und Subdiakone die ›kleinen Offenbarungen‹ der Bundesregierung vor.

Der nächste Akt unseres Soziodrams hat einen besonders ausgeprägt rituellen Charakter. Es handelt sich um ein spezielles Ritual der Sozialpartner, das einen Zeitraum von ein bis zwei Stunden beansprucht. Das Zeremoniell wird mit Forderungen der Gewerkschaften eröffnet, die von den Arbeitgebern zurückgewiesen werden müssen, wobei die Arbeitgeber ein gewisses Verständnis für die Gewerkschaften erkennen lassen. Dieses Verständnis der Arbeitgeber wiederum wird von Otto Brenner, der sowohl als Mensch wie als Gewerkschaftsführer ständig verschnupft ist, mit starken und verletzenden Worten bestritten. Daraufhin haben wiederum die Arbeitgeber, die ihren Otto Brenner genau kennen, die soziodramatische Pflicht, beleidigt zu sein. Nach einer gewissen Zeit, die Fritz Berg mit launigen Worten über sein ebenso modernes wie patriarchalisches Verhältnis zu seinen Arbeitern würzt und dabei andeutet, er könne sich die Welt ganz gut ohne Gewerkschaften vorstellen, zeigt der DGB seine Befriedigung darüber, daß hier endlich die wahre Unternehmergesinnung zum Ausdruck kommt. Sie wissen jetzt, wie notwendig die Gewerkschaften sind.

In dieser versöhnlich gewordenen Atmosphäre erkennen beide, Arbeitgeber wie Gewerkschaften, daß ihre Tarifautonomie darunter leiden könnte, wenn sie ihren Dialog in Anwesenheit des Wirtschaftsministers fortsetzen. Sie beschließen, ihren weiteren Streit ohne Regisseur auszutragen.

Aber der Regisseur und Solist tritt jetzt seinerseits mit einem Monolog über die ›Soziale Symmetrie‹ in den Vordergrund. Während dieses Solos erstarren die beiden Charaktergruppen in einer Haltung demonstrativen Mißtrauens.

Der 3. Akt beginnt damit, daß Diakone und Subdiakone auf ein Zeichen Sarastros die Absichten der Regierung hereintragen. Im Hintergrund zieht währenddessen der Chor der Sachverständigen mit ökonometrischem Trommeln über die Bühne. Der Schluß des 3. Aktes bringt dann mit dem Kommuniqué den letzten Höhepunkt, gewissermaßen den Schlußgesang. Der Solist tritt nur noch als Regisseur in Erscheinung und droht den Charaktergruppen, die sich händeringend gegen gewisse Strophen des Schlußgesangs wehren, eine Verlängerung des Soziodrams an. Damit endet das Schauspiel. Der Regisseur und Solist, dem die lange Dauer der Aufführung offensichtlich nichts anhaben konnte, verabschiedet sich von den Mitwirkenden, die ihrerseits mit einem Gemisch von Erschöpfung, Abscheu und Bewunderung die Szene verlassen.

Ich schließe meine Darstellung mit einem Zitat aus der Zauberflöte:
›Es lebe Sarastro, der göttliche Weise!
Er lohnet und strafet in ähnlichem Kreise!‹«

Ich glaube, wir haben einige Felder der deutschen Wirtschafts- und Finanzpolitik in vielen Richtungen und Ecken prüfend und zur Genüge durchschritten. Jetzt wollen wir es wagen, die Aussichten zur Lösung unseres Hauptproblems – Vereinigungsprozeß mit Rezession – zu beschreiben. Keiner hat dafür ein Zauberwort oder das berüchtigte Patentrezept zur Verfügung. Es ist vielmehr ein vielseitiges, die marktwirtschaftlichen Kräfte unserer Ordnung animierendes Unternehmen, das auf *ein* Ziel gerichtet ist. Dabei klammere ich das bekannte, hinderliche institutionelle Beiwerk – Eigentums- und Entschädigungsfragen, Verwaltungsprobleme – aus; sie überlasse ich – wie schon dargelegt – dem allgemeinen Lernprozeß und dem unermüdlichen Eifer unserer Juristen.[126]

Es eröffnen sich mir vier *zusammenführende* Wege zur Lösung unserer Probleme.

VI. Die zusammenführenden Wege zur Lösung unseres Problems

(1) Dynamisierung unserer Unternehmerschaft und unserer Gewerkschaften – angestoßen durch die Rezession

Unabhängig von ihrer einstigen Charakterrolle in der Konzertierten Aktion wissen wir natürlich, daß die Unternehmer in unserer marktwirtschaftlichen Ordnung die Schlüsselfunktion zu erfüllen haben. Sie sollten Motor des ganzen Systems sein.

Haben sie ihre Aufgabe mit dem Beginn des Vereinigungsprozesses bewältigt? Auf den ersten Blick müssen wir ehrlicherweise mit unserem Urteil sehr zurückhaltend sein. Wie schon oft festgestellt, fand der so sehnlich erwartete, ungestüme Vormarsch der Investoren auf breiter Front nach Ostdeutschland nicht statt. Im zweijährigen Vereinigungsboom schickten die Unternehmen erst einmal ihre Produkte hinüber, der Markt funktionierte prompt, indem er den Verteilungsapparat rasch und neu aufbaute, die Banken ihre Niederlassungen und Filialen gründeten, die westdeutsche Bauindustrie in gewaltigem Ausmaß an den notwendigen ostdeutschen Infrastrukturinvestitionen partizipierte. Der unternehmerische Kollektivirrtum, daß man das Beitrittsgebiet nur als *erweiterten Absatzmarkt* ansehen könne, machte sich breit. Die Gegenbewegung zu einem solchen Bestreben, das auf die Dauer ins Leere führen mußte, bildeten erstens eine Anzahl von Großprojekten und zweitens vor allem das im ganzen rasante Tempo der Privatisierung durch die Treuhand (wenn auch im Aufwand und in den Konditionen umstritten, aber eben doch der Beweis für schnelle Käufe durch westliche Investoren); drittens die Vielzahl der Gründungen von Klein- und Mittelbetrieben; das ERP-Vermögen und die Kreditanstalt für Wiederaufbau haben sich hier bleibende Verdienste erworben.

Daß an dem Bremsvorgang oder dem *Kaltstart*[127] die aggressive Lohnpolitik in Ostdeutschland maßgeblich beteiligt war, ist hier bis zum Überdruß erwähnt worden. Dies war nicht nur ein Irrtum der Gewerkschaften, sondern diese Fehlentwicklung war von Anfang an auch von Unternehmerverbänden, als Tarifparteien, mit veranlaßt worden. Gespräche mit führenden westdeutschen Unternehmern noch im Frühjahr 1991 bewiesen mir: Man war an dem Thema nur mäßig interessiert; wahrscheinlich dachte man nur an die eigene Werkbank im Osten, und die würde man schon irgendwie trotz der schnellen Anpassung der Löhne an das Westniveau durchbringen. Der breite Durchbruch in der Erkenntnis der fatalen Lage geschah dort eigentlich erst mit dem Streik der Metaller im Jahre 1993. Die Ursache für diese Fehleinschätzung war mangelnde oder zu spät erlangte volkswirtschaftliche Einsicht – eine große, wohltuende Ausnahme machte hier *Tyll Necker* als Präsident des BDI mit seinen unermüdlichen, mahnenden Bemühungen. Nun kann man sich zu Recht fragen, ob Unternehmer die fragwürdige Weisheit der Ökonomen besitzen sollen. »Zuversichtlich außerhalb der vertrauten Fahrrinne zu navigieren und ... Widerstand zu überwinden verlangt Fähigkeiten, die nur in einem kleinen Teil der Bevölkerung vorhanden sind und die sowohl den Unternehmertyp wie auch die Unternehmerfunktion ausmachen. Diese Funktion ... besteht darin, daß sie Dinge in Gang setzt.«[128]

Ich möchte hinzufügen: Ein derartig tiefgreifender Umbruch wie der Vereinigungsprozeß verlangte auch von Unternehmern einen besonderen Lernprozeß, und der kam zu spät in Gang. Sowohl die Vorstellung vom einseitigen Absatzweg in die neuen Länder als auch das Laissez-faire in der Lohnpolitik hätte man sogleich durch Aufklärung (seitens aller Verbände?) korrigieren müssen. Auch der brutale Aufwertungseffekt war – wie ich feststellen konnte – einem führenden, hervorragenden Mann bei der Treuhandanstalt zu Anfang völlig unbekannt.

Sicherlich sind die berufseigenen Anforderungen an die Unternehmerschaft mit dem Beginn der Transformation stark gewachsen. Gerade jetzt wird mehr verlangt als routiniertes Management. Der Wandel im vorherrschenden allgemeinen Sprachgebrauch vom Unternehmer als Träger des Eigenrisikos zum Manager als Unternehmensleiter darf dabei das Problem nicht verfärben. Gesucht werden heute mehr denn je dynamische Unternehmer, die »außerhalb der gewohnten Bahnen« ihren Aufgaben nachspüren. Wenn (im Osten) ganze

Absatzgebiete wegbrechen oder man sich durch Aufwertungseffekt und ungenügende Produktivität im Wettbewerb an die Wand gedrückt fühlt, wenn (im Westen) ganze Branchen feststellen müssen, daß ihr Standort in Gefahr geraten ist, weil überseeische oder osteuropäische Produzenten vordringen, dann geht die Forderung an die Unternehmer sicherlich zuerst dahin, ganz im Sinne Schumpeters »neue Kombinationen von Produktionsfaktoren durchzusetzen«. Oft geht es aber darüber hinaus um eine Totalrevision des Unternehmens und der Branche und um eine Totalveränderung des Umfeldes; völliger Abbau und völlige Neubegründung einer Unternehmenseinheit stehen dabei ins Haus. Das, was wir heute makroökonomisch so leichthin als Strukturumbruch bezeichnen, verlangt von den Unternehmern einen ganz besonderen »Antriebsüberschuß« (excess of energy)[129], dessen Impetus eben die »Pioniere« vom großen Gefolge unterscheidet.

Die heutige Industriewelt ist jedoch weit entfernt von der Szenerie, in der Schumpeter einst seinen dynamischen Unternehmer agieren ließ[130]. Abgesehen von der modernen Rasanz und Qualität des modernen technischen Fortschritts bestimmen neue gesellschaftliche Entwicklungen seinen Aufgabenbereich und seine Aktivität. Der heutige *Wohlfahrtsstaat* hat die Arbeitswelt gründlich umgestaltet, man denke nur an das deutsche System der Mitbestimmung der Arbeitnehmer. Zugleich hat die Unternehmerschaft auch Anschluß gefunden – wie gezeigt – an eine Existenz im großorganisierten Dasein: *Industrielle Verbände* und ihre besonderen internen und externen Mechanismen gehören heute zu den selbstverständlichen Rahmenbedingungen des industriellen Fertigungs- und Vermarktungsprozesses.

Da der Staat heute in viel größerem Maße durch Regulierungen und seine lauernde latente Bereitschaft zu Interventionen viel stärker im wirtschaftlichen Geschehen präsent ist als etwa zu Schumpeters Zeiten, wird vom Unternehmer ein ausgeprägtes *politisch-soziales Gespür und Engagement* verlangt. Führende Unternehmer in den Verbänden müssen heute »political animals« sein. Manchmal tut man damit auch des Guten zuviel. Damit ist allerdings auch die Gefahr gegeben, daß sich Verbände und Staat gemeinsam auf den Weg in den *Korporativismus* begeben. Damit ist eine gesellschaftliche Ordnung gemeint, die von berufsständischen, syndikalistischen und etatistischen Elementen durchsetzt ist. Dies würde eine erhebliche Beschädigung, ja Deformation unseres marktwirtschaftlichen Systems bedeuten.

In allen diesen Bezügen hat die heutige nachhaltige Rezession nicht nur zu der beklagenswerten Unterauslastung von Kapazitäten und steigender Arbeitslosigkeit geführt, sie stellt auch ein *Purgatorium* für die Unternehmerschaft dar: Neue Köpfe rücken in die Vorstände ein, alte, überholte Strukturen werden beseitigt, ganze Führungsetagen werden ausgespart (mit einer Geschwindigkeit, die im Bereich der öffentlichen Verwaltung unvorstellbar wäre!), die Organisation der Produktion wird vereinfacht, Fehler in der Einschätzung der Märkte müssen von Grund auf korrigiert werden. Unternehmer, die in der langen Zeit des Aufschwungs nur noch Wartelisten abarbeiteten, müssen nun den Markt suchen. Kurzum: die Unternehmer müssen sich viel stärker ihren eigentlichen Aufgaben stellen. Das Ganze ist eine harte Auffrischungskur zur Erneuerung der Unternehmerfunktion und des Unternehmertyps. (Selbstverständlich ist das alles noch kein Ersatz für eine erfolgreiche Anti-Rezessionspolitik.)

Ihr Verhältnis zu den eigenen Verbänden wird notgedrungen kritischer, besonders im Rückblick auf frühere, in Zeiten des Vereinigungsbooms geschlossene Tarifverträge und im Hinblick auf kommende Verhandlungen. Die Verbände selbst hinken der Entwicklung manchmal nach: zum Beispiel wenn ein recht irenisch veranlagter Präsident dem »Angebot« eines Gewerkschaftsführers für kommende Runden (Inflationsausgleich plus Produktivitätsfortschritt – die alte Meinhold'sche Lohnformel, die tatsächlich nur für den Zustand der Vollbeschäftigung gedacht war) äußerst milde antwortete – seine Mitglieder werden ihn schon eines Besseren belehren. Besonders die Mittel- und Kleinbetriebe werden es nun nicht mehr hinnehmen, daß Zugeständnisse, zu denen die Großen sich früher noch in der Lage sahen, den anderen einfach übergestülpt werden.

Kurzum: *die Rezession ist die Stunde des Unternehmers.* Die Rezession erzwingt eine klarere ordnungspolitische Einstellung der Unternehmerschaft. Manch einer möchte annehmen, daß dies ein frommer Wunsch sei. Denn die Realität enthüllt uns oft ein Bild *ordnungspolitischer Schizophrenie*: zum Beispiel predigt man im Osten die reine Lehre der Marktwirtschaft, übt aber daheim, im Westen, die Praktiken des Subventionismus und des Protektionismus. Das kann auf die Dauer nicht gutgehen. Zumeist breiten sich die Verstöße, Lässigkeiten und Disziplinlosigkeiten schnell auf die neuen Gebiete aus. Oder es tritt der umgekehrte Fall ein: Man nimmt gerade die ungleichgewichtigte, schwierige Situation im Osten zum Anlaß dafür, die Marktwirtschaft für unzulänglich zu erklären.

In Wahrheit hilft nur eine nachhaltige Besinnung auf die marktwirtschaftlichen Grundregeln. Alles andere führt letztlich nur dazu, daß wesentliche Elemente der Unternehmensführung auf staatliche und verbandsmäßige Instanzen verlagert werden und die unternehmenseigenen Impulse zur Innovation erlahmen. Das bringt keine Dynamik, und die Rezession lehrt es unerbittlich.

Die *deutschen Gewerkschaften* haben nach wie vor den Tariflohn, das heißt den Mindestlohn für Arbeitnehmer, mit den Arbeitgeberverbänden auszuhandeln und vertraglich zu verabreden. Mit der Vereinigung erwarben sie einen erweiterten Arbeitsmarkt, der zunehmend durch einen beklemmenden Überschuß an Arbeitslosen gekennzeichnet ist. Durch die Rezession wurde die Reservearmee auch im Westen deutlich vergrößert. Bei einer gesamtdeutschen Arbeitslosigkeit von 3,5 Millionen, das heißt bei einer sich markant verschlechternden zahlenmäßigen Relation zwischen den Produktionsfaktoren Arbeit und Kapital, ist die Marktposition der Gewerkschaften zweifellos ungünstiger geworden. Wer aber meint, daß sie damit generell in die Defensive geraten sind, irrt sich schwer. Für diese Aussage gibt es mehrere Gründe.

Die deutschen Gewerkschaften sind von einer starken *politischen Aura* umgeben, die jeden Unternehmerverband in den Schatten stellt. Ihre Repräsentanten sind sehr oft politisch viel versierter als die der anderen Seite. Sie schicken eine stattliche Zahl von Mitgliedern in mehrere Fraktionen des Deutschen Bundestages. In mindestens einer Fraktion hat die personelle Konstellation es ergeben, daß die Wirtschaftspolitik heute praktisch von einem Sozialpolitiker beherrscht wird. Einer von ihnen ist bisher in jeder Bundesregierung der Minister für Arbeit und Soziales.

Für viele Beobachter gelten die Gewerkschaften als das soziale Gewissen der Nation. Ihr Kreis von Sympathisanten in der Öffentlichkeit, vor allem in den Massenmedien, ist groß, für viele politische Redakteure ist das fast selbstverständlich, auch wenn sie von Sozial- und Wirtschaftspolitik wenig verstehen mögen. Das beweist jede Berichterstattung über einen Tarifkonflikt.

In Deutschland hat sich in jahrzehntelanger Entwicklung ein Tarifrecht, mehr Richterrecht als Gesetzgebungsrecht, herausgebildet, das die Position der Gewerkschaften deutlich gestärkt hat – und sie wissen das.

Ihre führenden ersten Repräsentanten, von den Gründungsjahren der Bundesrepublik bis in den Anfang der achtziger Jahre, haben sich mit starkem Charisma und deutlicher Ansprache um die Stabilität der deutschen Gesellschaftsordnung große Verdienste erworben, ich nenne nur: Hans Böckler, Otto Brenner, Eugen Loderer. Danach ist eine andere Generation nach und nach an die Macht gekommen, doch keineswegs in allen Einzelgewerkschaften: mehr trainierte »Manager der Arbeit«, mehr akademisiert als die Altvordern, mehr forsch als berechenbar und beständig.

Gewerkschaftliche Fehlleistungen wie die falsche Einführung der Tariflohnbildung in Ostdeutschland und das permanente Aufrufen zur Aufholjagd in und nach der Wende, sowie schon vorher die Mißgeschicke und Peinlichkeiten in der Handhabung gemeinwirtschaftlicher Unternehmungen durch die Gewerkschaften wurden im Endergebnis von der Öffentlichkeit ziemlich schweigend zur Kenntnis genommen.

Aber kein Zweifel kann darüber bestehen: In einer allgemein weit kritischer und mißtrauischer gewordenen Bevölkerung sind auch die gewerkschaftlichen Mitglieder nun viel unruhiger und unsteter, auch die Fluktuation ist größer geworden. Die Integration der ostdeutschen Kollegen scheint – im wesentlichen – abgeschlossen zu sein, natürlich belastet durch die grassierende Arbeitslosigkeit.

Nun ist das große Nachdenken in die gewerkschaftlichen Etagen eingezogen, besonders nachdem die Rezession mit voller Wucht gerade die industriellen Kerne auch der Gewerkschaften getroffen hat: Automobilindustrie, Maschinenbau, Chemie. Das geflügelte Wort von den »neuen Herausforderungen« ist auch hier ständig zu vernehmen.

Die forcierte Verkürzung der Arbeitszeit beruhte – als generelle Strategie – ohnehin auf einem Fehlschluß biedermeierlicher Hauswirtschaftslehre: Es geht eben nicht immer darum, daß eine gegebene Menge Arbeit durch Arbeitszeitverkürzung nun auf mehr Köpfe verteilt werden könnte, sondern es geht gerade jetzt unbestreitbar um Senkung der Produktionskosten (auch durch Verlängerung einer *zu weit* verkürzten Arbeitszeit) mit dem Ziel, das Produkt zu vermehren bzw. preiswerter zu machen und damit auch das »Volumen Arbeit« zu vergrößern.

Neuerdings wird eine Form der drastisch verkürzten Arbeitszeit für ganze Unternehmen gefordert oder angeboten, die von entsprechenden Lohnkürzungen begleitet sein sollte. Sie könnte höchstens als Notbehelf für kritische Phasen dienen – nicht aber als Vorbote einer neuen Strategie. Von den Managern offeriert, ist das zugleich das Eingeständnis einer total verfehlten Lohnpolitik der letzten Jahre. Wenn diese Modelle sich so entwickeln würden, daß der Freizeitgewinn vom Staat – wenn auch nur partiell – alimentiert würde, dann hätte der zweite Arbeitsmarkt den ersten (normalen) Arbeitsmarkt praktisch erobert. Das Tor zum *Arbeitsamtssozialismus* wäre endgültig aufgestoßen. Die Wirkung auf Wirtschaftsgesinnung und -verhalten der Unternehmer und Arbeitnehmer wäre verheerend. Im Blick auf die ersehnte neue Dynamik der Volkswirtschaft müßte man zu dem Ergebnis kommen: »Lasset alle Hoffnung fahren.« Doch wollen wir erst einmal von dieser Fehlentwicklung absehen und den mutmaßlichen Trend der kommenden »normalen« Lohnpolitik beschreiben.

Man wird also weiter über die Brücken der Flexibilisierung der Arbeitszeit und der Teilarbeit gehen, bis hin zur Ausdehnung schließlich – auch aus demographischen Gründen – der Lebensarbeitszeit.

Vor allem wird eine grundlegend neue Strategie in der Lohnpolitik in Angriff genommen werden müssen zur deutlichen Senkung der Lohnstückkosten. Allgemein wird man sich auf eine stärkere Differenzierung der Entgelte entsprechend der Unterschiedlichkeit der Arbeitsqualitäten und auch der Betriebe und der Regionen einstellen müssen.

Und/oder man interpretiert die Tariflöhne sehr ehrlich und pointiert als Mindestlohn und überläßt alles weitere recht souverän einer breiten Lohndrift.

Und es bleibt der »steinerne Gast« der Öffnungsklausel im Raum.

Mit dem massiven Eindringen marktwirtschaftlichen Denkens und der wettbewerbsorientierten Auflockerung der bisherigen Tarifpolitik wird die neue Generation der Gewerkschaftsführer sich auseinandersetzen müssen – die Arbeitslosen vor den Toren der Betriebe warten darauf.

Ich kann den Gewerkschaften nur empfehlen – um ihrer selbst und der Mitglieder willen –, *unaufhörlich dem Fortschritt der Unternehmenswelt auf den Fersen zu bleiben.* Darin besteht ihre große sozialökonomische Aufgabe.

(2) Die privaten industriellen West-Ost-Investitionen müssen an Kraft gewinnen

Es konnte von vornherein kein Zweifel darüber bestehen, daß der Aufbau im Osten nicht allein mit öffentlichen Mitteln zu schaffen ist. Man hatte anfänglich sogar die gegenteilige Vorstellung, der man mit einer Reihe von Stimulantien, Förderprogrammen und steuerlichen Vergünstigungen für die West-Ost-Kapitalzufuhr Rechnung getragen hat. Sie erwiesen sich aus bekannten Gründen als nicht ausreichend. Die seit Frühjahr/Sommer 1992 eingetretene ökonomische Rezession hat sich zwar nicht unmittelbar und sofort in einem Rückgang der West-Ost-Investitionen niedergeschlagen, aber sie hat doch im großen und ganzen den so notwendigen weiteren Anstieg behindert.

Die öffentlichen Transfers dienen in erster Linie der Erhaltung von Humankapital und dem Neuaufbau der Infrastruktur in Ostdeutschland. Wenn aus politischen Gründen immer wieder die Auflegung neuer öffentlicher Investitionsprogramme gefordert wird, so geht das an den ökonomischen Notwendigkeiten vorbei: Die Erneuerung der öffentlichen Infrastruktur zeigt deutliche Fortschritte, die Finanzhilfen zugunsten der neuen Länder und die Aktivitäten von Bahn und Post zahlen sich hier aus. Dies beweist auch die Tätigkeit der Bauindustrie im öffentlichen Bereich. Ebenso zeigt der ostdeutsche Wohnungsbau (Wiederinstandsetzung) Zeichen der Belebung. Auch die Forderung nach Erhöhung der ohnehin beträchtlichen Mittel für ABM-Maßnahmen ist in dieser Hinsicht wenig sinnvoll.

Die große Lücke klafft in den privaten Industrieinvestitionen. Das gegenwärtige industrielle Produktionsniveau in den neuen Ländern wird nur noch auf etwa ein Viertel bis ein Drittel des Niveaus von 1989 veranschlagt. Hier offenbart sich die eigentliche Malaise des bisherigen Transformationsprozesses.

Natürlich ist in diesen Jahren industriell in Ostdeutschland investiert worden, aber eben nicht ausreichend. Die Investitionen der verarbeitenden Industrie in den neuen Ländern werden auf 12,5 Mrd. DM (1991) und auf 16,5 Mrd. DM (1992) geschätzt, die Planungen für 1993 beliefen sich auf immerhin 20 Mrd. DM.[131] Die Investitionszulagen und -zuschüsse, die steuerlichen Abschreibungen und die vielen Förderprogramme und auch die Gemeinschaftsaufgabe regionale Wirtschaftsförderung sowie Investitionen der Treuhandbetriebe selbst schlagen sich hier nieder. Und vieles von den neu errichteten Anlagen ist noch nicht produktionsreif. Das alles beweisen die erschreckend hohen Zahlen der industriellen Arbeitslosigkeit. Ein – natürlich unfairer – Vergleich dieser industriellen Investitionssummen mit den »Investitionszusagen«, die die Investoren der Treuhandanstalt bei der Privatisierung gegeben haben (bis Sommer 1993: 180 Mrd. DM) und die sich allerdings auf den ganzen Bereich des privaten Treuhandbesitzes beziehen, weist doch wenigstens etwas darauf hin, daß hier wahrlich noch vieles zu tun ist.

Bei der Frage der privaten Kapitalinvestitionen im industriellen Bereich Ostdeutschlands richtet sich die Erwartung selbstverständlich auch auf *unsere Geschäftsbanken*. Aber wie Horst Siebert dazu bemerkt: »Auch die großen deutschen Banken haben es nicht als ihre Aufgabe betrachtet, ostdeutsche Unternehmen vorübergehend zu übernehmen, sie effizient zu machen und dann an die Börse zu führen.«[132] Die allgemeinen Begründungen für diese erstaunliche Zurückhaltung können wir uns leicht vorstellen. Hinweisen wird man sicherlich auch auf die Finanzierung von Investitionen im Vertriebssystem (Versand- und Kaufhäuser), auf den Aufbau eigener Niederlassungen und Filialen sowie auf von der Treuhandanstalt verbürgte Kredite und so fort.

Nun gibt es hier einen Besserungsschein. Im Solidarpakt

(März 1993) heißt es: »Dementsprechend wird die deutsche Kreditwirtschaft alle Anstrengungen unternehmen, um zusätzlich 1 Mrd. DM in den Privatisierungsprozeß von sanierungsfähigen Unternehmen der Treuhandanstalt einzubringen.« Das ist natürlich nicht überwältigend, aber immerhin...

Aber Gottes Mühlen mahlen langsam. Im Mai 1993 ist von den privaten Banken die Beteiligungsgesellschaft Neue Länder (BNL) gegründet worden.[133] Die genossenschaftlichen Banken haben ihr Spitzeninstitut, die DG Bank Deutsche Genossenschaftsbank, mit der Koordination beauftragt. Von den übrigen Banken wird man sicher noch hören.

Hier muß ich sehr nachdrücklich mahnen. Sicherlich haben auch die sonst so gewinnträchtigen deutschen Geschäftsbanken durch die Rezession Blessuren hinnehmen müssen – und sie sind mit Recht in aller Welt tätig. Die in der Bundesrepublik übliche günstige steuerliche Behandlung ihrer Wertberichtigungen wird ihnen helfen, manche Wunden zu heilen.[134] Trotzdem ist eine deutlich sichtbare, weithin ausstrahlende *Initiative unserer Geschäftsbanken* für industrielle Investitionen in Ostdeutschland notwendig. Sollte es denn völlig ausgeschlossen sein, daß sie gemeinsam einen Block von Treuhandunternehmen übernehmen? Sicherlich pflegen sie keine »karitativen Geldanlagen« vorzunehmen[135] – das weiß jeder. Aber es zeigt sich doch auch, daß sich trotz der Rezession in der ostdeutschen Industrie einiges tut. Es gibt von dort hin und wieder bessere Nachrichten über die Auftragseingänge, wenn auch alles von einem äußerst niedrigen Produktionsniveau ausgeht. Franz Thoma bemerkt zudem, »daß zahlreiche Firmen Teile ihrer geplanten Kapitalanlage wegen der staatlichen Förderung in die neuen Bundesländer verlagern – eine gewollte Entwicklung. Leichte Hoffnung im Osten.«[136] Ich möchte da noch weiter gehen.

Was an industriellen Investitionen in Ostdeutschland produktionsreif wird, müßte in Zeiten der Erholung aus der allgemeinen Rezession gerade besondere Chancen haben, weil modernisiert und für Neuinvestitionen auch wegen der dort geltenden staatlichen Förderungen attraktiv. Jeder Aufstieg aus der Rezession führt bekanntlich von einem bestimmten Punkt an zu Kapazitätserweiterungen. Diese müßten sich aus wirtschaftlichen Gründen nun gerade in diesem Zyklus auf

Ostdeutschland verlagern. Daran sollten auch die Geschäftsbanken bei ihren neuen Strategien denken.

Ein spezielles Problem ist dabei die Strukturumwälzung in Ost- und Mitteleuropa. Man schickt von dort nicht mehr soviele Menschen, sondern vernünftigerweise nun mehr eigene Produkte. Die Staaten Osteuropas beziehen auch wieder mehr Erzeugnisse von uns, wobei unsere Westindustrie aus Gründen der Qualität davon bisher wohl mehr profitiert hat als die ostdeutsche Produktion. Wie schon betont: es wird unweigerlich eine neue Arbeitsteilung zwischen Deutschland und den Reformstaaten geben. Deren Ausfuhr von sehr konkurrenzfähigen Massen-, Halb- und Fertigfabrikaten zwingt uns, eine neue substitutive, aber auch komplementäre Fertigung (Weiterverarbeitung) zu entwickeln (vgl. oben Seite 89f.).

Solche Perspektiven zu realisieren, dafür wäre die ostdeutsche Industrie der richtige Standort. Ich erinnere immer wieder daran, daß Ostdeutschland 1936 (Land Sachsen, Provinz Sachsen, Berlin) mit rund 25 Prozent genauso stark wie die Rheinprovinz und Westfalen am industriellen Nettoproduktionswert des Deutschen Reiches beteiligt war (siehe oben Seite 16). Alles das muß doch einmal, nach großer, bekannter Verzögerung, wirklich wieder ins Spiel kommen! Daran seien auch unsere Geschäftsbanken erinnert.

Ich habe mir vor Abfassung dieser Schrift fest vorgenommen, keine neuen Präferenzen mehr für Ostdeutschland vorzuschlagen. Aus vielen dargelegten Gründen. Jetzt muß die Privatwirtschaft, insbesondere das private Kapital, deutlicher auf die Bühne treten.

Mit starken ordnungs- und finanzpolitischen Bedenken erinnere ich allerdings daran, daß im Bundeswirtschafts- und im Finanzministerium anfänglich auch eine besondere Maßnahme zur langfristigen Förderung des industriellen Wachstums in Ostdeutschland erwogen worden war – nach dem Muster der Siebener-Paragraphen des Einkommensteuergesetzes konstruiert –, die in den fünfziger Jahren als Stimulus für verschiedene Wirtschaftszweige in Westdeutschland von erheblicher Bedeutung war (Wohnungsbau, Schiffbau) und später auch in das ausgelaufene Berlin-Förderungsgesetz (§§ 16 und 17) für betriebliche Investitionen und Baumaßnahmen aufgenommen wurde. Dies würde also jetzt eine »Steuerermäßigung für Darlehen zur Finanzierung von industriellen Investitionen (auch von Baumaßnahmen) in Ostdeutschland« bedeuten. Dies wäre eine echte Kapitalbildungsprämie, die *für jeden Sparer in West- und Ostdeutschland* in Frage käme, und nicht nur, wie die Abschreibungspräferenz, für Unternehmen, die schon mit Gewinn arbeiten. Die Darlehen müßten über dazu legitimierte Banken (Deutsche Industriebank, Düsseldorf–Berlin) laufen. Dieses System hätte einen wirklichen Schub von neuem Kapital für Investitionen im Osten bedeutet. Auf jeden Fall hätte eine solche Lösung billiger und marktgerechter gewirkt als die Übergabe des »Restes« der Treuhandanstalt in staatliche Hände zum Zwecke subventionsträchtiger Industriepolitik. Dies nur zur Erinnerung – und Mahnung.

Viel besser wäre es, wenn unsere Geschäftsbanken ganz ohne Steuerpräferenzen – weitere Subventionen sind ohnehin mit Recht verpönt – ohne staatliche Zusatznahrung hier ein Beispiel zur Bereitstellung von Kapital für die ostdeutsche Industrie geben würden. Auch kaufmännisch wäre das eine mittelfristig ertragreiche Angelegenheit. Ich will niemandem zu nahe treten, aber ich muß es doch sagen: Sind Alfred Herrhausen und Jürgen Ponto uns genommen worden, ohne daß andere in ihrem Geiste nachfolgten?

(3) Noch einmal stark steigende öffentliche Kreditaufnahme – Angebotspolitische Überlegungen – Standort Deutschland – wiederum: Sozialpolitik und Lohnpolitik

In diesem Jahr (1993) steigt das Defizit der gesamtdeutschen öffentlichen Haushalte (samt Nebenhaushalten, auch Treuhandanstalt, Bahn und Post) auf 7,5 Prozent (das sind rund 230 Mrd. DM) unseres Sozialprodukts. Damit haben wir das *keynesianische Soll einer expansiven Nachfragepolitik* in einer nachhaltigen Rezession *übererfüllt!* Wir wirken also massiv dem konjunkturellen Abfall der gesamtwirtschaftlichen Nachfrage entgegen, indem wir einen erheblichen Teil der West-

Ost-Transferzahlungen mit Krediten finanzieren, zum Beispiel für die ostdeutschen Infrastrukturbauten, indem danach die Treuhandanstalt im ersten Halbjahr 1993 mit ihrer Nettokreditaufnahme schon knapp 20 Mrd. DM beansprucht (von einer für das ganze Jahr geltenden Kreditermächtigung von 38 Mrd. DM) – damit bestreitet sie ihren m.E. recht teuren Endspurt! Ähnliches gilt, wenn auch in viel kleinerem Maße, für den Fonds »Deutsche Einheit« und den Kreditabwicklungsfonds und so fort. Wir brauchen keine weiteren öffentlichen Investitionsprogramme, davon haben wir *en masse*, und die funktionieren so recht und schlecht, wie jedes solcher Programme einer jeden Regierung funktioniert – auf jeden Fall in expansiver Richtung! Notabene: unsere Nachbarn – Freunde – EU-Mit-Mitglieder sollten sich darüber freuen, daß die eigenartigen Deutschen so wenig knauserig sind! Ihre Lieferungen nach Deutschland werden auf keinen Fall leiden.

Eine solche Politik darf nicht explodieren. Unter diesen Umständen muß die »Königin der Nacht« – die Bundesbank – auf ihre Weise weiter gegenhalten. Das haben wir genügend beschrieben. Aber vor allem anderen sollte die gesamte Wirtschaftspolitik auf eine *energische Angebotspolitik* umschalten. Das war schon vor einigen Jahren nötig. Aber jetzt müssen wir sagen: sie war noch nie so nötig wie heute. Angebotspolitik heißt, wir müssen zugleich und deutlich auf die »klassische Medizin zurückgreifen«, wie der späte Keynes es einmal ausdrückte (er kannte das schöne Wort damals noch nicht).

Expansive Nachfragepolitik und sogleich einsetzende Angebotspolitik: Wir probieren also einen riskanten »Pas de deux«.

Von Eleganz bei den ersten Schritten kann bei allen unseren Bonner Kontrahenten kaum die Rede sein. Manche haben den Contre-danse und seine Regeln noch nicht gelernt. Mal setzen sie auf die eine Rolle, mal auf die andere: Dieselben Leute können anscheinend das Sparen loben und dann bei anderen Gelegenheiten wieder das Kaputtsparen beklagen.

Doch sehen wir uns die Sache selbst an. Nachfragepolitik, das ist ziemlich deutlich und klar, durch langjährige Kritik und Anti-Kritik auch in ihrer Identität definiert. Angebotspolitik, das wissen wir seit geraumer Zeit, da kann man nicht so einfach »draufzeigen«. Sie reicht von der Förderung der wettbewerbswirtschaftlichen Kräfte bis hin – natürlich – zur stabilitätsgerechten Lohnpolitik, vom Ersatz der Gewerbesteuer bis hin zum sanften Tod der Ladenschlußzeiten. Wir sehen schon: das meiste an der Angebotspolitik wirkt erst auf mittlere Sicht, einiges kann sofort einsetzen und sogleich die Daten ändern, aber doch erst mittelfristig volle Wirkung zeigen (zum Beispiel bestimmte Steuersenkungen).

Den hochtrainierten Hirnen unserer Bonner Ministerialbürokratie ist neuerdings ein ganzes Paket von Maßnahmen und Ideen entsprungen, welche im wesentlichen zur Angebotspolitik gehören[137]. Aber das Wort kommt dort m.E. nicht vor. Vielleicht geht es den Damen und Herren wie dem oft zitierten Mann, der sich darüber wunderte, nun zu erfahren, daß er sein Leben lang »Prosa« gesprochen habe. Mir ging es anfänglich übrigens ähnlich, als vor vielen Jahren die amerikanischen und deutschen Erfinder dieses Wortes es erklärten. (Vielleicht ist das Wort auch zu theoretisch oder – im Gegenteil – zu politisch?)

Vieles in dem Bericht »zur Zukunftssicherung des Standortes Deutschland« ist beherzigenswert, zum Beispiel der Eingangsteil »An bewährte Werte anknüpfen«. Im ganzen veranschaulicht aber das Papier, daß Angebotspolitik etwas sehr Fließendes ist. Man erkennt sehr schwer seine begrifflichen Grenzen. Es kann, wie dieser Report zeigt, alles und jedes darunterfallen.

Ob *Bildung und Ausbildung* dazu gehören, darüber kann man vielleicht trefflich streiten. Ich möchte festhalten: Angebotspolitik ist in erster Linie: Politik der Kostenbegrenzung und der Kostensenkung. Ob Bildung und Ausbildung vornehmlich unter dem Gesichtspunkt der Standortsicherung und der Zukunftsorientierung zu sehen sind, wie das dort im wesentlichen geschieht, möchte ich gerade als Ökonom, der weiß, daß man nicht alles ökonomisieren kann, sehr bezweifeln. Gewiß wird dort zugegeben, daß »Bildung nicht nur auf ökonomische Zwecke orientiert« sei, und hinzugefügt: »Persönlichkeitsentwicklung und Stärkung der Eigenverantwortung sind neben der Wissensvermittlung wichtige Ziele, an denen sich die Bildung orientieren muß.« Nein, Bildung hat für mich einen Eigenwert, und der heißt Wissen, Wissen um wenigstens einen Teil unserer abendländischen Kultur und Geschichte, Beherrschung von Sprachen und Mathematik, und das alles, ohne Ausnahme, *um seiner selbst willen!* Und Ausbildung hat nach meiner Vorstellung – natürlich sehr altmodisch – zu allererst etwas mit Disziplin zu tun. Jedes Entwicklungsland demonstriert uns heute, daß diese Elemente die Grundlage für alles weitere sein müssen. Und jeder weiß, daß heute bei uns die Themenbereiche »Wissen und Disziplin« zu den sehr schwachen Punkten unseres (Aus-)Bildungssystems gehören. Das kommt nicht zum Ausdruck. Und dieser Bericht hat es mir besonders deutlich gemacht: Solche Themen, die über das rein Fachliche von Regierung und Verwaltung hinausgreifen, überläßt man lieber einer kritischen, unabhängigen Instanz, wie die Engländer es gern halten, eben einer Royal Commission.

Doch zurück zum Fachlichen der Angebotspolitik:

Den Ausführungen in dem Abschnitt *»Steuerpolitische Standortnachteile«* kann man im großen und ganzen zustimmen. Erwähnt wird mit Recht das *Standortsicherungsgesetz 1993*, das ab 1. Januar 1994 eine Senkung der Einkommensteuer für Einkünfte aus gewerblicher Tätigkeit im Spitzensatz von bisher 53 Prozent auf 47 Prozent und des allgemeinen Körperschaftsteuersatzes von bisher 50 Prozent auf 45 Prozent bringt, also eine Erleichterung um 6 bzw. 5 Prozentpunkte. Nicht ausdrücklich erwähnt wird leider, daß durch die Ergänzungsabgabe (Solidarbeitrag) von 7,5 Prozent ab 1995 diese Erleichterung wiederum (auf noch unbestimmte Dauer) erheblich verkürzt wird. Wie dem auch sei, diese Steuersenkung, immerhin die erste seit Jahren im Einkommensteuerbereich (bislang ging es meist immer nach oben), ist nach der Bandbreitenerweiterung im EWS die *zweite Maßnahme,* die tatsächlich als *Zeichen für eine Verbesserung der Bedingungen für eine Belebung der Gesamtwirtschaft* aus der Talsohle heraus gewertet werden muß. Die Bundesregierung stellt das gar nicht genügend heraus, wohl auch aus politischen Gründen; aber die Steuerberater werden schon für die Verbreitung sorgen.

Vielleicht ist die Zurückhaltung auch in der seltsamen Vorgeschichte zu suchen. Die Regierung hatte nämlich in ihrem

Entwurf die strikte *Gegenfinanzierung* dieser Erleichterung vorgeschlagen, und zwar durch Verschlechterung der Abschreibungsbedingungen. Die Steueränderung hätte in diesem Fall eine Bestrafung gerade für Neuinvestitionen bedeutet und eine Prämie damit für Nicht-Investitionen! Ein reiner Fiskalist hatte hier wohl bei der Vorbereitung mitgewirkt. Mit dem heute so gängigen Begriff der Gegenfinanzierung kann man im übrigen jede Steuerermäßigung zu einer bloßen Formalie werden lassen. Die öffentliche Anmahnung in der Publizistik[138] unterstützte die Mitglieder des Vermittlungsausschusses bei der Änderung der Vorlage – durch endgültigen Verzicht auf die Absenkung der degressiven Abschreibung für bewegliche Anlagegüter.

Im Widerspruch zu den lobenswerten Absichten des Berichtes zur künftigen Fortsetzung der Unternehmensteuerreform, auch unter dem Aspekt der internationalen Konkurrenzfähigkeit, steht die Aussage »*für* die Einführung einer EG-weiten CO_2/Energiesteuer«. Sicherlich sind dabei deutliche Kautelen gegen »eine einseitige Wettbewerbsbelastung der deutschen Wirtschaft« angefügt. Wenn an anderer Stelle festgestellt wird, daß die deutsche Abgabenquote (Steuern plus Sozialversicherungsbeiträge) von 43,7 Prozent des Bruttoinlandsprodukts (1992) nun »infolge der Belastungen aus der deutschen Einheit 1995 sogar auf über 45 Prozent steigen dürfte«, so ist diese Energiesteuer darin wohl noch nicht enthalten. Bei diesem dubiosen Steuerplan ist immer noch nicht klar, ob es sich um eine sehr hohe Steuer handeln wird, die – entsprechend den Gesetzen der Preiselastizität der Nachfrage – dann den Verbrauch an Energie tatsächlich zurückdrängen wird, oder nur um eine verhältnismäßig leichte Steuer, die einfach nur Mehreinnahmen für den Staat – zur Verwendung für Umweltschutzmaßnahmen – bringen sollte.

Der Standortbericht der Bundesregierung befaßt sich auch mit dem Kernthema unseres Wohlfahrtsstaates, also der *Sozialpolitik*. Das gehört ökonomisch eigentlich nicht zur *Angebots*politik, sondern mehr zur Nachfrage: 30 Prozent unseres Sozialprodukts werden über und durch das »Sozialbudget«[139] verteilt und verwendet. Aber unter »soziale Rahmenbedingungen« – wie der Bericht es tut – kann man dieses Thema durchaus einordnen. Die Betonung wird generell auf Maßhalten in der Ausdehnung der Sozialpolitik gelegt. Es »muß darauf geachtet werden, daß die Wirtschaft nicht durch die sozialen Sicherungssysteme überfordert wird«. Aber es gibt auch wieder Ausnahmen: die Familienpolitik »weiter fortentwickeln«, »Reform des Gesundheitswesens fortsetzen« und so fort.

Sozialpolitik ist heute natürlich Gesellschaftspolitik. Da liegt die Frage nahe: Welches gesellschaftspolitische Leitbild bestimmt heute unsere politischen Kräfte – gerade in den Zeiten eines so schwierigen Vereinigungsprozesses? Im Deutschen Bundestag beherrschen drei sachkundige und überzeugungskräftige Sprecher die Sozialpolitik: zwei sitzen in der Regierung, einer ist in der Opposition tätig. Der eine hat uns in Zusammenarbeit mit dem anderen im Bundestag das Gesundheitsstrukturgesetz beschert. Es ist von verwaltungswirtschaftlichem Geist erfüllt, es arbeitet schon mit den kleineren Folterwerkzeugen eben der Verwaltungswirtschaft: Festpreise sind darin ein wichtiges Mittel. Für die Fortsetzungen in der Gesetzgebungsmaschine werden zum Beispiel angekündigt: »Umbau der heutigen Angebots- und Honorarstrukturen« usw. Das ist doch alles eindeutig staatlicher Dirigismus. Und wie bei jedem Dirigismus hat man zu Anfang einige kurzfristige Erfolge, aber sie erheischen, wie immer, weitere Novellen. Das System knirscht und wehrt sich noch. Wahrscheinlich gibt es hier kein Zurück. Aber wir müssen doch fragen: Steht uns am Ende ein *verstaatlichtes Gesundheitswesen* bevor? Der andere, aus dem Bundestag, wird möglicherweise dabei helfen. Er will – so hat es den Anschein – eine allgemeine Volksversicherung. Träumt er von einem »Volksheim Deutschland«? Beide könnten am Ende sagen: »Wir kennen keine Parteien mehr, es gibt nur noch Mitglieder der Gesetzlichen Krankenversicherung.« Nichts gegen diese notwendige und wohltätige Einrichtung, aber ich warne vor dem sozialpolitischen Zuviel. Und der dritte kämpft wie Laokoon verzweifelt gegen den Würgegriff der Schlangen, die ihn für seine Verteidigung der im Bau befindlichen »vierten Säule des Sozialstaates« angreifen. (Muß Troja fallen?)

Wie auch immer das Schicksal unseres Laokoon seinen Lauf nehmen wird – wenn unsere aktiven Sozialpolitiker glauben, daß unser Wohlfahrtsstaat durch die harte Rezession und den schwierigen Vereinigungsprozeß zu bringen sei, ohne daß er im mindesten eingeschränkt würde, dann gehen sie schweren Zeiten entgegen. Bei unumgänglichen staatlichen Ausgabenkürzungen ist nicht zu vermeiden, daß auch in diesem Bereich – allerdings sehr behutsam und begrenzt – eingegriffen wird. Sicherlich hat die Regierung unklug gehandelt, indem sie ihrem Sparprogramm nicht gleichzeitig ein Programm drastischer Subventionskürzungen an die Seite gestellt hat. Aber solche Subventionskürzungen, die nicht nur Konsumeinschränkungen bedeuten, sondern Arbeitsplätze kosten, müßten in den konjunkturellen Aufschwung verlegt werden, damit die Menschen leichter in einen neuen Arbeitsplatz wechseln können. In dieser Beziehung ist man jetzt für ein solches Doppelprogramm in der Rezession ziemlich behindert.

Was das Leitbild der Sozialpolitik betrifft, da kann man bei einer gewissen Bunkermentalität und den Expansionswünschen nur *um Deutschland* fürchten. Dabei ist doch bekannt, daß Nachbarländer, die auf diesem Weg noch weiter fortgeschritten waren, sich inzwischen zu deutlichen Korrekturen gezwungen sehen. Unsere Sozialpolitiker bewegen sich also gegen den allgemeinen Trend. Wenn das so weitergeht, so würde Deutschland eine seltsame Sonderrolle spielen: Nach dem verspäteten Jugendstreich der ersten Vereinigung entstand ein ansehnlicher Industriestaat mit nicht allzuviel politischer Freiheit und einer noch mittelmäßig entwickelten Sozialpolitik. Geht es jetzt, nach der zweiten Vereinigung, die uns die Geschichte wiederum sehr spät schenkte, in voller Freiheit und in einem wohlausgebauten Wohlfahrtsstaat schnurstracks auf ein »Deutschland im Spätherbst« zu? Das Ganze ein bundesweiter sozialer Hegehof mit allem Komfort, aber dann natürlich mit einer begrenzten, nicht mehr taufrischen Industrieentwicklung, das ist doch keine ermutigende Perspektive! Wo sind die wirtschafts- und finanzpolitischen Akteure im Bundestag, die solchen Tendenzen parlamentarisch entgegentreten und eine vernünftige Korrektur durchsetzen?

Die gesamtstaatliche Finanzsituation verlangt, daß auch im Bereich der Sozialpolitik – wie betont – »sehr behutsam und begrenzt« gekürzt werden muß. Für das weitere Wachstum der Sozialleistungen wird fortan die Regel gelten müssen, daß ihre Zunahme unterhalb der Zuwachsrate des nominalen Sozialprodukts liegen muß.

Man sieht, der breit ausgefächerte Standortbericht führt doch auch zu weitreichenden Überlegungen. Zurück nun zu den Innereien der Angebotspolitik und damit auch zu den fälligen Selbstverständlichkeiten der Standortdebatte.

Gerade jetzt ist natürlich eine *Deregulierung* des Wirtschaftsprozesses notwendig. Gerade in der Rezession zeigt sich, wie sich behördliche Reglementierungen wie Mehltau über das Wirtschaftsgefüge legen. Ein offensives Programm der ordnungspolitischen Bereinigung ist also fällig. Wenn man über wirtschaftspolitische Versäumnisse bei der Wiedervereinigung spricht und sich dabei die Versuche vor Augen hält, die behördlichen Genehmigungsverfahren bei Investitionen in Ostdeutschland zu verkürzen und zu vereinfachen, so kann man nur fragen: Warum hat man das nicht zugleich für Westdeutschland in Gang gebracht? Die Deregulierung ist in der Tat eine gesamtdeutsche Aufgabe. Im übrigen stimme ich Hartmut Fest zu, wenn er von »einer politisch recht kraftlos gewordenen Deregulierungsdebatte« spricht[140]. Ich setze allerdings mehr darauf, daß die Rezession das Deregulierungsbewußtsein schärft.

Wenn man sich die zahlreichen *Subventionen* für die verschiedenen Wirtschaftszweige ansieht – die auch gemäß dem Standortbericht »weiterhin konsequent abzubauen« sind –, so kann man nur erstaunt feststellen: Wie ungeheuer stark muß die marktwirtschaftliche Kraft der nicht-subventionierten Teile der Gesamtwirtschaft sein, daß sie dies alles aufbrachten und möglich machten! Dies sollte uns Hoffnung geben für eine ordnungspolitische Besinnung und Anstrengung, die sich über einen sehr langen Zeitraum erstrecken kann. Aber dies alles ist schon allzu häufig gesagt worden.

Zu diesen institutionellen Bereichen zählt der Bericht vieles andere auf, bei manchem muß die Regierung sich an die eigene Brust schlagen. Viele Schräubchen und Hebelchen müssen anscheinend bedient werden, damit ein besseres Bild vom Standort Deutschland erreicht werden kann. Durch einen so weit gefaßten Katalog werden die Schwerpunkte unserer erforderlichen Politik ziemlich überdeckt. Sicherlich werden auch die harten Themen angesprochen.

Zur Angebotspolitik gehört vor allem die *Lohnpolitik*. Dazu heißt es im Standortbericht lapidar: »Wer die Löhne festlegt, bestimmt wesentlich auch das Beschäftigungsniveau.«

Bevor wir uns mit diesem kritischen Thema noch weiter befassen, wollen wir eine ausländische, englische Stimme zur Kenntnis nehmen: Man belächelt dort unsere gegenwärtigen Dispute über »die törichte Verpflichtung, gleiche Bezahlung in Ost- und Westdeutschland bis 1994 zu erreichen«. Aber man stellt fest: »Die Entwicklung der Löhne in Ostdeutschland ist von nationaler Bedeutung.« Jedoch fügt man hinzu: »Hohe Löhne und hohe Arbeitslosigkeit in Ostdeutschland werden die Verlängerung des dauernden Entzugs von Mitteln aus dem öffentlichen Haushalt für eine unbegrenzte Zukunft bestimmen. Das Defizit des gesamtdeutschen öffentlichen Haushalts beläuft sich auf rund 6 Prozent des Bruttoinlandsprodukts. In Anbetracht der Rezession und der Anzahl der Wahlen im nächsten Jahr wird es wahrscheinlich auf diesem Niveau oder gar einem höheren bleiben, für viele Jahre!«[141]

Bei dieser trüben Feststellung mag man vielleicht zu dem Schluß kommen, daß eine zu Anfang des Prozesses besonders von amerikanischer Seite vorgeschlagene allgemeine Lohnsubventionierung[142] (in Höhe von 75 Prozent!) doch zu einem besseren Ergebnis geführt hätte. Dann wäre sicherlich die Zahl der Arbeitslosen niedriger, aber die finanzielle Belastung[143] viel höher – einschließlich der notwendigen öffentlichen wie privaten Kapitalzuwendungen. Vor allem wäre der Auswahlprozeß nach der Wettbewerbsfähigkeit der Betriebe und ihre Modernisierung sehr verzerrt in Gang gekommen. Außerdem haben wir inzwischen de facto eine Lohnsubventionierung durch die Sanierungstätigkeit der Treuhandanstalt, soweit eben die Betriebe der Treuhand noch nicht privatisiert oder stillgelegt sind. Man kann die Politik der Treuhand als einen recht gequälten Kompromiß ansehen zwischen der zeitweiligen subventionierten Erhaltung von Betrieben, der devoten Unterwerfung unter die Tarifautonomie und der möglichen Entlassung der Betriebe in den Markt und seine Selektion.

Neben ihrer erwähnten grundsätzlichen Aussage über die Bedeutung der Tarifvertragspolitik für das Beschäftigungsniveau spricht die Bundesregierung sich in ihrem Bericht für eine Streckung der Anpassung der Einkommen im öffentlichen Dienst an das Niveau in Westdeutschland aus und »begrüßt die Vereinbarung von *Härteklauseln* in wichtigen Industriebereichen und fordert die sachgemäße Anwendung...« »auch für die noch im Besitz der Treuhandanstalt befindlichen Unternehmen«.

Diese Bemerkungen deuten den tatsächlichen Konflikt, in den die Tarifautonomie im Vereinigungsprozeß geraten ist, nur sehr milde an. Schon 1991 stellten weitsichtige Beobachter fest: »Die Tarifvereinbarungen für Ostdeutschland kommen einem Beschäftigungsverbot in diesem Landesteil gleich.«[144] Daran hat sich – wie mehrfach betont – bis heute nicht viel geändert. Um von den verhängnisvollen Stufenplänen herunterzukommen, wurden immer wieder – nicht nur von Arbeitgeberseite – Vorschläge gemacht, um das Tarifvertragssystem aufzulockern. Im wesentlichen geht es dabei vor allem um zwei Desiderata:

Einmal wird eine gesetzliche Interpretation des *Günstigkeitsprinzips* verlangt. Bisher sind von den Tarifverträgen abweichende einzelvertragliche Regelungen nur wirksam, wenn sie für den Arbeitnehmer günstiger sind. Dies sollte nun – in Anbetracht vor allem der Industrie in Ostdeutschland – auch in der anderen Richtung erlaubt sein. Zum anderen wird eine *Öffnungsklausel* für Tarifverträge gefordert, die in der prekären Lage ostdeutscher Betriebe, von Fall zu Fall, eine Sonderregelung gestattet. Diese Forderung hat nach dem Metallarbeiterstreik 1993 zu der erwähnten Härteklausel geführt, deren Anwendung das Einverständnis *beider* Tarifparteien voraussetzt und die bekanntlich dementsprechend recht restriktiv gehandhabt wird.

Solche Erfahrungen führen letztlich zu der Auffassung, daß einem Unternehmer, der sich wegen der Lohnkostensituation gegen die Wand gedrückt sieht, ein opting out vom geltenden Tarifvertrag und die Möglichkeit zum Abschluß eines Sondervertrages mit seiner Betriebsvertretung gewährt werden solle.

Es besteht kein Zweifel darüber, daß dies auf eine Änderung des geltenden Tarifvertragsgesetzes hinausliefe. Auf die daneben bestehenden tatsächlichen Tendenzen zur Erosion des ganzen Systems wurde schon hingewiesen. Das Problem hat sich zudem – unter dem Eindruck der Rezession – auch auf Westdeutschland verlagert.[145]

Daß Themen wie Günstigkeitsprinzip und Öffnungsklausel heute wieder zur Debatte gestellt werden, mag für viele ein

Schock sein. Aber die außergewöhnlichen Umstände einer Kostenkrise fordern auch in vielen anderen gesellschaftlichen Bereichen eine Änderung der Verhaltensweisen. Die Vereinbarung von »Härteklauseln« ist doch schon ein Zeichen der Bewegung. Deshalb halte ich die Weiterentwicklung von Öffnungsklauseln für wahrscheinlicher als eine Neuinterpretation des Günstigkeitsprinzips.

Es bleibt nur der Schluß: Wenn für Ostdeutschland der Beginn eines sich selbst tragenden Aufschwungs ins Auge gefaßt wird, ist nicht nur die zeitliche Streckung, sondern auch die Änderung der Tarifvertragspolitik im Sinne der Anpassung an die Lage der einzelnen Betriebe eine unabdingbare Voraussetzung. Hierbei ist auch die andere Möglichkeit gegeben, nämlich zu einer sehr moderaten Mindestlohnpolitik überzugehen und (unter Zurücknahme der Stufenpläne) den ganzen Prozeß einer sehr breiten Lohndrift zu überlassen (siehe oben Seite 126f.). Nur mit solchen Methoden ist es auch möglich, den zweiten Arbeitsmarkt wieder abzubauen.

Das Ergebnis unserer Überlegungen zur Angebotspolitik und zur Sozial- und Lohnpolitik lautet: *Wir brauchen viel mehr Wachstumspolitik und viel weniger Verteilungspolitik,* eine Wachstumspolitik, die zwar mittelfristig wirksam ist, aber ihre ersten Erfolge schon bald zeitigt. Steuererleichterungen, die die Investitionen fördern, wären am Platze. Jedoch wir stehen unter dem Druck vorläufig noch steigender Haushaltsdefizite. Darauf werden wir im Zusammenhang mit der Finanzpolitik noch zu sprechen kommen.

(4) Klarheit über den Gesamtschuldenstand – Jäten und Säen in der Finanzpolitik – Versuch eines Handlungsrahmens

Eine Vorbemerkung

Es ist für den Ökonomen eigentlich erstaunlich zu erkennen, daß Ressourcenverlagerungen und -entzüge einer Volkswirtschaft, auch wenn sie rein rechnerisch, gemessen am jeweiligen Sozialprodukt, nicht gerade riesige Dimensionen erreichen, dennoch in dem belasteten Land zu wirtschaftlichen, sozialen und politischen Verwerfungen, Umbrüchen, ja Erschütterungen führen können.

In der Weimarer Republik waren das die von den Siegermächten auferlegten Reparationszahlungen. Bei allen statistischen Schwierigkeiten, die damals noch gegeben waren, wird deren jährliche Belastung gegen Ende der zwanziger Jahre auf *rund 3 Prozent* des deutschen Bruttosozialprodukts beziffert.[146] Andere sprechen von *2 Prozent*.[147]

Der Ölschock 1973 und 1979 brachte einen Kaufkrafttransfer, durch die gewaltig erhöhten Ölpreise, zugunsten der OPEC und zu Lasten der Bundesrepublik von annähernd gleicher Höhe: *2 bis 3 Prozent* des westdeutschen Sozialprodukts.

Die jährlichen westdeutschen öffentlichen Transferzahlungen an Ostdeutschland in Höhe von netto 150 Mrd. DM machen (samt den für aufgenommene Kredite zu zahlenden Zinsen) mehr als *5 Prozent* des Bruttosozialprodukts aus, zum Beispiel *1995: 5,2 Prozent*. Man kann auch sagen, die heutigen Transferzahlungen sind *doppelt so hoch wie jeweils die früheren Reparationen oder der Ressourcenentzug durch den Ölschock*, natürlich als innerdeutsche Übertragungen von anderer politisch-ökonomischer Qualität als die früheren, grenzüberschreitenden Transfers.

Die Reparationen waren für die erste deutsche Demokratie – wenn auch im Ausmaß umstritten – von schlimmer Bedeutung, besonders durch ihr vergiftetes politisches Umfeld: Rheinlandbesetzung, Ruhrkampf, innerpolitische Erschütterungen bis hin zur Entlassung Reichskanzler Brünings 1932, als er von »den letzten 100 Metern« sprach, nämlich kurz vor Aufhebung der Reparationen, was das Ziel seiner ganzen Politik gewesen war. Das alles war mehr als nur eine »psychologische Wirkung« der Reparationen.

Der Ölschock gilt heute vielen als »verdaut«. Tatsächlich verursachte er eine starke Wirtschaftskrise, Turbulenzen auf dem deutschen Arbeitsmarkt, mitverursacht auch durch tarifpolitisches Fehlverhalten. Das alles fiel zusammen mit dem Ende der seit 1960 erreichten Vollbeschäftigung der deutschen Wirtschaft.

Das Umfeld der heutigen West-Ost-Transferleistung haben wir genügend beschrieben (Umbruch der Strukturen in Ostdeutschland und zu dessen Linderung und schließlich Überwindung eben die Transfers als Last der öffentlichen Haushalte von Bund und alten Ländern).

Dieser Vergleich aller drei Vorgänge zeigt zur Genüge: Die politisch-ökonomischen Wirkungen solcher Ressourcenverlagerungen und auch ihre Ursachen können weit über das hinausgehen, was ihr jeweiliger Prozentanteil ahnen läßt. Zahlen sind nicht die ganze Wahrheit.

*Der Gesamtschuldenstand
und sein mutmaßlicher Verlauf*

In den bisherigen Ausführungen habe ich immer wieder eine amtliche Gesamtschau der öffentlichen Schulden (einschließlich der Nebenhaushalte) und ihrer mutmaßlichen Entwicklung angemahnt. Der neue offizielle mittelfristige Finanzplan bleibt aber noch bei dem alten Muster.[148] Er bezieht sich natürlich nur auf den Bund und läßt wichtige Nebenhaushalte unerwähnt.

In einer Untersuchung der Deutschen Bundesbank[149] wurde mit Recht die fehlende Übersicht über die deutschen Staatsfinanzen durch die zahlreichen Nebenhaushalte kritisiert. Man könnte der Meinung sein: Ohne eine solche Gesamtübersicht müßten die Deutschen sich als Mitglieder einer Firma fühlen, deren Bilanz weder die Belegschaft noch der Betriebsrat noch (anscheinend) der Vorstand kennen, und zwar eines Unternehmens, das durch eine Fusion (das heißt die Vereinigung) in schwere Wasser geraten ist. Es ist im bisherigen Verlauf des Vereinigungsprozesses Gewohnheit gewesen, die Verschuldung amtlich möglichst nur des Bundes bzw. der Gebietskörperschaften auszuweisen, aber einen wichtigen Teil der Nebenhaushalte gesonderten Veröffentlichungen, zum Beispiel denen der Bundesbank, zu überlassen. Damit wurden dem besorgten Staatsbürger nur einige Stücke aus der Gesamttorte vorgestellt. Mehrere andere Autoren versuchten, hier ein umfassenderes Bild zu skizzieren.

Nunmehr ist dank der Mithilfe von Beamten des Bundesfinanzministeriums für den Verfasser dieser Schrift eine Veränderung des Erkenntnisstandes eingetreten: Wir können jetzt – mit allem Vorbehalt – einen Blick auf den Gesamtschuldenstand aller öffentlichen Hände und seine mittelfristige Planung werfen.

Aus den Überlegungen zu unserer Tabelle (s. o. S. 79, zweite Tabellen-Zeile) hatte sich ergeben, daß die Schuldenstandsquote der Gebietskörperschaften (einschließlich integrierter Fonds) plus Treuhandanstalt für die schuldenpolitische Betrachtung des Vereinigungsprozesses die *adäquate Relation* zu sein scheint. Deren mutmaßliche Entwicklung läßt sich jetzt bis 1997 übersehen:

Zusammenstellung:
Gesamtdeutscher Schuldenstand 1992-1997
(in Prozent des Sozialprodukts) [a]

	1992	1993	1994 [c]	1995	1996	1997
Gebietskörperschaften [b] u. Treuhandanstalt bzw. Erblastentilgungsfonds	47,8	54,2	57,9	59,5	58	56

[a] Aufgrund einer freundlichen Überlassung von Arbeitspapieren des Bundesfinanzministeriums und eigener Rechenübungen.

[b] Einschließlich integrierter Fonds (ERP-Sondervermögen, Fonds »Deutsche Einheit«, Kreditabwicklungsfonds)

[c] Bis 1994 ist die Treuhand den Zahlen für die Gebietskörperschaften etc. hinzugezählt worden. Ab 1995 ist der »Erblastentilgungsfonds« in den amtlichen Zahlen enthalten.

Die leichte rechnerische Abweichung von der Tabelle (S. 79, zweite Tabellen-Zeile) für 1992 ist wohl hinzunehmen. – In der obigen »Zusammenstellung« fällt der schon besprochene starke Anstieg der Verschuldung für 1993 auf, und auch noch für 1994. Das wichtigste aber ist, daß in der Zusammenstellung das Jahr *1995 (59,5 Prozent) das Jahr des Wendepunktes* in der öffentlichen Verschuldung zu werden scheint.[150] Die vorausgeplanten Nettokreditaufnahmen für 1996 und 1997 erscheinen mir allerdings ehrgeizig niedrig zu sein. Hoffentlich hat hier nicht die von v. Böhm-Bawerk so oft formulierte »Unterschätzung zukünftiger Bedürfnisse« die Hand geführt. Ebenso ist zu hoffen, daß die Werte des nominalen Sozialprodukts für die kommenden Jahre maßvoll geschätzt wurden. Irritierend ist übrigens auch, daß der Wendepunkt der Schuldenstandsquote einem Konvergenz-Kriterium (60 Prozent) des Maastrichter Vertrages gleichkommt.

Wie dem auch sei, es ist dringend erforderlich, daß die Finanzpolitik sich auf den mutmaßlichen Wendepunkt im Jahre 1995 in Bund, Ländern und Gemeinden einstellt, zur Disziplinierung aller öffentlichen Hände und zur Stärkung des Vertrauens aller, gerade auch des Auslandes, in die deutsche Haushaltsführung. Dies wäre das Kernstück des so oft verlangten Konsolidierungskonzeptes. Es war bisher sozusagen eine Leerstelle.

Ich verwende auf dieser Basis und bei diesem Thema zum erstenmal absolute Zahlen: Wenn im Laufe des Jahres 1995 der öffentliche Verschuldungsstand die Grenze von 2 Billionen DM – wie vorgesehen – überschreitet (Höchststand Ende 1995: 2053 Mrd. DM, ohne Bahn und Post), so muß sogleich dazu gesagt werden, daß davon schon 929 Mrd. DM auf die Reste der Schuldenaufnahme aller deutschen Regierungen in Bund, Ländern und Gemeinden vor 1989 entfallen. Die Mehrverschuldung bis 1995 von 1124 Mrd. DM, also in sechs Jahren, bedeutet, daß alle öffentlichen Hände zusammen (samt Nebenhaushalten) Jahr für Jahr sich durchschnittlich ein Defizit von 187 Mrd. DM geleistet haben, natürlich etwas mehr als die West-Ost-Transfers, also auch – was immer zu vermuten ist – für eigene oder andere Zwecke, Übertragungen auch an das Ausland usw. Ebenfalls steckt darin natürlich die antizyklische Schuldenaufnahme oder die Kreditaufnahme im Sinne der eingebauten Stabilisatoren, die in den Rezessionsjahren 1992 bis 1994 ihre besondere Funktion haben.

Ein Wendepunkt oder Höchststand der öffentlichen Schulden von 60 Prozent des Sozialprodukts im Jahre 1995 ist als solcher kein Anlaß zur Dramatik oder Panik. Die eigentliche, stabilitätsgefährdende Anspannung in der Volkswirtschaft entwickelt sich in den Jahren der schnellen Schuldenzunahme. Danach wird der Prozeß für den Fiskus operativ wohl anstrengender, jedoch sollte sich die Wirtschaft nach und nach auf den Gleichgewichtspfad zubewegen.

Erstens wird die Schuldenstandsquote durch das weitere Wachstum des (nominalen) Sozialprodukts automatisch verringert, wie das Beispiel des Abbaus der riesigen und durchaus richtigen Verschuldung der USA in und nach dem Zweiten Weltkrieg es uns anschaulich gezeigt hat (s. o. S. 77f). Dieser Effekt offenbart sich bei uns schon in der Zeit der »Schuldenexplosion« von 1990 bis 1995; die Verschuldung vermehrt sich um das 1,2fache, aber die Schuldenstandsquote wächst »nur« von 41,3 Prozent (1989) auf 60 Prozent, also um rund 19 Prozentpunkte oder etwa um das 0,5fache.

Zweitens muß selbstverständlich ein ruhiger, stetiger und zuverlässiger »realer« Abbau der Schulden in Gang gesetzt werden, und zwar nach der Überwindung der Rezession und im klaren Wiederanstieg der Gesamtwirtschaft. Beim Absinken der Schuldenstandsquote wird die Zunahme des Schuldenstandes in absoluten Werten sich noch einige Zeit fortsetzen.

Damit hat schon ein weiteres Kapitel der Finanzpolitik begonnen.

Jäten und Säen in der Finanzpolitik

Jäten und Säen muß die Grundregel unserer allgemeinen Wirtschafts- und Finanzpolitik in diesen Jahren sein. Die weiterhin anschwellenden öffentlichen Defizite werden durch Ausgabenkürzungen (und wahrscheinlich auch durch die schon im Solidarpakt beschlossenen Steuererhöhungen) eingegrenzt – auch damit das Vertrauen in die deutschen Finanzen und die deutsche Währung gestärkt wird. Ausgabenkürzungen (Sparpaket) und Einnahmeverbesserungen (Mineralölsteuererhöhung ab 1994) wirken in gleicher Weise gesamtwirtschaftlich kontraktiv; wobei allerdings immer noch (bis 1995) angenommen werden kann, daß die Schuldenzunahme per Saldo im ganzen über diesen Effekt hinausgeht. Steuererhöhungen stellen finanzpolitisches Jäten dar. Wenn Steuererhöhungen *in* der Rezession stattfinden, werden sie gerne als vertrauensbildende Maßnahme im Sinne der »Konsolidierung« begründet; aber sie üben einen prozyklischen Einfluß aus. Natürlich wirken Steuersenkungen ohne gleichzeitige Ausgabenkürzungen als Säen, aber sie dienen allein nicht der Absenkung der »Staatsquote«. Die beschlossene Maßnahme zur Stimulierung der privaten

Investition (Einkommensteuersenkung für Unternehmungen und Senkung der Körperschaftsteuer ohne Verschlechterung der Abschreibungsbedingungen für bewegliche Anlagegüter – Standortsicherungsgesetz) ist bisher das *einzige Element des Säens*. Sie sollte ein robusteres wirtschaftliches Wachstum vorbereiten und also dem System Stärke verleihen, damit es die langfristige Chirurgie des Abbaus des öffentlichen Schuldenstandes ertragen kann. Jedoch werden die Steuererleichterungen durch die Ergänzungsabgabe 1995 wieder verkürzt.

Auf mittlere Sicht sind Steuersenkungen (von einer Abgabenquote von 45,5 Prozent müssen wir mittelfristig wieder herunter) und Ausgabenkürzungen unumgänglich, im Interesse der Förderung des wirtschaftlichen Wachstums. Aber das Schwergewicht wird sich dabei auf die Ausgabenverminderungen verschieben. Subventionskürzungen lassen sich im allgemeinen nur in Zeiten wirtschaftlichen Wachstums wirksam durchsetzen; sie jetzt dauernd und wiederholt anzufordern, hat meist nur verbale Bedeutung. Erst im konjunkturellen Aufschwung schlägt die Stunde der energischen Subventionskürzungen. Auf die mittlere und längere Frist werden Steuersenkungen also hinter den stärkeren Ausgabenbeschneidungen zurückbleiben. Nur mit einer solchen »Differenz« ist eine Bedienung und Kürzung der Schuldenlast möglich. Steuersenkungen, Ausgabenreduktionen bei noch sehr hoher staatlicher Zinslastquote *und* schneller Abbau der Schulden *und* schnelle Verringerung der »Staatsquote« sind vorerst *gleichzeitig* nicht zu haben. Nach meinen Wertvorstellungen hätte der Beginn des Schuldenabbaus erst einmal den Vorrang.

Dies ist ein recht weit greifendes Gesamtbild. Es scheint nur auf den ersten Blick sehr kompliziert zu sein. Aber es ist auf jeden Fall der komplizierten Lage angemessen. Es erfordert Mut und stete Orientierung auf Stabilität, Wachstum und den langfristigen Schuldenabbau.

Versuch eines Handlungsrahmens

(Grober finanz- und wirtschaftspolitischer Fahrplan entsprechend den bisherigen Gegebenheiten und mit weiteren Vorschlägen)

I. *Bis 1995:* Steigende öffentliche Defizite, Kürzung öffentlicher Konsumausgaben (Sparpaket, Begrenzung der öffentlichen Personalausgaben usw.). Solche Kürzungen und Begrenzungen sind nicht wachstumsfeindlich, da die staatliche Nettoneuverschuldung in diesen Jahren immer größer sein wird als die Zurücknahme der öffentlichen Konsumausgaben. Eine solche Politik der Strenge ist als Wachstumspolitik zulässig.

II. *Ab 1995:* Einbringung der Schulden der Treuhandanstalt und des Kreditabwicklungsfonds in den Erblastentilgungsfonds, Steuererhöhungen (Ergänzungsabgabe und Erhöhung der Vermögensteuer), soweit durch den Solidarpakt vorgeschrieben.

III. *»Wendepunkt« (vermutlich 1995):* Auswirkung der Maßnahmen vor allem gemäß I und deutliche Besserung des Konjunkturverlaufs: Bei stärkerem wirtschaftlichem Wachstum beginnendes Absinken des Schuldenstandes des öffentlichen Gesamthaushalts in Relation zum Sozialprodukt.

IV. *Nach dem Wendepunkt:* Auslaufen des Solidarbeitrages in absehbarer Zeit, langfristige Rückführung des öffentlichen Schuldenstandes durch Vorauseilen der Ausgabenkürzungen vor Steuersenkungen. Die langfristige Konsolidierungspolitik wirkt sich darin aus, daß die Nettoneuverschuldung *aller* staatlichen Stellen nicht nur deutlich unterhalb der Zuwachsrate des nominalen Sozialprodukts liegt, sondern der Schuldenstand dann auch »real« nach und nach, von Jahr zu Jahr, absinkt. Das müßte sich über einen sehr langen Zeitraum erstrecken. Die USA brauchten 20 Jahre, um nach dem Zweiten Weltkrieg auf ihre Vorkriegsposition des Schuldenstandes zurückzukehren – in einer prosperierenden Welt (s. o. S. 77 f).

Bei dieser Perspektive wird vorausgesetzt, daß die Bundesbank ihre potentialorientierte Geldpolitik, flankierend und betont auf längere Frist angelegt, unbeirrt fortführt und insoweit sich in der Rezession einem sinkenden Geldzinstrend anschließt.

Die öffentlichen Transferzahlungen von West nach Ost werden, im Finanzausgleich ab 1995 durch den Solidarpakt gestützt, weiterfließen. Die Lohnpolitik in Westdeutschland muß sich den begrenzten Bedingungen eines doch recht gebremsten gesamtwirtschaftlichen Wachstums anpassen. Die Lohnangleichung in Ostdeutschland muß in einer grundsätzlichen Entscheidung der Tarifvertragsparteien bzw. des Gesetzgebers aufgelockert und mit den Verhältnissen der einzelnen Unternehmen in Einklang gebracht werden. Auf dieser Grundlage kann sie den Anschluß an die (steigende) eigene Produktivität suchen. Wenn ein sich überwiegend selbst tragender Aufschwung in Ostdeutschland – der nicht mehr vornehmlich von den Transferzahlungen »abgeleitet« ist, sondern mehr aus eigener Akkumulation und vermehrtem privatem Kapitalangebot gespeist würde – in etwa zeitlich in der Nähe des Wendepunktes der gesamtstaatlichen Schuldenentwicklung beginnen würde, könnte man unter den nun einmal gegebenen Umständen von einer *günstigen Entwicklung* sprechen. Sie würde die Minderung der Staatsausgaben erleichtern. Dies hängt zugleich, wie gesagt, sehr entscheidend davon ab, ob die bis dahin getätigten privaten Investitionen in Ostdeutschland produktionswirksam werden und der weitere private Kapitalzufluß sich gegenüber den öffentlichen Zahlungen verstärkt.

Aber der Beginn eines sich selbst tragenden Wachstums in Ostdeutschland könnte sich auch zeitlich vom fiskalischen Wendepunkt trennen. Die Voraussetzungen für diesen »Beginn« sind genügend dargelegt. Wenn beispielsweise die *für Ostdeutschland erforderlichen lohnpolitischen Konsequenzen nicht gezogen werden, wird er sich weiter verzögern.*

Es zeichnen sich also *zwei Handlungslinien* ab: einmal der Beginn eines »autonomeren« ökonomischen Wachstums in Ostdeutschland; zum anderen der Beginn des nominalen und später realen Schuldenabbaus der öffentlichen Hände. Der Schuldenabbau wird ganz erheblich in das kommende Jahrhundert hineinreichen. Das wirtschaftliche Wachstum in Ostdeutschland wird, wenn die Zuwachsrate des dortigen Sozialprodukts sich von der Abschwächung in der Rezession erholt hat, bis zur Jahrhundertwende für unsere Landsleute eine beträchtliche Erhöhung des selbst erarbeiteten Einkommens bringen.[151]

Dieses kann man mit einiger Sicherheit prognostizieren. Mehr allerdings nicht – wegen der Unwägbarkeit der angesprochenen Probleme.

Beide Handlungslinien sind ökonomisch nur mittelbar miteinander verbunden. Beide aber werden wesentlich bestimmt von dem, was ich als »unser Toulon« bezeichnete (Lohnpolitik, Finanzpolitik).

Von größtem Gewicht für das ökonomische Klima in Gesamtdeutschland ist der unerläßliche und auch erreichbare Zustand, daß nämlich die Menschen in diesem Lande die Überzeugung gewinnen, der Staat habe seine Gesamtverschuldung in den Griff bekommen. Auch das Ausland wird dies zu seinem Prüfstein machen.

Exkurs: Einige fiskalische Nebenbemerkungen zur Überflußgesellschaft

Nachdem wir uns ziemlich ausführlich mit den Problemen der Industriegesellschaft und des Wohlfahrtsstaates befaßt haben, ist es wohl erlaubt, einen Blick auf ganz andere Hervorbringungen unseres modernen Gemeinwesens zu werfen.

Eine besondere Herausforderung für die Lösung des steuerlichen Gerechtigkeitsproblems stellt die Entwicklung zur »Überflußgesellschaft« (Affluent Society)[152] dar. Sie ist u. a. durch das weithin sichtbare Emporkommen von Schichten mit besonders hohen Einkommen, die nicht unmittelbar mit dem industriellen Leben verknüpft sind, aber doch eine Frucht der Hochindustrialisierung darstellen. Die »Neue Klasse« in der Überflußgesellschaft von Galbraith war eine theoretische Fiktion; sie umfaßte in seinem Modell Menschen, bei denen das (hohe) Einkommen nicht mehr in Relation zum »Arbeitsleid«, zur Plackerei, steht und bei denen schließlich der ökonomische Zusammenhang zwischen Leistung und Entgelt abgerissen ist, also damit auch der klassische Nexus von Angebot und Nachfrage[153]. Freude an der Tätigkeit und Prestige seien viel wichtigere Beweggründe. Galbraiths Beweisführung ist aber lückenhaft; sie müßte das Lebenseinkommen dieser Personen umfassen, und dieses müßte in Relation zur Ausbildungs- und Arbeitsleistung des ganzen Lebens gesetzt werden. Dann käme mit großer Wahrscheinlichkeit der klassische Zusammenhang wieder zur Geltung.

Aber was Galbraith in den USA der fünfziger Jahre mit sicherlich unzulänglicher Gedankenführung anpeilte, das begegnet uns heute in einigen Spielarten auch in Westdeutschland: Das sind etwa viele Mitglieder des Show-Business, des Jet-Set, der Star-Gesellschaft der elektronischen Medien und der Gemeinde unserer Spitzensportler, alles nur Beispiele für neue Schichten neuen spezifischen Reichtums. Ich befasse mich also kurz mit Personen, die sich außerhalb unseres üblichen sozialökonomischen Schemas, Unternehmer (Manager), Selbständige und Arbeitnehmer, befinden; wahrscheinlich sind sie Selbständige von besonderer Observanz. Ihre Höchsteinkünfte sind recht transparent. Und was das Erstaunliche ist: Manche der Aktivisten dieser Gruppen fühlen sich, nach ihrem eigenen Bekunden, durchaus *unter*besteuert; sie meinen, nur Bruchteile ihrer Bezüge »ausgeben« zu können und plädieren unter öffentlichem Beifall, da sie gewandt im Publicity-Geschäft sind, für Solidarität, für höhere Besteuerung der Reichen. Manchen gehen die Worte für Gerechtigkeit sehr flott von den Lippen. Trotz dieser Haltungen suchen allerdings einige von ihnen – wie bekannt – Steueroasen an schönen Gestaden auf. Dies alles sind auch oft altbekannte Haltungen von »Nouveaux-riches«, von Neureichen, die aber jetzt unter den neuen Bedingungen einen hohen Grad von Publizität erreichen. Sie wecken bei ihren Zuschauern erstaunlich wenig Neidgefühle, was für das Publikum spricht; aber sie verändern dabei auch die gesellschaftlichen Werte von »arm« und »reich«, vor allem stärken sie, insbesondere bei jungen Menschen, den Appetit auf »schnell verdientes Geld«. Der Ökonom wird viele solche Einkünfte unschwer als Zufallsgewinne (windfall profits) oder als vorübergehende Revenuen erklären können.

Diese neuen Schichten sind sicherlich ein Produkt der heutigen westdeutschen Affluent Society, die sich in Lebensstandard und Lebensgefühl von der »nivellierten Mittelstandsgesellschaft«, wie Helmut Schelsky sie für die fünfziger und sechziger Jahre feststellte, sehr grundsätzlich unterscheidet. Die damalige Gesellschaft hätte es – nebenbei gesagt – sehr wahrscheinlich leichter gehabt, sich sozial-ökonomisch mit einer ehemaligen DDR zu vereinen. Auch Erhards bekannter, sehr früher Ausblick auf das Vereinigungsproblem war doch geprägt von den gesellschaftlichen Umständen Westdeutschlands zu jener Zeit und von den noch nicht allzuweit zurückliegenden Erfahrungen mit der westdeutschen Währungsreform.[154] Aber das frühe Glück einer Vereinigung war uns nicht vergönnt.

Manche der Repräsentanten der heutigen Überflußgesellschaft gleichen mehr der »Klasse des Müßiggangs«, wie sie Thorsten Veblen[155] Ende des vorigen Jahrhunderts für die USA beschrieb; es wird heute wie damals viel conspicuous consumption (angeberischer Verbrauch) in diesen Gesellschaften betrieben. Dabei ist ganz typisch für jene neue Entwicklung, daß man in ihnen viel stärker vom »Besitzstandsdenken« erfüllt ist und daß manche sich doch nicht scheuen, aus Publizitätsgründen für Gerechtigkeit und Egalitarismus zu reden. Allerdings wissen manche Vertreter des neuen Reichtums anscheinend nicht, daß eine *konfiskatorische* Besteuerung ihrer hohen (aber – wie betont – keineswegs immer beständigen) Einkünfte, die dann natürlich auch für hochverdienende Unternehmungen, Handwerksbetriebe, Arztpraxen, Anwaltskanzleien usw. gelten müßte, unser heutiges, im Kern fleißiges und effizientes System von Industrie und Dienstleitungen bis in seine Grundfesten erschüttern würde. Es darf eben in einem modernen Rechtsstaat keine Möglichkeit der Sonderbesteuerung von besonders hohen Glückseinkommen der Klasse der Paradiesvögel geben. Es gibt im Prinzip nur *eine* progressive Einkommensteuer, die zum Beispiel in ihrem Spitzensatz sowohl den Paradiesvogel wie den hart arbeitenden, erfolgreichen Handwerksmeister treffen kann.[156] Und bei diesem ist übrigens die Einkommensteuer zugleich die Gewinnsteuer seines Handwerksbetriebes, was zumeist vergessen wird. Man bedenke auch, daß in der industriellen Arbeitswelt die Produkte heute besonders im harten internationalen Wettbewerb stehen.

Die prosperierende Freizeitkultur unserer heutigen Gesellschaft hängt im übrigen trotz allen Überflusses existentiell von jener Arbeitswelt ab, die entsprechend den Tarifbedingungen des Arbeitsmarktes bezahlt wird, aber natürlich weit entfernt ist von jenen Gipfeln eines neuen Reichtums. Die industrielle

Arbeitswelt stellt die Massenkaufkraft, welche die Nachfrage nach den Erzeugnissen auch der Freizeitkultur finanziert. Die heutige Überflußgesellschaft ist also im ganzen ein kompliziertes Gebilde, vom freien Spiel der Marktwirtschaft produziert mit wechselnden, oft sehr kurzlebigen Emanationen von Einkommensspitzen versehen. Diese sind – wie so manches andere – ein Geschenk der offenen Gesellschaft, in der wir leben können. So möge für alle diese oft sehr liebenswerten Menschen gelten: Laissez-faire, Laissez-passer. Manchen von ihnen droht ohnehin in ihrer Karriere eines Tages das Schicksal »Vom Winde verweht«.

In Zeiten der Rezession und der finanziellen Anspannung treten mit der Entdeckung von »Gerechtigkeitslücken« gelegentlich auch naive Ideen von einer sehr hohen Einkommensteuer auf, die – wirklich vollkommen konfiskatorisch – alle Nettoeinkünfte aller Menschen nur bis zu einer staatlich gesetzten Obergrenze übriglassen würde. Es bedarf wohl keines weiteren Beweises, daß damit unser marktwirtschaftliches System sofort ruiniert würde. Das wäre der Umschlag in den gleichmachenden Fiskalsozialismus – an dessen Ende dann die allgemeine Verarmung stünde. Dazu gehört auch die von Margaret Thatcher so oft verhöhnte Taschengeld-Gesellschaft.

VII. Schlußkapitel:
Wohin treiben wir?

Vom Gelingen der Einheit: Max Weber über die Reichsgründung – Die Bundesrepublik vor und nach der Wende – Europa und Maastricht – Stärkung unserer Ordnungsprinzipien

Einen recht schmerzhaften, ja gefährlichen und langwierigen Prozeß des Aufbaus und der Konsolidierung müssen wir mit der deutschen Vereinigung durchlaufen. Da fällt es vielen schwer, inmitten der Transformation politische Orientierung und Wegweisung zu finden. Vielleicht liegt es da nahe, sich bei einem Zeitzeugen und unmittelbaren Nachfahren der früheren Vereinigung, der Bismarck'schen Reichsgründung, Rat und Anregung zu holen und einen Eindruck von dem damaligen Umfeld und den Folgen zu verschaffen. Ich denke hier an den großen Sozialökonomen und Soziologen Max Weber.

In seiner Freiburger akademischen Antrittsrede von 1895, mit der Weber[157] – in den Worten von Theodor Heuss – der »Durchbruch zur selbständigen Gestaltung eines politischen Gesamtbildes« gelang, behandelt er das Thema unter recht verschiedenen Aspekten.

Zum Ersten: die Klage über seine Zeit. »Heute sind wir nüchtern geworden, es ziemt uns der Versuch, den Schleier der Illusionen zu lüften, der uns die Stellung unserer Generation in der historischen Entwicklung unseres Vaterlandes verhüllt... An unserer Wiege stand der schwerste Fluch, den die Geschichte einem Geschlecht als Angebinde mit auf den Weg zu geben vermag: das harte Schicksal des Epigonentums.«

Diese harsche Feststellung mag auch heute geneigte Zuhörer finden. Aber wenn wir jetzt die öffentliche Baisse unserer politischen Klasse kritisieren, so müssen wir doch darauf hinweisen, daß die Gründung der Bundesrepublik (1948/49) in ungleich besseren und auch glücklicheren Händen lag als die heutige Handhabung der öffentlichen Angelegenheiten im gesamten Deutschland.

Denn nach dem Zweiten Weltkrieg war das personelle

Angebot für die politische Arbeit ganz ausgezeichnet. Ein Stau von Älteren lieferte die erste Garnitur der neu Regierenden und neuen Parlamentarier. Wir, die Jüngeren, erhielten damit Führung und Geleit von einer einzigartigen Generation der politischen Väter und Mütter. Sie waren fast alle Weimaraner und hatten sich mehr oder weniger mühselig, manchmal unter sehr schweren Umständen, im Inland oder auch im Ausland durch die Zeit des Dritten Reiches durchgeschlagen. Sie waren gleichsam gestählt und gehärtet. Um nur einige zu nennen: Konrad Adenauer, Kurt Schumacher, Louise Schröder, Theodor Heuss, Ernst Reuter, Max Brauer, Wilhelm Kaisen, Adolph Schönfelder, Fritz Schäffer, Margot Kalinke, Gustav Dahrendorf, Karl Arnold, Helene Wessel und viele andere.

Bei ihnen allen wußte man, wofür sie standen. Und sie sprachen es auch aus. Da gab es nicht aus obersten Rängen die ewigen Sowohl-als-auch-Reden, der Hang zum Populismus war gering. Es gab nicht häufig die allzu forschen Attacken, die in den nächsten Tagen schon vergessen waren. Alle führenden Politiker der Nachkriegszeit hatten ein gemeinsames Ziel: Deutschland aus der Obhut der Besatzungsmächte zu befreien und als eine kämpferische Demokratie (wie man damals sagte) auf die Füße zu stellen. Diese Menschen waren unsere Vorbilder. In ihrem Geiste schuf man die beste Verfassung, die Deutschland je gehabt hat, aus einem Guß, eben unser Grundgesetz. Soweit die Männer und Frauen der ersten Stunde als Vertreter der Länder ihre Politik betrieben, waren sie natürlich um das Wohl ihrer Regionen besorgt. Aber der Bund, darum ging es praktisch allen, sollte zu seinem Recht kommen; die »Rechtsnachfolge des Reiches« spielte schon eine Rolle. Dafür sorgte vor allem eine Figur wie Schumacher. Wie die Einstellungen und Verhaltensweisen sich zum Unguten verändert haben, zeigt das etwas pompöse Bild der sechzehn Ministerpräsidenten, die sich in der Vorbereitung zum Solidarpakt vor einiger Zeit demonstrativ in Potsdam versammelten, um anschließend den Bundesfinanzminister in Bonn über den Tisch zu ziehen und die finanzielle Bürde des Finanzausgleichs für die neuen Länder fast totaliter dem Bund auf die Schultern zu laden und selber – was die alten Länder betrifft – ziemlich business as usual zu betreiben. Mit allen Folgewirkungen, sowohl für die Überschuldung des Bundes als auch die Überbesteuerung der Bevölkerung. Das war ein seltsames Unternehmen »Potsdam gegen Deutschland«!

Wir haben also heute sicherlich ein Epigonenproblem – nur mit der Abwandlung von Max Webers Thema, daß nicht die Zeit der Republikgründung vor über vierzig Jahren, wohl aber der gesamtdeutsche Vereinigungsprozeß in die Phase eines Schwächeanfalls unserer politischen Kräfte geraten ist.

Zum Zweiten: Webers Urteil über die Gründerfigur Bismarck lautet: »Denn dieses Lebenswerk hätte doch nicht nur zur äußeren, sondern auch zur inneren Einigung der Nation führen sollen, und jeder von uns weiß: *das ist nicht erreicht.* Es konnte mit seinen Mitteln nicht erreicht werden.«

Ein hartes Urteil, über zwanzig Jahre nach der damaligen Einigung!

Ähnliches meint man heute, drei Jahre nach dem historischen Erfolg von 1989/90, vielfach auch gehört zu haben. Wie wird man wohl in zwanzig Jahren darüber denken?

Doch eine semantische Überprüfung ergibt für mich eine etwas andere Interpretation des Weberschen Urteils: Er meinte mit dem Wort »innere Einigung der Nation« wohl gar nicht eine unvollendete Union etwa zwischen den Preußen und den Bayern, sondern die bekanntlich unter Bismarck nicht gelungene Lösung der sozialen und kulturellen Probleme (Sozialistengesetz, Kulturkampf etc.) – auch innerhalb Preußens und innerhalb Bayerns –, die mit der Reichsgründung nur indirekt verknüpft und vielmehr das Ergebnis der allgemeinen industriellen und geistigen Entwicklung jener Zeit waren.

Zum Dritten: Webers Urteil über den verspäteten »Jugendstreich«: »Entscheidend ist auch für unsere Entwicklung, ob eine große Politik uns wieder die Bedeutung der großen politischen Machtfragen vor Augen zu stellen vermag. Wir müssen begreifen, daß die Einigung Deutschlands ein Jugendstreich war, den die Nation auf ihre alten Tage beging und seiner Kostspieligkeit halber besser unterlassen hätte, wenn sie der Abschluß und nicht der Ausgangspunkt einer deutschen Weltmachtpolitik sein sollte.«

Johannes Gross[158] bemerkt heute dazu: »Den Hinweis auf die Äußerung von Max Weber ... verdanke ich Kurt Hansen, der daran die Frage knüpft, ob die Vereinigung von Staaten nicht immer eine kostspielige Angelegenheit sei. Bei der

Reichsgründung sei es erst zwanzig Jahre später zu einer wirklichen Blüte gekommen – und unter Bedingungen, ganz unvergleichlich günstiger als die zur Zeit der Wiedervereinigung. Niemand mag den Sinn der Reichsgründung bezweifeln, erst recht niemand das Glück der Wiedervereinigung; aber der alterprobte Unternehmer Hansen darf sich mit Grund die Frage stellen, ob eine politische Union Europas samt Währungs- und Wirtschaftseinheit nicht die Kräfte einer politischen Generation überanstrengt, die sie mit mehr Trotz als Vernunft in ihr Programm aufgenommen hat, das im übrigen nur leere Blätter enthält.«

Das ist ein äußerst nachdenkenswerter Kommentar. Tatsächlich war die damalige Einigung, ökonomisch gesehen, verglichen mit der heutigen, ein Kinderspiel: Es gab keine ordnungspolitischen Systemunterschiede zwischen den Bundesländern, sie gehörten alle zum gleichen Kapitalismus gleicher Phase. Auch gab es vorher keine »Mauern«, sondern es herrschte Freihandel durch den Zollverein bzw. den Norddeutschen Bund (s. o. S. 11); es geriet alles (bald) unter das gemeinsame Dach der Goldwährung, und zuvor bestand schon freie Konvertibilität der Währungen, auch der Silberwährungen. Sicherlich gab es allgemeine Konjunkturbewegungen – man denke nur an den »Gründerboom« bis 1873 und die »Gründerkrise« 1874 bis 1879 –, aber im ganzen herrschte, besonders in den neunziger Jahren, Aufschwung vor.

Im übrigen: Daß wir in diesen Jahren, vor Abschluß der eben noch nicht bewältigten Aufgabe unserer inneren, wirtschaftlichen und sozialen Einigung, darangehen, eine europäische Währungsunion zu begründen, das halte ich durchaus – wie Johannes Gross – für eine Überforderung der »Kräfte einer politischen Generation«[159].

In politischer Hinsicht allerdings müssen wir bei Max Weber eine markante Differenz zur heutigen Lage und auch einen Unterschied in der geistigen Konstellation feststellen. Bei ihm sind Begriffe wie die »großen politischen Machtfragen« und Gedankengänge wie die Einigung als »Ausgangspunkt einer deutschen Weltmachtpolitik« erstaunlich dominant. Eine Welt trennt uns heute von jenen Äußerungen eines ziemlich naiven Imperialismus und Nationalismus. Notabene:

Selbst »rassistische« Töne waren aus dem Munde eines so aufgeklärten und letztlich liberalen Mannes zu vernehmen: »Nicht im offenen Streit werden die deutschen Bauern und Taglöhner des Ostens durch politisch überlegene Feinde von der Scholle gestoßen; im stillen und öden Ringen des ökonomischen Alltagslebens ziehen sie einer tieferstehenden Rasse (den polnischen Bauern, K. S.) gegenüber den kürzeren, verlassen die Heimat und gehen dem Untertauchen in eine dunkle Zukunft entgegen.«[160]

Dies alles ist Vergangenheit. Ähnlich ist es mit der Weberschen Position zur deutschen Weltmachtpolitik. Sie ist ihm der eigentliche Sinn der deutschen Einigung, wegen der angestrebten Weltmachtrolle habe man ihre (vergleichsweise unbedeutende) »Kostspieligkeit« in Kauf genommen. Gegenwärtig ist es gleichsam umgekehrt: Die vieldiskutierten Kosten der uns von der Geschichte geschenkten Einheit, die das ganze Deutschland auf Jahre hinaus belasten, stehen beherrschend im Vordergrund der Auseinandersetzungen, während das stärkere Engagement Gesamtdeutschlands in der Weltpolitik von vielen jetzt eher als ein unerwünschtes, lästiges Nebenprodukt des ganzen Vorgangs angesehen wird; bestenfalls ist es »größere Verantwortung«, die Deutschland nun übernehmen muß. Selbst Konservative operieren hier mit einer Minimalposition. Wir sind da mit Recht bescheiden geworden.

Heftig sind Max Webers Urteile über das deutsche Bürgertum, wenn er »mit der Leidenschaft zorniger Trauer das kleinliche Treiben politischer Epigonen« beobachtet, wenn er »von der politischen Unreife breiter Schichten des deutschen Bürgertums« spricht, »seiner unpolitischen Vergangenheit« und der mangelhaften »politischen Erziehungsarbeit«. Hier werden Kräfte und Strömungen angesprochen, die sich im weiteren Verlauf der deutschen Geschichte als problematisch und gar defizitär erwiesen, wie es das Verhalten des deutschen Bürgertums zur Weimarer Republik zeigte.

Im Ganzen kommen wir zu dem Ergebnis: Die Bismarcksche Reichsgründung vollzog sich unter gänzlich anderen politisch-ökonomischen Rahmenbedingungen als die heutige Einigung. Der damalige Prozeß ist – gerade im Kontext der Weberschen Gedankenwelt – für uns heute lehrreich, zumal er besondere Wurzeln deutscher Geschichte offenbart; Wegweisungen für unseren zweiten Versuch eines verspäteten Jugendstreichs können wir da nur in einigen Ähnlichkeiten, aber meist *e contrario* erkennen.

Eine der wesentlichen Ursachen für den Zusammenbruch der ersten deutschen Republik ist bekanntlich der Zerfall der Parteien der bürgerlichen Mitte gewesen. Im Gegensatz dazu wurde es ein entscheidender Erfolg der Gründung und Entfaltung der Bundesrepublik, daß sie mit wechselnden Regierungen stets von der politischen Mitte her regiert werden konnte.

Sicherlich gab es während der nun schon über vier Dekaden dauernden Geschichte der Bundesrepublik auch Perioden des Erlahmens und der Ermüdung des politischen Lebens. So etwa Mitte der sechziger Jahre, als Karl Jaspers[161] sein Pamphlet gegen die Politik jener Zeit schrieb – ähnlich wie Max Weber siebzig Jahre früher mit »der Leidenschaft zorniger Trauer«. Jaspers sah eine deutliche Tendenz »von der Parteienoligarchie zur Diktatur«, was sicherlich weit übertrieben war. Er hatte kein Vertrauen in den – wie er es nannte – »pseudo-politischen Betrieb« der Republik. Bezeichnend ist auch, daß das andere Deutschland, die DDR, und die Frage einer möglichen Wiedervereinigung faktisch keine Rolle spielten. Es war eine wahrhaft autistische Debatte. Kernpunkt von Jaspers' vehementer Anklage war die damals auf der Tagesordnung stehende Notstandsgesetzgebung: Hierauf war er geradezu fixiert. Gleichzeitig warnte er nachdrücklich vor einer drohenden Großen Koalition. Er übersah dabei gänzlich, daß eine funktionierende Demokratie genügend Selbstheilungskräfte entwickeln kann, um aus einer Schwächeperiode herauszugelangen. Wir dürfen nicht übersehen: Viele alte Demokratien, wie etwa die englische, die amerikanische und die französische, haben in ihrer langen Geschichte auch nicht immer nur einen Churchill oder Kennedy oder De Gaulle gehabt, sondern ebenfalls Zeiten der Ermattung und des Dahinlebens durchgemacht und sich dann wieder erholt.

So war es in der Bundesrepublik ausgerechnet die Regierung der Großen Koalition, die heute in der Erinnerung eher unterschätzt wird, die aber neben der raschen Überwindung der ersten ökonomischen Rezession in der Nachkriegszeit durch eine aktive Wirtschafts- und Finanzpolitik auch eine vernünftige Notstandsgesetzgebung erreichte. Später konnte

Willy Brandt vor einem Kreis von SPD-Bundestagsabgeordneten launig feststellen: »Nun haben wir seit einem Jahr die für den Notstand notwendige Änderung des Grundgesetzes – und niemand sitzt deswegen im Gefängnis.« Das darauffolgende Gelächter wurde noch lebhafter, als ein Abgeordneter den Zwischenruf »Leider!« riskierte.

Warum erwähne ich das alles?

Weil wir in diesen Jahren in Deutschland – wie in manchen anderen Ländern unserer demokratischen Welt – eine Periode der großen Verunsicherung, der unentwegt zögerlich-aufschiebenden Politik, der Orientierungsarmut und des schwindenden Vertrauens in die Fähigkeiten unserer politischen Elite durchlaufen – und das gerade in einer Zeit, in der wir die wirtschaftlichen und sozialen Folgen unserer nationalen Wiedervereinigung zu tragen, das heißt den eigenen Transformationsprozeß durchzustehen haben. Und da ist noch – wie in der übrigen Welt – die Rezession hinzugekommen. Das scheint für die öffentliche Meinung – nach den relativ harmlosen achtziger Jahren – zuviel der Herausforderung zu sein. Es ist dies auch die klassische Zeit der »sterilen Aufgeregtheiten«, von denen Max Weber später kritisch sprach, von denen aber er selbst und Karl Jaspers leider zu ihrer Zeit auch nicht immer frei gewesen waren.

Ich bin fest davon überzeugt, daß unser demokratisches System diese politisch-ökonomische Baisse überwinden wird, wenn wir die kritischen Punkte in unserem Gemeinwesen erkennen und die Heilungskräfte der freiheitlichen Ordnung gemäß ihren Regeln mobilisieren. Dazu ist in den Zeilen vorher schon manches gesagt. Ich möchte es aber um einige Gedanken ergänzen:

(1) Unsere Nachbarn im Osten sprechen ganz unverhohlen von der postkommunistischen Ära, in die sie eingetreten sind und in der sie ihren schwierigen Weg in die freiheitliche Gesellschaft suchen. Wir, im vereinigten Deutschland, durchlaufen unsere eigenen Turbulenzen, die zu einem großen Teil durch den wirtschaftlichen Vereinigungsprozeß mit Ostdeutschland verursacht sind. Auch wir stehen also in der postkommunistischen Ära. Insofern macht Gesamtdeutschland einen ähnlichen Prozeß durch wie das ganze befreite Mittel-

und Osteuropa, besonders die Reformstaaten. Deutschland ist wieder ein Kernland Zentraleuropas geworden, politisch und ökonomisch auf Dauer an den Westen gebunden, aber zugleich mit einer immer weiteren Öffnung nach Osten. Drüben wie hüben geht es um den Aufbau in menschenwürdiger Ordnung, um die industrielle Erneuerung, um stabile Arbeitsplätze, um Bekämpfung der Inflation, um Konsolidierung nicht nur der Finanzen, sondern des gesamten Wirtschaftssystems. Drückt sich in diesem allseitigen Bemühen um Konsolidierung nicht so etwas wie ein natürlicher konservativer Trend aus, bei allen Erscheinungen der Permissivität und der Egomanie im Westen?

(2) Um es noch deutlicher zu machen: Wir stehen vor sehr großen häuslichen Herausforderungen: Sanierung der öffentlichen Haushalte, Wiederbelebung der produktiven Kräfte, Zurückdrängung der sozialen Verteilungskämpfe. Sind das nicht alles Aufgaben ernüchterten nationalen Haushaltens? Ja, wir brauchen eine tatsächliche Politik der volkswirtschaftlichen Strenge. Ihre Priorität ist das ökonomische Wachstum, ihm nachgeordnet ist die Distribution. Jetzt geht es um die Stimulierung der Unternehmen, danach und später kann man an weitere Wohltaten des Wohlfahrtsstaates denken. Wenn gewisse Auswüchse oder Fehlentwicklungen der Sozialpolitik sehr behutsam beschnitten werden, so ist es völlig verfehlt, über »Kahlschlag« oder »Abbau« des Sozialstaates zu klagen. Wer jetzt das Ziel verkündet, es müßte das System der Sozialleistungen gänzlich ungeschmälert durch Rezession und Strukturumbrüche gebracht werden, der sorgt dafür, daß Deutschland im harten internationalen Wettbewerb weiter zurückfällt. Gerade um bei uns eine Sozialkrise nach Art der schwedischen zu vermeiden, müssen wir zuerst dafür sorgen, daß viele neue *rentable* Arbeitsplätze entstehen. Seit wann ist eigentlich eine marktwirtschaftliche Beschäftigungspolitik unsozial? Wer jetzt aber vollmundig den Slogan der Vollbeschäftigung verkündet, ohne daran zu denken, daß Gehälter und Löhne (vom Unternehmerlohn bis zum Entgelt des Hilfsarbeiters) einer sehr moderaten Einkommenspolitik unterworfen werden müssen, der jagt einem Hirngespinst nach. Niedrigere Kosten sind eine notwendige Vorbedingung für

den Rückgang der großen Arbeitslosigkeit; aber für sich allein sind sie keine hinreichende Voraussetzung. Es bedarf zusätzlich der dynamischen Entfaltung der gesamtwirtschaftlichen Nachfrage. Deren Entwicklung wiederum wird unter anderem durch die öffentliche Schuldenbewegung bestimmt, aber zugleich begrenzt.

(3) Wir haben durch Friedrich von Hayek den Zusammenhang zwischen einer freien Ordnung und einer »im hohen Maße traditionsgebundenen Gesellschaft«(s. o. S.115) kennengelernt. Heute beklagen viele den allgemeinen »Werteverfall«. Dabei wird unerwähnt gelassen, daß Institutionen, die ständig von Grundwerten reden (wie die Parteien in ihren Programmen – viele Gewerkschaften scheinen mir dagegen praxisnäher zu sein) oder sehr abstrakte soziale Menschenliebe predigen, aber konkrete Fehlentwicklungen fortschrittlich hinnehmen (wie die heutige evangelische Kirche), es versäumt haben, unserer Gesellschaft den *Sinn für Regel und Ordnung* zu vermitteln. Gerade in ihrer praktischen Lässigkeit und ihrem Populismus, mit ihrer Verachtung der sogenannten Sekundärtugenden und ihrem mangelnden Gefühl für ein Minimum an Disziplin im Erziehungswesen haben sie dem Werteverfall in den letzten Jahrzehnten Vorschub geleistet. Die gewaltigen Aufgaben der deutschen Vereinigung ebenso wie die mühselige Suche der mittel- und osteuropäischen Länder nach einer freiheitlichen Gesellschaftsordnung verlangen den Menschen vieles ab: solides privates Haushalten, Sparen, pfleglichen Umgang mit öffentlichen Geldern und Arbeitsfleiß (das bedeutet bei uns: Flexibilisierung der Arbeitszeit). Wie man es auch hin- und herwenden mag: Der Neuaufbau von Wirtschaft und Gesellschaft auf den Trümmern eines verrotteten real existierenden Sozialismus bringt unweigerlich auch einige restaurative Haltungen bei den Beteiligten mit sich. Das sollte an sich nichts Negatives sein. Auch die strengen Verhaltensregeln einer voll funktionierenden Marktwirtschaft sind notwendige disziplinierende Elemente einer freiheitlichen Ordnung. Ohne viele solcher Bau- und Stabilitätselemente zerfällt das Ganze in eine permissive Gesellschaft. Völlige Beliebigkeit im Handhaben oder gar arrogantes Verachten von Spielregeln sind Feinde eines liberalen Gemeinwesens.

(4) Willy Brandt sagte vor mehr als zwanzig Jahren, man könne als Deutscher wieder stolz auf sein Land sein. Er und andere priesen sogar das »Modell Deutschland« (zum Beispiel Verständigung über die wirtschaftspolitischen Verhaltensweisen der gesellschaftlichen Gruppen in der Konzertierten Aktion). Solche Töne scheinen heute Äonen weit von unserer Gegenwart entfernt zu sein. In den mittel- und osteuropäischen Reformländern ist dagegen die Wiedergeburt der Freiheit von vornherein identisch gewesen mit der Renaissance des nationalen Gedankens. Davon sollten die Deutschen heute wenigstens etwas lernen. Der Kant'sche Weltstaat liegt noch in ferner Zukunft, und das Gewaltmonopol der UNO, auch in einzelstaatliche Souveränitäten hineinwirkend oder über sie bestimmend, ist ein naiver Traum, auch von Leuten, die sich erstmal an der nationalen Inpflichtnahme vorbeilavieren wollen. Sicherlich, nach der populären Entnationalisierung unseres geistigen Daseins seit den siebziger Jahren ist es nicht leicht, das normale Leben und die normale Politik einer etwas größer gewordenen Mittelmacht anzunehmen und zu führen. Ein Nationalbewußtsein, ich möchte vorziehen zu sagen: ein *nachdenkliches Nationalbewußtsein,* ist uns Deutschen nach der Wiedervereinigung doch angemessen. Die Pirandello-Situation (»sechs Personen suchen einen Autor«), in die wir auf der Wegsuche geraten sind, wird schon dafür sorgen, daß jenem Bedarf Genüge getan wird, so wie bestimmte Gesetze oder Gesetzgebungsnotwendigkeiten sich ihre Regierung suchen. Die Demokratie ist zwar manchmal recht umständlich, aber letztlich sehr erfinderisch.

(5) Kein anderes Land war so auf Europa und die westliche Verteidigungsgemeinschaft (EG und NATO) angewiesen wie die Bundesrepublik. Das soll und wird so bleiben. Der Kampf zwischen Gaullisten und Atlantikern der sechziger Jahre, der im Grunde längst entschieden war, braucht nicht wieder aufzuleben. Die Ausgliederung bestimmter Teilbereiche aus der einzelstaatlichen Kompetenz in eine supranationale Behörde (EG-Kommission) fand unsere Unterstützung. Zugleich aber kämpfen wir weiter für ein freihändlerisches Europa. Mit dem Vertrag von Maastricht und dem Plan einer (klein-)europäischen Währungsunion geht es aber an die Substanz. Das

Grundgesetz und die D-Mark sind die Kernstücke unseres Verfassungspatriotismus, und sei er auch ein wenig mager. An diesen Elementen fanden wir Halt, auch in gefährlichen Zeiten der Denationalisierung. Diese Erfahrung sollte nicht vergessen werden. Eine europäische Währung aber ist nicht nur einfach ein europäisches Zahlungsmittel, das technisch die Transaktionskosten vermindert, sondern mit der zentralbestimmten europäischen Geldmenge werden das Preisniveau und die Wirtschaftsaktivität in jedem Mitgliedsland bestimmt. Es ist keine Goldwährung, die mit dem ihr eigenen Mechanismus die Geldversorgung und die Zahlungsbilanz eines jeden Landes regelt und bei Divergenzen der realwirtschaftlichen Entwicklungen die Anpassungsvorgänge national differenziert erzwingt. Es ist eine manipulierte Papierwährung, über die laufend diskretionär befunden werden muß. Ihre Stabilitätsbindung liegt bei einem kollektiven Gremium. Niemand weiß, ob diese Institution so stark auf Preisstabilität eingestellt sein wird, wie wir das von der Deutschen Bundesbank bisher gewohnt waren. Aber wir wissen um die großen Unterschiede in der Wirtschaftsaktivität und im Wirtschaftsniveau der einzelnen Mitgliedsstaaten. Bei gleicher Währung wird die »Wechselkursillusion« zwischen ihnen entfallen. Löhne und Sozialleistungen der ärmeren Länder werden zur Aufholjagd ansetzen; große Transferzahlungen (jetzt schon beschlossener Kohäsionsfonds) zwischen reichen und armen Ländern werden sofort fällig. Damit würde eine neue Ära innereuropäischer Verteilungskämpfe einsetzen. Im übrigen ist das ordnungspolitische Regelwerk des Vertrages dubios. Findet über den Art. 130 EGV[162] eine Industriepolitik à la française bei uns Einlaß? Nehmen wir Abschied von der Stringenz unserer Marktwirtschaft? Außerdem bildet jede (west-)europäische Währungsunion einen tiefen Graben gegenüber den beitrittswilligen mittel- und osteuropäischen Reformstaaten.

Dazu kommen noch staatsrechtlich-politische Bedenken: Wollen wir wirklich einen Superstaat (Bundesstaat) mit einer multinationalen und multilingualen Überregierung ohne parlamentarische Kontrollen, einen Überstaat, dessen Normen die unserer nationalen Verfassung brechen? Diese Frage stellte ich seit einiger Zeit immer wieder[163]. Sie ist jetzt durch das *Urteil des Bundesverfassungsgerichts* vom 12. Oktober 1993 folgenschwer beantwortet: Das Bundesverfassungsgericht reduziert die Europäische Union auf einen »*Staatenverbund*«. »Der Unionsvertrag begründet ... keinen sich auf ein europäisches Staatsvolk stützenden Staat.« Es sind »der Ausdehnung der Aufgaben und Befugnisse der Europäischen Gemeinschaften vom demokratischen Prinzip her Grenzen gesetzt«.

Unter den Aussagen des Urteils zur Europäischen Währungsunion ist wichtig, daß der Zeitpunkt für den Eintritt in die dritte Stufe der Wirtschafts- und Währungsunion (Art. 109 j Abs. 4 EGV) »eher als eine Zielvorgabe denn als rechtlich durchsetzbares Datum zu verstehen« ist.

Und ganz grundsätzlich heißt es in der Urteilsbegründung: »Die Bundesrepublik (unterwirft sich) mit der Ratifikation des Unionsvertrages somit nicht einem unüberschaubaren, in seinem Selbstlauf nicht mehr steuerbaren ›Automatismus‹ zu einer Währungsunion.«

Man muß dazu bemerken: Dieser Automatismus war bisher ein wichtiger Bestandteil der Kritik an dem Vertrag von Maastricht. In der Ablehnung des Automatismus geht das Gericht sehr weit: »Der Vertrag setzt langfristige Vorgaben..., die ... letztlich – als ultima ratio – beim Scheitern der Stabilitätsgemeinschaft auch einer Lösung aus der Gemeinschaft nicht entgegenstehen.«

Der Vertrag sieht bekanntlich eine vergemeinschaftete Währung, aber nur eine Koordinierung der Wirtschaftspolitik vor. Wenn man aber auch zu einer vergemeinschafteten Wirtschaftspolitik übergehen wollte, so setzt das ein förmliches Vertragsänderungsverfahren voraus. Das Gericht geht hier ebenfalls sehr weit: »Insofern ist es gegenwärtig offen, ob die Währungsunion eine derartige Wirtschaftsunion zur Folge haben oder aber der fehlende Wille der Mitgliedstaaten zu einer vergemeinschafteten Wirtschaftspolitik und einem damit verbundenen ›dominanten Haushalt‹ der Gemeinschaft ... den zukünftigen Verzicht auf die Währungsunion und eine dementsprechende Vertragsänderung bedingen wird.« Hier hat das Gericht sicherlich die Feststellung von Kritikern des Vertrages zur Kenntnis genommen, daß eine vergemeinschaftete Währungspolitik und eine nationale (wenn auch koordinierte und global kontrollierte) Finanzpolitik zu erheblichen Spannungen führen könnte. Aber das Gericht ist dann mit den rechtlichen Mitteln der »Vertragsänderung« sehr schnell zur Hand.

Im übrigen endet die Passage über die Währungsunion im Urteil des Gerichts mit der Feststellung, daß hier politische Fragen aufgeworfen werden, die – »im Rahmen des verfassungsrechtlich Zulässigen – politisch zu verantworten« sind.

Ich ziehe aus dem Urteil folgende politische Schlußfolgerung: Man sollte uns Deutschen die Möglichkeit geben, erst einmal unser eigenes Haus in Ordnung zu bringen. Das oberste deutsche Gericht hat uns in der Frage des »Zeitpunktes« genügend Flexibilität verschafft. Auch im Interesse des ganzen Europa sollten wir also den Plan der Währungsunion um eine Reihe von Jahren aufschieben. Der Standort Frankfurt für das Europäische Währungsinstitut ist ein verdientes Kompliment für die Bundesbank, die Stadt und unser Land. Aber es darf kein »Linsengericht« für eine Teilnahme an einer überhasteten europäischen Währungspolitik werden. Die Märkte würden dies auf keinen Fall honorieren. In der Zwischenzeit sollten wir die Erweiterung der Europäische Union vorantreiben und die mit Maastricht nur kümmerlich verhüllten Defizite in der gemeinsamen europäischen Außen- und Sicherheitspolitik und (Frei-) Handelspolitik (GATT!) aufzuarbeiten versuchen. Völlig falsch ist es also, wenn uns einige unterstellen, mit dem Aufschub der Währungsunion würden wir die Europäische Union auf eine bloße Freihandelszone reduzieren. Es warten wahrhaftig europäische Aufgaben im Überfluß auf uns.

(6) Die Bundesrepublik hat nach dem Kriege einen staunenswerten Aufschwung genommen. Aber es gab natürlich auch verhaltene und stille Phasen. Am Anfang, in einer dreijährigen Pause des Hungers und der Leere, wuchs die Aufbruchstimmung langsam heran. Der Titel von Thornton Wilders Schauspiel »Wir sind noch einmal davongekommen« entsprach zutiefst der Seelenlage des Volkes, nachdem im Krieg jeder, ob Soldat oder Zivilist, doch nur den einen Gedanken gehabt hatte: noch einmal den Frieden zu erleben. Darin lag die Chance für begabte Politiker, eine solche seelische Disposition in praktische Politik und in die Wiederaufnahme eines neuen bürgerlichen Daseins umzusetzen. Das Angebot war Freiheit, aber auch Mühe und karg bezahlte Arbeit, und zwar – nach

längeren Jahren des Übergangs – für ziemlich jeden, der es wollte und konnte. Schließlich das Resultat der Mühe: »Wohlstand für alle«. Der Aufschwung ging weiter. Dann traten auch Rückschläge ein. Die schönen Zeiten der Vollbeschäftigung allerdings machten in unserer nun fast 45 Jahre alten Bundesrepublik nur 15 Jahre aus; sie währten von 1960 bis Mitte der siebziger Jahre. Das sollte auch nicht vergessen werden. Es wurden auch Fehler gemacht. Immer wieder schafften wir die wirtschaftliche Wiederbelebung mit einer jedesmal innerlich gestärkten industriellen Maschine. Die westdeutsche Bevölkerung hatte die Gesetze der Demokratie, der freiheitlichen Ordnung und der Marktwirtschaft verstanden, angenommen und mit Fleiß praktiziert. Dann erscholl der Ruf »Wir sind ein Volk«, und die Deutschen erhielten die Wiedervereinigung. Der Euphorie und dem Stolz unserer ostdeutschen Landsleute auf ihre selbst errungene Freiheit folgte zwar ein neues politisches Leben im Osten, aber auch der flächendeckende Zusammenbruch alter Strukturen, Arbeitsplätze und Gewohnheiten. Das neue Angebot an Freiheit brachte dort bei weitem noch nicht Arbeit für jeden, schuf noch nicht Wohlstand für alle. Die westdeutsche Diskussion um die Kosten der Einheit war aber seltsam blamabel. Anstelle der unzähligen Solidaritätsappelle hätte doch ein sehr einfaches Wort von Ernst Jünger gelten müssen: »Wenn der Bruder vor der Tür steht, läßt man ihn herein und fragt nicht nach den Kosten«.

Nun ist, mit der Rezession, aus der Vereinigungskrise erstmal eine gesamtdeutsche Malaise geworden. Die Kräfte und Anstrengungen, die ihre Überwindung erfordert, wurden in diesem Buch geschildert. Die Fehler, die dabei gemacht werden und in Zukunft gemacht werden können, sind offensichtlich. Sie bestehen im wesentlichen darin, daß man der Lenkung durch den Staat zuviel zutraut. Sicherlich bedarf es auch unkonventioneller Maßnahmen, um die Dynamik der Volkswirtschaft zu beleben. Aber das Ziel muß dabei sein, die Kräfte des marktwirtschaftlichen Prozesses zur vollen Entfaltung zu bringen. Dies ist keineswegs ein Programm, wie manche behaupten mögen, »für morgen, mit den Methoden von gestern«. Sondern es stellt die historisch gerechtfertigte Weiterentwicklung jener freiheitlichen und strengen Prinzipien für Recht und Wirtschaft dar, die uns beim Aufbau unserer Ordnung nach dem letzten Krieg im Westen unseres Vaterlandes so entscheidend geholfen haben. Unsere Landsleute im Osten werden mehr und mehr ihren eigenständigen Beitrag in der gemeinsamen Arbeit leisten können und wollen. Hierauf sind alle diese Gedanken gerichtet.

Unsere industrielle Welt im ganzen darf nicht wieder in den planlosen Interventionismus der Jahre nach dem Ersten Weltkrieg und der Weltwirtschaftskrise verfallen. Dafür haben alle Länder zuviel Lehrgeld bezahlt.

Anmerkungen

1 Knut Borchardt: Währung und Wirtschaft. In: Deutsche Bundesbank, Währung und Wirtschaft in Deutschland 1876-1975, Frankfurt/Main 1976, S. 3 f.
2 Olaf Sievert: Faszinierende Chancen, bedrückende Schwierigkeiten – Zu den wirtschaftlichen Herausforderungen der Einigung Deutschlands. (Unveröffentlichter Vortrag).
3 Walter Eucken: Unser Zeitalter der Mißerfolge. Tübingen 1951, S. 5.
4 John Maynard Keynes: Die wirtschaftlichen Folgen des Friedensvertrages. Übersetzt von M. J. Bonn und C. Brinkmann, München und Leipzig 1920.
5 Keynes a.a.O., S. 237 f.
6 Keynes a.a.O., S. 184.
7 Gottfried Haberler: Die Weltwirtschaft und das internationale Währungssystem in der Zeit zwischen den beiden Weltkriegen. In: Deutsche Bundesbank... a.a.O., S. 205 ff.
8 Rudolf Stucken: Schaffung der Reichsmark, Reparationsregelungen und Auslandsanleihen (1924-1930). In: Deutsche Bundesbank, a.a.O., S. 249 ff., S. 262.
9 Verhandlungen des Vereins für Socialpolitik in Dresden 1932. Deutschland und die Weltkrise. München und Leipzig 1932, S. 62 ff.
10 »He intends only his own gain, and he is in this, as in many other cases, led by an invisible hand to promote an end which was no part of his intention.« Adam Smith: An Inquiry into the Nature and Causes of the Wealth of Nations, Vol. II, Fourth edition, 1791, p. 273.
11 G. Haberler, a.a.O., S. 206.
12 J. St. Mill: Principles of Political Economy, Book I, Chapter 5, Section 7.
13 A. Marshall: Principles of Economics. London 1956, 8. Aufl., p. 643.
14 Wenn der polnische Schriftsteller Andrzej Szczypiorski die »Zugehörigkeit Polens zur lateinischen Welt« hervorhebt, wenn er von »unserer lateinischen Konzeption vom Menschen« spricht, so zeigt auch dieses Beispiel, daß der geistig-sozialökonomische Umbau in der ehemaligen DDR sich in einem breiten tektonischen Strom tiefgreifender Veränderungen in Mittel- und Osteuropa befindet.

15 FAZ, 18. August 1990: Über die Brücke des Rechts.
16 Vertrag über die Herstellung der Einheit Deutschlands – Einigungsvertrag – vom 31. August 1990. Besondere Bestimmungen zur Überleitung von Bundesrecht, Kapitel III, Geschäftsbereich des Bundesministers der Justiz. Sachgebiet B: Bürgerliches Recht, Abschnitt II.
17 Joseph Schumpeter: Kapitalismus, Sozialismus und Demokratie, 2. Aufl., München 1950.
18 Schumpeter, a.a.O., S. 351.
19 Schumpeter, a.a.O., S. 491.
20 Friedrich A. von Hayek: The Fatal Conceit. The Errors of Socialism. London 1988.
21 Hayek, a.a.O., S. 83.
22 Bergedorfer Gesprächskreis. Auf dem Wege zu einem neuen Europa? Protokoll Nr. 88, 1989, S. 53, 54, 62.
23 Vgl. u.a. K. Schiller: Ein deutsches Wirtschaftswunder für beide deutschen Staaten. In: Quick, 28. September 1989.
24 In: Sachverständigenrat (SVR) zur Begutachtung der gesamtwirtschaftlichen Entwicklung. Jahresgutachten 1990/91, Stuttgart, 1990, S. 276 ff.
25 SVR, a.a.O., S. 296.
26 SVR, a.a.O., S. 289.
27 SVR, a.a.O., S. 306 f.
28 Die währungspolitischen Weichenstellungen in Deutschland und Europa. Jahrestagung des Vereins für Socialpolitik, Würzburg, 3. Oktober 1990.
29 SVR, a.a.O., S. 172.
30 Ebenda.
31 Karl Schiller: Bewährungsproben der Marktwirtschaft. In: Ludwig-Erhard-Preis für Wirtschaftspublizistik, 18.5. 1990, S. 17 ff., insb. S. 20.
32 Olaf Sievert, a.a.O. (vgl. Anm. 2).
33 Vgl. Karl Schiller: Die Kosten der Einheit. In: Die Zeit, 26. Oktober 1990, S. 28.
34 Die (seit 1991) hohen Beiträge zur Arbeitslosenversicherung und die starke Beanspruchung der Bundesanstalt für Arbeit durch »versicherungsfremde Leistungen« (Arbeitsmarktpolitik und Arbeitsbeschaffung) haben Anlaß gegeben, im Zusammenhang auch mit der Diskussion um die »Gerechtigkeitslücke«, hier eine Änderung in der Finanzierung vorzuschlagen. Die entsprechenden Vorschläge laufen mehr oder weniger auf dasselbe hinaus: Übernahme der versicherungsfremden Leistungen auf den Bund, d. h. die Steuerzahler. Diese Vorschläge sind gesamtwirtschaftlich nicht durchdacht. Wenn Arbeitslosigkeit durch falsche Tarifabschlüsse verursacht ist, was vor allem in Ostdeutschland der Fall ist, dann sind erhöhte Beiträge zur Arbeitslosenversicherung

sozusagen die einzige Sanktion, die Arbeitgeber und Beschäftigte infolge der nicht angemessenen Tarifpolitik finanziell trifft. Es hat schon Sinn, hier den bewährten Grundsatz der solidarischen Leistung der Arbeitsmarktparteien beizubehalten und die Last nicht der Gemeinschaft der Steuerzahler aufzubürden. Soweit die Arbeitslosigkeit strukturell bedingt ist, sind dagegen Zuschüsse aus dem Bundeshaushalt für die Bundesanstalt angebracht.

35 Beschluß zur Gründung der Anstalt zur treuhänderischen Verwaltung des Volkseigentums (Treuhandanstalt) vom 1.3. 1990. GBl.-DDR I 1990, S. 107. – Gesetz zur Privatisierung und Reorganisation des volkseigenen Vermögens (Treuhandgesetz) vom 17.6. 1990. GBl.-DDR I 1990, S. 300.
36 A.a.O., Art. 25.
37 Wissenschaftlicher Beirat beim Bundesminister der Wirtschaft: Probleme der Privatisierung in den neuen Bundesländern. 1991.
38 Kieler Kurzberichte aus dem Institut für Weltwirtschaft, Sept. 16/91: Bundesrepublik Deutschland. Abschwung im Westen – Belebung im Osten.
39 Frühjahrsgutachten der Forschungsinstitute 1993, S. 29.
40 Reinald Krüger: Wettbewerb oder Interessenausgleich. In: Wirtschaftsdienst 1993. S. 390f.
41 Informationsdienst des Instituts der deutschen Wirtschaft, 1993, Nr. 27, S. 4f: Treuhandanstalt – Vor dem Endspurt.
42 Forschungsinstitute, a.a.O., S. 29.
43 Ebenda.
44 Informationsdienst des Instituts der deutschen Wirtschaft, a.a.O.
45 Forschungsinstitute, a.a.O.
46 Deutsches Institut für Wirtschaftsforschung: DDR-Wirtschaft im Umbruch. Berlin 1990, S. 29.
47 Wenn man berücksichtigt, daß die sofort mit der Währungs- und Wirtschaftsunion verbundene beträchtliche Verringerung der Steuerlast und die Senkung der Importpreise den (nunmehr nicht-existenten) Richtungskoeffizienten um etwas mehr als die Hälfte reduzieren würden, bliebe immer noch ein Aufwertungseffekt von ca. 1,84:1, also um mehr als 80 Prozent! Vgl. George A. Akerlof, Andrew K. Rose, Janet L. Yellen and Helga Hessenius: East Germany In From the Cold: The Economic Aftermath of Currency Union. Brookings Panel on Economic Activity. Washington, D.C. 1991, Tab. 6, 7.
48 Die Mehrwertsteuerpräferenz und der fiktive Vorsteuerabzug hätten zusammen eine Preissenkung um bis zu 25 Prozent bewirken können. Sie hätten also den Aufwertungseffekt zwar nicht kompensieren, wohl aber fühlbar mildern können.
49 Siehe Akerlof u.a., a.a.O., sowie Tyll Necker: Lohnsubventionen? Tabus blockieren das Denken (unveröffentlichtes Ms.).

50 Deutsches Institut für Wirtschaftsforschung: Allgemeine Lohnsubventionen – kein Ausweg aus der Beschäftigungskrise in Ostdeutschland. September 1991.
51 Sachverständigenrat, Jahresgutachten 1992/93, S. 102, S. 121, S. 173; Ifo Wirtschaftskonjunktur, 7/1993, A 12-13.
52 H. H. Härtel: Warnung vor neuen Illusionen. Wirtschaftsdienst 71 (1991), S. 486 f.
53 Herbstgutachten der Forschungsinstitute 1991, S. 68.
54 Ebenda.
55 Volkswirtschaftliche Gesamtrechnung. Erste Ergebnisse der Sozialproduktsberechnung, Januar 1992, Statistisches Bundesamt, Wiesbaden. – Ergebnisse der vierteljährlichen volkswirtschaftlichen Gesamtrechnung. Deutsches Institut für Wirtschaftsforschung (DIW). Wochenbericht 7/92, S. 73 ff. – sowie die folgenden einschlägigen Wochenberichte des DIW, insbesondere Wochenbericht 20/93: Die wirtschaftliche Entwicklung der Bundesrepublik Deutschland, S. 275 ff. – Deutsche Bundesbank, Geschäftsbericht 1992, S. 18 ff.
56 Neuerdings geschätzt auf 10,3 Prozent: Herbstgutachten der Forschungsinstitute 1993. – Diese Schätzung ist zweifelhaft.
57 Monatsbericht März 1992, S. 15 ff.
58 Nach neuerer Schätzung: 16,5 Mrd. DM. Ifo-Schnelldienst 11-12/93 und 24/93.
59 So Horst Siebert: Real adjustment in the transformation process: Risk factors in East Germany. Kiel Working Paper No. 507 (March 1992), p. 6 ff.
60 HWWA-Institut für Wirtschaftsforschung, Konjunktur von morgen Nr. 856 (20. 2. 1992).
61 DIW, Wochenbericht 7/92, S. 81.
62 H. Siebert, a.a.O., S.6.
63 Gemäß dem Deutschen Institut für Wirtschaft stiegen die ostdeutschen Lohnstückkosten zwischen Anfang 1990 bis Anfang 1992 von 118 % auf 216 % des westdeutschen Niveaus.
64 Economic Outlook 52, Dec. 1992, p. 50 ff.
65 »Bei einer realen Zuwachsrate des Sozialprodukts von 3 Prozent stellen 90 Mrd. DM schon einen beachtlichen Bewegungsspielraum dar« (H. Siebert, a.a.O.). Dieser Satz ist äußerst mißverständlich!
66 Adam Smith: An Inquiry…, a.a.O., Vol. IV, p. 325 ff. Deutsch: Der Wohlstand der Nationen. Übersetzt von Horst Claus Recktenwald, München 1978, S. 793 ff.
67 Adam Smith… [Recktenwald], a.a.O., S. 799.
68 Adam Smith… [Recktenwald], a.a.O., S. 802 f.
69 Adam Smith… [Recktenwald], a.a.O., S. 795.
70 Adam Smith… [Recktenwald], a.a.O., S. 803.
71 Adam Smith: An Inquiry…, a.a.O., Vol. IV, p. 343.

72 Deutsche Bundesbank, Monatsbericht Mai 1993, S. 57.
73 Bundesbank, Geschäftsbericht 1992, S. 38; Monatsbericht Juni 1993, S. 41.
74 Gesetz zur Förderung der Stabilität und des Wachstums der Wirtschaft vom 8. Juni 1967, §3 (BGBl I, S. 582).
75 Brief vom 25.4.1991.
76 Arbeitsgemeinschaft deutscher wirtschaftswissenschaftlicher Forschungsinstitute e.V., München, Frühjahrsgutachten 1993, S. 28.
77 Frühjahrsgutachten 1993, S. 28.
78 The End of History. In: The National Interest, No. 16 (1989).
79 Ralf Dahrendorf: Betrachtungen über die Revolution in Europa. Stuttgart 1991, S. 36f.
80 Francis Fukuyama: Das Ende der Geschichte. München 1992.
81 Fukuyama, a.a.O.
82 Dahrendorf, a.a.O., S. 37. – Ich stimme allerdings nicht mit seinem negativen Urteil über Hayek überein.
83 Kapitalismus…, a.a.O. (vgl. Anm. 17), S. 485
84 J. K. Galbraith: Die moderne Industriegesellschaft. 1974.
85 Vgl. Ota Šik: Humane Wirtschaftsdemokratie. Ein Dritter Weg, 1979.
86 Wilhelm Röpke: Die Gesellschaftskrisis der Gegenwart (1. Aufl. 1942), 6. Aufl., Bern 1979, S. 9 ff., S. 284f., S. 297, S. 314f.
87 Franz Oppenheimer: Weder so noch so: Dritter Weg, Potsdam 1933.
88 Alfred Müller-Armack: Wirtschaftslenkung und Marktwirtschaft, Hamburg 1947. – Dies ist die Entstehungsschrift für die bald charismatische Losung von der Sozialen Marktwirtschaft. Zugleich ist sie auch ein Dokument des Übergangs. Denn Müller-Armack spricht hier noch von der »gesteuerten Marktwirtschaft« (S. 90f.). Weitere Klärungen erfolgen dann durch die Freiburger, insbesondere Walter Eucken und Franz Böhm, sowie natürlich auch durch Friedrich von Hayek.
89 Durch die Brille der Westminster-Demokratie haben wir uns angewöhnt, Marktwirtschaft und Demokratie als Zwillinge anzusehen. Aber die Welt bietet auch andere Beispiele, es gibt »marktorientiert-autoritäre Staaten«, wie Fukuyama sie nennt (Das Ende der Geschichte, a.a.O., S. 178f.). Ich möchte vorschlagen, diese Wirtschaftsform als »implantierte Marktwirtschaften« zu bezeichnen. Ein sehr bekanntes Beispiel lieferte Chile unter der Diktatur, als die »Chicago Boys« (Schüler von Milton Friedman) dort die Reformen begründeten. Die Implantation einer Marktwirtschaft wurde hier aus Gründen der Zweckmäßigkeit (Hebung des Lebensstandards, Modernisierung der Wirtschaft) vollzogen. Natürlich ist die politische Stabilität solcher Systeme nicht gesichert. Oft brechen die Freiheiten der Marktwirtschaft

auch der Demokratie Bahn. Andere Beispiele sind die Staaten auf der arabischen Halbinsel mit fast vollkommenen Marktwirtschaften – allerdings ummantelt von Feudalstrukturen. In der ökonomischen Theorie ist der »benevolente Diktator« eine gelegentliche Figur bestimmter Modelle. Alle diese Beispiele stellen keinen Dritten Weg dar. Das »Volksheim« Schweden war dem schon näher gekommen als die erwähnten autoritären Staaten.
Ganz entscheidend für unsere Lage wird auch sein, ob Rußland sich zu einer präsidial-demokratischen oder autoritären Verfassung mit Marktwirtschaft als Fundament oder nur als Implantat stabilisiert.

90 Dahrendorf, a.a.O., S. 72.
91 Jürgen Habermas: Die nachholende Revolution, Frankfurt/Main 1990, S. 181.
92 Ludwig-Erhard-Preis für Wirtschaftspublizistik, Bonn 1990, S. 17 ff., S. 24.
93 Jürgen Habermas: Die zweite Lebenslüge der Bundesrepublik: Wir sind wieder »normal« geworden. In: Die Zeit, 11. Dezember 1992.
94 Eine Ausnahme stellten auch hier Kant, der einen Sinn für das »Laßt uns machen« (Laissez-faire) hatte, und Hegel dar, der bei seiner Analyse der bürgerlichen Gesellschaften zeigte, daß er Adam Smith, David Ricardo und Jean Baptiste Say wohl kannte – Philosophie des Rechts, a.a.O., S. 346 f.
95 Hayek: The Fatal Conceit, a.a.O., S. 89 ff.
96 Brigitte Seebacher-Brandt: Die Linke und die Einheit, Berlin 1991, S. 72.
97 Vgl. Seebacher-Brandt, a.a.O., S. 72 f.
98 Günter Grass: Rede vom Verlust. Über den Niedergang der politischen Kultur im geeinten Deutschland. Süddeutsche Zeitung, 21./22.11.1992.
99 Marion Dönhoff et al.: Weil das Land sich ändern muß. Reinbek 1992, S. 19. Dieses »Manifest« muß unter anderem deswegen irritieren, weil es auch die Unterschrift eines sehr verdienstvollen Mannes trägt, dessen erfolgreicher Konzern durchaus auch die köstlichen Annehmlichkeiten staatlicher Subventionen kennt!
100 Dönhoff et al., a.a.O., S. 18.
101 A.a.O., S. 98 ff.
102 Karl Popper, Die offene Gesellschaft und ihre Feinde, a.a.O., Bd. I, S. 238.
103 Popper, a.a.O., Bd. I, S. 216.
104 Friedrich von Hayek: Die Verfassung der Freiheit, Tübingen 1972, S. 81 f.
105 Hayek, a.a.O., S. 78.
106 Ebenda.
107 Popper, a.a.O., passim.

108 Wilhelm Hankel: Die sieben Todsünden der Vereinigung. Berlin 1993, S. 34.
109 So Wilhelm Hankel, a.a.O., S. 42 ff.
110 In diesem Falle stimme ich, was hier die Belastung eines Nebenhaushaltes betrifft, Wilhelm Hankel zu (a.a.O., S. 50).
111 Vgl. auch Renate Merklein: Garniertes Betteln. In: Wirtschaftswoche, 20.10.1992.
112 Monatsbericht März 1993, S. 20.
113 Renate Merklein, a.a.O.
114 Karl Schiller: Stetiges Wirtschaftswachstum als ökonomische und politische Aufgabe. In: Stabilität und Aufstieg, Hannover 1963, S. 21 ff., insb. S. 38.
115 Bundesbank, Geschäftsbericht 1991, S. 23.
116 Ich kann hier nicht die theoretischen Implikationen der Unterschiede zwischen beiden politischen Sphären en détail darlegen, sondern nur folgendes andeuten. Auch in ihrer ökonomischen Strategie unterscheidet sich die Bundesbank von anderen Akteuren im wirtschaftspolitischen Prozeß. Sie hat unzweifelhaft ein festes Ziel: die Stabilität, und arbeitet sich – besonders deutlich in der Periode nach dem Zinshöchststand – tastend und schrittweise an einen Gleichgewichtsstand des Geldzinses heran, wie der berühmte französische Ökonom Léon Walras (1824-1910) es mit seinem »par tâtonnement« für die Suche nach dem Gleichgewichtspreis formulierte. Die Politik in den übrigen wirtschaftlichen Bereichen des Vereinigungsprozesses folgte vorwiegend ganz anderen und wechselnden Spielregeln, denen der Machtverhältnisse zwischen den Tarifvertragsparteien, gewissen Prinzipien der Leistungsfähigkeit, der Gerechtigkeit und des Egalitarismus in der Steuerpolitik oder auch ganz einfach gemäß dem Motto: »Nimm die Steuern, wo du sie findest«. So ist z. B. nach meinem Dafürhalten die nachträgliche Besteuerung der Käufe von Gebrauchtwagen durch Ostdeutsche zu bewerten, die nach dem Fall der Mauer getätigt wurden, wobei heute anscheinend auf altes DDR-Abgabenrecht zurückgegriffen wird.
Aber wir müssen objektiv bleiben: Zwar stand die Bundesbank mit der Erweiterung ihres Währungsgebietes im Zentrum des Geschehens, und es stellten sich ihr neue schwere Aufgaben, aber ihr Instrumentarium war und blieb voll intakt und ließ sich auch leicht vermehren, und das Hauptziel war unverrückbar gegeben. In den anderen Bereichen lösten neue Aufgaben unentwegt einander ab, ganz neue Institutionen und Werkzeuge mußten gefunden werden, der Strukturumbruch wirkte sich von Ostdeutschland aus letztlich auf die gesamtdeutsche Wirtschaftspolitik in allen Sektoren aus. Die Brüche im realwirtschaftlichen und staatlich-fiskalischen Bereich und damit die Zahl der möglichen Irrtümer und Mißgriffe waren viel größer als in der monetären Sphäre der Notenbank.

117 Financial Times, Hurry up, Mr. Schlesinger, 13. April 1993.
118 Sicherlich sind der Bundesbank im Laufe des Prozesses auch Kunstfehler unterlaufen. Zum Beispiel war sie – wie erwähnt – bei der Debatte um die Währungsunion zu sehr fixiert auf die Bestandsgrößen und auch immer wieder bei der Erörterung möglicher Steuererhöhungen gegen die Mehrwertsteuer voreingenommen. Das »Anheizen der Inflation« durch diese Steuer besteht doch in Wahrheit nur in einem einmaligen Preissprung; oder meint die Bank, die Erhöhung des Mehrwertsteuersatzes würde in die kommenden Lohnerhöhungen eingebaut? Könnte ihre Haltung nicht gar als Aufforderung zur Steuerüberwälzung verstanden werden? Alten, bewährten gewerkschaftlichen Grundsätzen entspricht es doch, daß Verbrauchssteuererhöhungen als Umverteilungsakte zugunsten des Staates angesehen werden und daher nicht bei Tarifverhandlungen einkalkuliert werden sollten. Mit diesen vernünftigen Prinzipien sollte man nicht spaßen.
119 Bundesbank Geschäftsbericht 1992, S. 44f.
120 Ebenda.
121 Institut für Weltwirtschaft, Kiel. Thesen zum 48. Kieler Konjunkturgespräch, 1993, S. 34.
122 Die Umlaufrendite öffentlicher Anleihen ging bis Anfang September 1993 auf 6 Prozent zurück!
123 Walter Eucken: Grundsätze der Wirtschaftspolitik. Bern – Tübingen 1952, S. 255: »*Hier* liegt Toulon! wiederholte Napoleon hartnäckig, indem er – statt auf die Stadt Toulon – auf die Mündung der Reede wies, die die Schlüsselstellung für die Eroberung Toulons bildete. Und errang so seinen ersten, großen Sieg.«
124 Stabilitäts- und Wachstumsgesetz, a.a.O., §3.
125 Erschienen in »Die Banken in der Welt von morgen«. Bundesverband Deutscher Banken. XI. Deutscher Bankiertag 1968, Referate und Diskussionsbeiträge. Frankfurt 1969, S. 188ff. Die dort wiedergegebene Fassung ist etwas liebenswürdiger und milder gehalten als das mir damals zugestellte, hier abgedruckte Manuskript des Redners. Der sachliche Inhalt ist der gleiche.
126 Manche glauben, allein mit der Verkürzung der Verwaltungswege komme der Vereinigungsprozeß sehr flott voran. Dies ist leider ein Irrtum. Sicherlich sind solche Dinge sehr wichtig. Aber für den ganzen Vorgang sind die ökonomischen Probleme viel zu schwer. Sie stehen hier im Vordergrund.
127 Gerlinde Sinn, Hans-Werner Sinn: Kaltstart. Volkswirtschaftliche Aspekte der deutschen Vereinigung, Tübingen 1991.
128 Schumpeter: Kapitalismus, Sozialismus..., a.a.O., S. 215.
129 Arnold Gehlen: Der Mensch. Bonn 1955, S. 64ff.
130 Joseph Schumpeter: Theorie der wirtschaftlichen Entwicklung,

1. Aufl. 1911, 5. Aufl. Berlin 1952. Auch eines seiner Spätwerke, »Kapitalismus, Sozialismus und Demokratie« (1942), spiegelt mehr den Unternehmertyp wider, wie er unmittelbar nach dem Krieg spontan in Erscheinung trat.
131 Ifo-Schnelldienst 24/93, S. 3 ff. Die statistischen Angaben über die ostdeutschen Investitionen sind m. E. zweifelhaft. Vgl. auch Herbstgutachten 1993 der Forschungsinstitute, DIW, Wochenbericht 43/93, S. 622.
132 So auch wieder in der aktualisierten Neuauflage: Horst Siebert: Das Wagnis der Einheit. Stuttgart 1993, S. 102.
133 Süddeutsche Zeitung, 6.9. 1993, Milliardenpaket für Ostdeutschland.
134 Vgl. Deutsche Bundesbank. Monatsbericht August 1993, S. 29 ff. Die Ertragslage der westdeutschen Kreditinstitute im Jahre 1992.
135 Süddeutsche Zeitung, 6.9.1993.
136 Franz Thoma: Zwischen Hoffen und Bangen. Süddeutsche Zeitung, 18./19. September 1993, S. 21.
137 Bericht der Bundesregierung zur Zukunftssicherung des Standortes Deutschland. Deutscher Bundestag 12. Wahlperiode, Drucksache 12/5620 (Unterrichtung durch die Bundesregierung), 3.9.1993.
138 Vgl. Wolfgang Ritter: Abschreibungsmodalitäten nicht verschlechtern. Handelsblatt 30.6. 1993/Nr. 23. – sowie: Karl Schiller: Die Gegenfinanzierung für geraume Zeit aufschieben. Ebenda.
139 Sozialbericht 1990. Bundestagsdrucksache 11/7527, S. 131 ff.
140 Hartmut Fest: Vom Knacken industrieller Kerne. Wirtschaftsdienst 1993, S. 469.
141 Financial Times, 13. April 1993, Hurry up, Mr. Schlesinger.
142 Vgl. Akerlof et al., a.a.O. (Anm. 47).
143 Gemessen an der Bruttolohn- und -gehaltssumme 1990: 107 Mrd. DM: Sinn, Kaltstart, a.a.O., S. 159.
144 Sinn, Kaltstart, a.a.O., S. 150.
145 Vgl. Renate Merklein: Nach der Vereinigung zeigt sich die Gefährlichkeit einer antimarktwirtschaftlichen Arbeitsverfassung. Handelsblatt, 25./26.6. 1993; sowie Hans D. Barbier: Machtprobe im Sozialstaat, FAZ, 7.10. 1993.
146 Harold James: Deutschland in der Weltwirtschaftskrise 1924-1936, Stuttgart 1988.
147 Gottfried Haberler, a.a.O. (Anm. 7), S. 236.
148 Bundesministerium der Finanzen. Finanzbericht 1994, S. 56 f.
149 Monatsbericht Mai 1993, S. 43 ff.
150 Die zahlenmäßige Angabe stimmt überein mit einer Äußerung des Bundesfinanzministers in seiner Haushaltsrede: »Trotz aller Konsolidierungsanstrengungen werden die Schulden im Verhält-

nis zum Sozialprodukt bis 1995 noch auf rund 60 Prozent ansteigen« (Bulletin der Bundesregierung vom 9.9. 1993, Nr. 72, S. 154). Läßt diese Bemerkung mit dem Wörtchen »noch« eine Andeutung über einen »Wendepunkt« erkennen? Auch über die Zusammensetzung des Schuldenbergs gibt sie wenig Auskunft, außer dem Hinweis »auf 400 Milliarden DM Erblasten des Sozialismus«, womit wohl im wesentlichen Treuhandanstalt und Kreditabwicklungsfonds gemeint sind. Ich habe allerdings diese Nebenhaushalte, wie betont, schon immer der Bundesschuld zugeordnet; ohne diese Rechnung hätte es in der »Zusammenstellung« von 1994 auf 1995 einen scharfen Ruck nach oben gegeben.

151 Eine deutliche Fixierung eines Endziels entsprechend den diversen Berechnungen von Wachstumsmodellen (vgl. o. S. 68) ist nicht möglich, weil das, was in den Jahren des Übergangs (1990-1993) schon geschafft ist, noch nicht zu beziffern ist, und alles darauf ankommt, daß der private Kapitalzufluß nach Ostdeutschland sich vermehrt.

152 John K. Galbraith: The Affluent Society. Boston 1958.

153 Galbraith, a.a.O., S. 342 f.

154 Ludwig Erhard: Wirtschaftliche Probleme der Wiedervereinigung. Bulletin der Bundesregierung, 12. September 1953.

155 Thorsten Veblen: The Theory of the Leisure Class. An Economic Study of Evolution of Institutions. New York 1899.

156 Allerdings tritt hier bald mit dem neuen Standortsicherungsgesetz (vgl. o. S. 161) eine wohltuende Differenz zugunsten des Grenzsteuersatzes für »Einkünfte aus Gewerbebetrieb, die auch der Gewerbesteuer unterliegen«, in Kraft. – Und stärker wird die Erben dieser bunten Figuren möglicherweise auch unsere recht zupackende Erbschaftsteuer treffen. Dabei fragt man sich – mit Verlaub – natürlich, wie viele dieser neuen Figuren der Überflußgesellschaft tatsächlich auch schichtbildend sind.

157 Max Weber: Der Nationalstaat und die Volkswirtschaftspolitik. In: Gesammelte Politische Schriften. 2. Aufl., Tübingen 1958, S. 1 ff.

158 Johannes Gross: Notizbuch. Frankfurter Allgemeine Magazin, 31. Dezember 1992, S. 6.

159 Vgl. Karl Schiller: Deutschland ohne DM? Plädoyer gegen die schnelle Verwirklichung einer europäischen Währung. In: Der Spiegel, 9. Dezember 1991, S. 130 ff.

160 Max Weber, a.a.O., S. 12.

161 Karl Jaspers: Wohin treibt die Bundesrepublik? München 1965.

162 Vertrag zur Gründung der Europäischen Gemeinschaft (EG) in der Fassung vom 7. Februar 1992.

163 Z. B. Frankfurter Allgemeine Magazin, 28. August 1992: Warum können wir uns einen unklaren Kurs nicht länger leisten? Ein Interview von Heribert Klein, S. 42 f, insb. S. 43.